U0454880

歌四秩

——徐州幼儿师范高等专科学校师生回忆录

主编◎崔成前 孙卫芳

中国矿业大学出版社
·徐州·

图书在版编目(CIP)数据

弦歌四秩：徐州幼儿师范高等专科学校师生回忆录 /
崔成前，孙卫芳主编. — 徐州：中国矿业大学出版社，
2024. 10. — ISBN 978 - 7 - 5646 - 6455 - 8

Ⅰ. I251

中国国家版本馆 CIP 数据核字第 202428AQ37 号

书　　名	弦歌四秩——徐州幼儿师范高等专科学校师生回忆录	
主　　编	崔成前　孙卫芳	
责任编辑	侯　明	
出版发行	中国矿业大学出版社有限责任公司	
	（江苏省徐州市解放南路　邮编221008）	
营销热线	(0516)83885370　83884103	
出版服务	(0516)83995789　83884920	
网　　址	http://www.cumtp.com　**E-mail**：cumtpvip@cumtp.com	
印　　刷	徐州中矿大印发科技有限公司	
开　　本	787 mm×1092 mm　1/16　**插页** 12　**印张** 24　**字数** 356 千字	
版次印次	2024 年 10 月第 1 版　2024 年 10 月第 1 次印刷	
定　　价	40.00 元	

（图书出现印装质量问题，本社负责调换）

▲ 江苏省徐州幼儿师范学校校门旧址

▲ 江苏省徐州幼儿师范学校校园一隅

▲ 徐州幼儿师范高等专科学校校门

▲ 徐州幼儿师范高等专科学校崇师楼

▲ 2005 年 11 月，更名为徐州幼儿高等师范学校

▲ 2011 年 4 月，升格为徐州幼儿师范高等专科学校

2018年职业教育

国家级教学成果奖二等奖

教育部
2018年12月

▲ 获评 2018 年职业教育国家级教学成果奖二等奖

江苏省中国特色

高水平高职学校建设单位

江苏省教育厅
2022年12月

▲ 获批江苏省中国特色高水平高职学校建设单位

历任主要领导

冯化振

1985.09—1988.03，江苏省徐州幼儿师范学校，党支部书记
1985.09—1987.01，江苏省徐州幼儿师范学校，校长

罗春珍

1987.01—1988.04，江苏省徐州幼儿师范学校，校长

李乐连

1988.03—1992.10，江苏省徐州幼儿师范学校，党支部书记
1992.10—1998.12，江苏省徐州幼儿师范学校，党总支书记

朱广福

1988.04—1999.10，江苏省徐州幼儿师范学校，校长

张祥华

1998.12—2004.08，江苏省徐州幼儿师范学校，党总支书记
2004.08—2005.10，江苏省徐州幼儿师范学校，校长
2005.11—2011.03，徐州幼儿高等师范学校，校长
2011.04—2015.03，徐州幼儿师范高等专科学校，校长

杜耀东

2004.08—2005.10，江苏省徐州幼儿师范学校，党总支书记
2005.11—2006.08，徐州幼儿高等师范学校，党总支书记
2006.09—2008.10，徐州幼儿高等师范学校，党委书记

强 国

2009.05—2011.03，徐州幼儿高等师范学校，党委书记
2011.04—2013.02，徐州幼儿师范高等专科学校，党委书记

王晓三

2013.02—2021.06，徐州幼儿师范高等专科学校，党委书记

李克军

2015.03—2015.10，徐州幼儿师范高等专科学校，校长

蔡 飞

2016.01—2023.07，徐州幼儿师范高等专科学校，校长

现任领导

党委书记崔成前（中），党委副书记、校长孙卫芳（右三），
党委副书记曹利群（左三），党委委员、副校长邓宪亮（右二），
党委委员、纪委书记王启高（左二），党委委员、副校长刘芳铭（右一），
党委委员、副校长王宁（左一）

本书编委会

顾　问	张祥华　马　玲
主　编	崔成前　孙卫芳
副主编	曹利群　孙　力
编　辑	徐剑媚　王保升　陈秋池
	王　飞　墨　亚　杜金玲
	康　莉　李媛媛　郭　渝

序

崔成前

呈现于大家面前的这本册子,是一份饱含着徐州幼儿师范高等专科学校(简称"徐州幼专")建设者、亲历者深厚情感的口述史,是徐州幼专40年曲折中发展、螺旋式上升的见证史,是徐州幼专人勇于自我革命、矢志拼搏创新的家庭教育史。册子里没有高头讲章的深刻学问,少有华丽辞藻的铺排堆砌,更没有电光石火、厥功至伟、惊天动地的大事要事,但这却是徐州幼专人真情实意的流露、风雨同舟的见证、深情厚谊的结晶,有着别样的特殊意义。

40年前,20世纪80年代。聆听着改革开放时代振铎兴庠的足音,顺应学前教育更高质量更大规模专业化办学的社会诉求,在各级政府和社会各界的关怀支持下,江苏省徐州幼儿师范学校应运而生,成为淮海经济区第一所专门培养学前教育师资的中等专科学校。

40年来,一代代幼专人不负人民期盼,艰苦创业,守正创新,矢志不渝,砥砺奋进,共同推动着徐州幼专的跨越式发展:从奎河之畔到洞山之巅、金山桥之侧,从江苏省徐州幼儿师范学校(幼师)到徐州幼儿高等师范学校(幼高师)再到徐州幼儿师范高等专科学校(幼专),从几百学生到数千学生再到向近万规模拓展,从获得全国党建示范项目到"五柚"学生工程的全面开展,从学前专业建设的跟学模仿到国家标杆的榜样示范,从国家级教学成果奖、"大小挑"国家荣誉到省双高校建设的布局谋篇,从筚路蓝缕招兵买马到半数师资具有高级职称的跨越变迁,从一市一省招生到面向18个省份招生再到27个专业、国际化办学的生

作者为徐州幼儿师范高等专科学校党委书记、硕士生导师、研究员。

动实践。阅读徐州幼专,你会感悟到那份创业的激情、厚重的底蕴、丰富的内涵。

徐州幼专40年的发展,要感谢的人太多,请恕我不能一一写出他们的名字。每每与社会各界贤达谈及学校,大家往往会说,这所学校我知道,曾经,我帮助推动过学校的某某发展,解决过某某难题。我也知道,曾经,在学校去留并转的关键时期,社会各界朋友帮助徐州幼专挽狂澜于既倒、扶大厦于将倾,让徐州幼专的胎息不被磨灭、脉动依然年轻。大家对徐州幼专的支持是无私的,那是一份深厚的教育情怀;大家对徐州幼专的关怀是全方位的,那是一份党性乃至人性的光辉。因了大家的支持与帮助、关怀与鼓励,徐州幼专才能在淮海大地上茁壮成长,绽放出绚丽光彩。这种感谢已经早早雕刻在徐州幼专人的脑海里、深深融入在徐州幼专人的血脉中、时时展示在徐州幼专人的奋进上。

进入新时代,面向未来,徐州幼专人将继续深入贯彻习近平新时代中国特色社会主义思想,以高质量党建引领高质量发展,推动党的建设与内涵建设相互融合、同步发展。我们将一招不让强化改革思维,推动系统集成;一以贯之树立"事在人为"的理念,以"时不我待"的精神,做好"势在必行"的事情——在少子化和老龄化叠加的情况下,持续用好国家改革红利,抓好专业革命,加大学前、托育和特殊儿童教育的专业融合,形成新的办学特色,办强系列养老专业和语言文化专业,充实人工智能和国际化合作办学相关专业,稳妥推动音乐、体育、美术类相关专业发展,主动应对可能遇到的风险与挑战;创新人才培养模式,持续深化产教融合,推行"政校行企"协同育人,提升人才培养质量;多措并举推动学生见习实习模式改革,鼓励学生到企业一线,用好社会资源和社会师资,提升学生实践能力;进一步提升学生的国际化视野,培养学生的复合能力;推动学生提升学历层次,把"专科进来,本科出去"的学历提升计划做实做优;进一步加强对学生的过程性评价、发展性评价,营造有利于优秀学生脱颖而出的体制机制。

40年,不过宇宙短短的一瞬;40年,却有徐幼满满的追求。这本小册子的文章就是徐州幼专成长年轮上令人感动的星星点点,凝聚了许多幼专人的心血和汗水。所收录的文章、大家踊跃的支持,都令我们十分感动。除编委会成员外,还有许多同仁参与其中,盛慧、于丹丹、杨璐、胡颖、张潇雨、李华、鹿慧、尹宏展等同志参与了部分文章的联络与初审工作,在此一并表示真诚的感谢。限于时间较紧和史实挖掘能力,这本小册子的错谬之处定有不少,恳请社会各界朋友、广大师生员工不吝赐教、批评指正。

祝愿徐州幼专的未来更加美好,祝愿学前教育的明天更加美好!

是为序。

2024 年 10 月

目　录

第三章　教学相长:共谱师生之歌

第四章　润达四方:服务社会之责

第一章

时光流影：

追溯历史之韵

创业维艰　奋斗以成

朱广福

1986 年的春天，我服从组织安排，调任徐州幼师副校长，1988 年担任校长一职。我和幼师的奋斗故事由此开启……

改变面貌从"校园建设"中开始

回想建校初期，学校面临许多困难和挑战。放眼校外，优秀的师范院校早已强势领跑，而幼师却刚在中学教育的基础上向师范教育转型，必须拼命追赶；再看校内，不管是办学条件、师资力量还是育人水平都存在许多不足，处处是短板，桩桩要改进。

那时的幼师可以说是一穷二白，连个像样的楼房都没有，碎石遍地，坑洼不平。"晴天一身灰，雨天一脚泥"，那是师生常有的样态。

1988 年，我担任校长，顿感身上的责任重大，压力很大。上任后的前半个月，我总是辗转反侧，彻夜难眠，每天都在思考怎样改变学校的落后面貌。对于学校的建设发展，我们班子成员吃饭时议、走路时议、会议上再议，根据学校的实际情况，确定了"三步走"的发展计划。第一步是打基础，上轨道，苦干三年，改变学校落后面貌；第二步是提高水平，创出特色，努力成为省内先进的师范学校；第三步是在"精"字上做文章，在"特"字上下功夫，争创全国有影响力的幼儿师范学校。计划确定，目标明确，蓝图绘就，接下来就是真抓实干了。

良好的校园环境是开展教育教学的基础，我们把改善校园环境作为

作者简介：朱广福，男，江苏徐州人，1940 年 11 月出生，中共党员，高级讲师。曾任江苏省徐州幼儿师范学校校长。

首要任务。但当时的学校没人、没钱、没资源,想改善校园环境谈何容易!但再难,都难不倒一群咬定目标、艰苦创业的幼师人。没有钱,我们就跑教育局,一遍遍跑,一次次求,主动汇报,积极争取,"功夫不负有心人",我们争取到了3万元的建设资金,虽是杯水车薪,但也是满心欢喜;没有人,我们全体师生齐上阵,还有很多家属一起来,脱掉衬衫、皮鞋,换上粗布工作服,拿起锄头和铁锹,主动干、加油干、天天干,虽是挥汗如雨,但都干得热火朝天;没有资源,我们就找人、找单位,寻资源、借物资、租设备,开展校园建设。凭借着一股热情和集体的智慧,我们自己设计、自主创造,立花架、铺草坪、垒假山、架喷泉……一点一滴地建设美化校园。

那个时候,我总是身着一套灰色的工作服在学校里劳作,哪里有需要就出现在哪里,经常灰头土脸,也因此引发了不少趣事。一次,有位校外同志来访,误把我当成了后勤人员,向我询问校长办公室应该怎么走。我见对方找的是我,没多想便领着他回到了办公室。亮明身份后,来访同志满脸愕然,他显然没想到,面前的这个人就是这所学校的校长。其实不仅是我,幼师的师生们对这些外在的东西都不甚在意。大家都是实干家,很多老师也是下了讲台就进工地,为了改善校园环境,投入了大量的时间和精力,尽己所能,贡献力量。

除此之外,在行政办公上,大家也是能省则省,恨不得一分钱掰成好几瓣儿来花。还记得至今都被老幼师人津津乐道的"大哥大"事件。那是在20世纪90年代,"大哥大"是个金贵物件,不仅买得贵,用起来更贵。但学校在发展,为了便于联系,学校狠心买了一个。因为电话费太高,所以学校做了规定:除了外出办公,在校期间一律不准使用。有次我带学生去外地参赛,于是带上了"大哥大"。由于半路汽车抛锚,我和学生被困在路上。见我们久久未到,学校担心不已,顾不得话费不停地给我拨号,但因为"抠门"我一直没舍得开机,他们怎么也联系不上我,急得团团转,直到我们赶到参赛地联系上学校大家才松了一口气。之后类似的事情也有过不少次,因此我被大家调侃成"史上最'抠门'校长"。我深深感受到教职工们能够体谅我的良苦用心,也在无形中学着我的样子，宁可苦自己也不能苦学生、穷教育，全心全意为学校奉献着。正是因为大家具有团结一心、艰苦奋斗、自力更生的精神品质，才让徐州幼师创造了一个又一个辉煌。

谋求发展在"紧抓机遇"中实现

1989 年，我校争取到全国中师校长研讨班来校视导的机会。当时学校正处于改建关键期，校园环境距离办成办好大型活动还有一些距离。但为了圆满完成任务，不辜负上级领导的信任，我们变压力为动力，提速推动校园改建工作，全面完善校园设施。在全体师生的共同努力下，我们只用短短 5 个月的时间就让学校"旧貌换新颜"。校长研讨班来校视导时，宽敞明亮的校舍，干净优美的环境，优良严谨的校风，朝气蓬勃的师生面貌，给前来视导的领导和兄弟院校留下了深刻印象。尤其是在得知改造历程后，他们纷纷感慨夸赞我们"真是妙手回春！"

此后，学校又承办了多次省级大型展示和交流活动。1992 年 5 月，学校承办了江苏省中师德育工作座谈会，充分展示了建校以来在培师育人方面取得的工作实绩，赢得了广泛好评。1995 年 4 月，学校承办了江苏省中师"红杉树杯"舞蹈比赛，这不仅是省内的第一次舞蹈节，也是当时规模和影响最大的舞蹈比赛。由我校 370 多名学生组建的女子军乐团闪亮登场，学生们英姿飒爽，演奏气势磅礴。由我校舞蹈团带来的精彩节目，技艺精湛，让人回味无穷，阵阵雷鸣般的掌声此起彼伏。演出取得的巨大成功，让徐州幼师的育人成果再次得到广泛赞誉。

一系列的重大活动，不仅加快了学校发展进步的步伐，也创造了展示实绩的机会，徐州幼师的办学能力在省内外逐渐得到认可，发展势头越来越好。

提质增效在"队伍建设"中推动

"火车跑得快，全靠车头带。"我们首先加强领导班子自身建设。怎样建成一个团结稳定、坚强有力的领导班子，是我们经常思考的问题。

经过多次交流、研讨和磨合后,班子成员达成共识,制定了"团结进取、公正求实、创新廉洁"十二字工作方针。那时学校财务状况十分紧张,领导班子就带头降薪减资,数年来和后勤人员工资保持一致,在行政办公上坚持将有限的资金全部投入校园改建和教育教学上,切实做到了"把钱用在刀刃上"。

在建设和发展过程中,学校涌现出很多有激情、有热情、有干劲、有办法的教职工。培养好这批人,用好这批人,让他们成为学校的中流砥柱,这成为领导班子的共同愿景。于是,我们积极做好中层干部竞聘、提拔、选任工作,对德才兼备的人才委以重任,给优秀成熟的干部创造机会、搭建平台。我们制订了干部培养培训教育计划,实施关爱行动,对他们在成长过程中遇到的疑难问题积极解决,对家庭有困难的中层干部提供无微不至的关心帮助。

教师是学校发展的主要力量。为了充实教师队伍,我们秉持"引进来、留得住、用得上"的人才工作原则,每年毕业季,提前到各大院校遴选优秀毕业生,积极申请调配优秀教师来校任教。新教师到校后,我们切实关心关注他们的工作和生活,用青蓝工程、培训交流、外出研修等方式提升他们的教学能力,夯实知识功底。

通过这三支队伍的建设,教师们越来越活力四射,干部们越来越进取实干,学校的教育教学工作有了质的提升,学校的发展有力地向前推进。

时光如古木参天,摇曳着无数落叶。徐州幼师走过了风风雨雨40载,很庆幸,我拥有和徐州幼师共同奋斗、砥砺前行的那段时光;很庆幸,我见证了学校从初创时期的艰辛探索到逐步发展壮大的辉煌历程。值此建校40周年之际,作为一名奋斗多年的幼师人,我衷心祝愿徐州幼专越来越好,不断实现新的跨越和腾飞。

（本文由朱广福口述,徐剑媚、薄一欣负责文字整理）

我在幼师 20 年

李乐连

1988 年 4 月，我调到江苏省徐州幼儿师范学校任党支部书记，1998 年 10 月退休，在徐州幼师整整工作了 10 年。2005 年 11 月，徐州幼师搬迁到金山桥。2007 年，张祥华校长邀请我到学校帮助做绿化方面的工作，并担任学校关工委常务副主任，又一直干到 2017 年 1 月，这是我在徐州幼师的第二个 10 年。这期间，徐州幼师由中专升格大专，更名为徐州幼儿师范高等专科学校。

2024 年春节前夕，学校党委书记崔成前和副书记曹利群同志到我家慰问，说今年是幼专建校 40 周年，准备编写一本学校师生回忆录，诚意邀请我写一篇回忆文章。作为一位在幼师工作了 20 多年，亲自参与并见证了幼师创建、发展的老同志，我对学校的一草一木都怀有深厚的感情，欣然接受了这个任务。

初到幼师任书记

1988 年 4 月 4 日，是收到市委文件，任命我为徐州幼师党支部书记的日子。1988 年 4 月 11 日，是市教育局党委书记王朴、副书记薛登科一起送我到幼师报到的日子。自此，开启了我与幼师共同的奋斗历程。

当时，幼师校园在奎河边、徐州妇幼保健院的北侧，边上就是下水道四班。骑着自行车第一天上班，我发现在下水道四班的办公小院门

作者简介：李乐连，男，江苏徐州人，1938 年 9 月出生，中共党员，高级政工师、讲师。曾任江苏省徐州幼儿师范学校党总支书记。

前,有一条宽约两米、深约两米的大沟,沟里还有半米深的水,大沟两边都是淤泥,步行非常困难和危险,一不小心就会摔到沟里,幼师师生出入都需要绕道妇幼保健院。于是我到校后做的第一件事就是和朱广福校长一起,带领十几个行政人员和工人,整整干了一下午,直到放学前,终于把沟平整好了。老师们看到我们一身泥水,下班终于不要再绕道妇幼保健院,都高兴地笑了。

制订幼师五年发展计划

当时的徐州幼师是一所新建的中等师范学校,1984年才建校,其前身是徐州八中及徐州市第一职业中学。如何从中学教育转变为幼儿师范教育,是一个崭新的课题。学校从领导到老师都长期从事中学教育,对于如何办好幼师,大家心中都没有底。

上任没多久,我就有幸参加了江苏省教委举办的第五期中师校长研讨班,这次研讨班围绕中师的办学目标、德育工作、课堂教学、校长素质、学校管理等专题,展开了大学习、大讨论、大交流,使我这个师范教育的新兵进一步了解到中师与中学的不同,进一步深化了对中师地位的认识并明确对中师校长素质的要求,一种办好师范教育的光荣感、责任感、使命感油然而生。

回校后,我便与校领导班子商量,如何尽快克服中学的办学倾向,走上中师的办学轨道。之后不久我们便制订了徐州幼师的第一个五年计划和目标,要求两年打基础,三年走上中师办学的轨道,五年建成有影响力的中等师范学校。

为了实现这个目标,我们提出了"学比赶超"四字方针,即向办学质量较高的师范学校学习,比出差距,找准目标,以更高的标准追赶上去。我们提出了"人无我有、人有我优"的自我要求,从办学各个方面进行学习和努力,争取在省市举办的各种比赛、各项活动中都走在前列,尽快实现既定目标。当时省幼师、徐州的四所老师范学校都是我们经常学习的地方。全校师生上下一条心,拧成一股绳,在不到五年的时间里,幼师的良好声誉日益攀升,影响力也越来越大,基本实现了五年发展计划的目标。

建设幼师高水平教师队伍

百年大计,教育为本,教育大计,教师为本。教师队伍的状况直接影响学校的办学层次和学生的培养质量。徐州幼师脱胎于基础教育,文化课教师偏多,专业课教师数量严重不足。为了改变这种状况,我们确定从四个方向着手:

一是从高校遴选优秀毕业生。每年暑假之前我们都去徐州师范学院(即现在的江苏师范大学)和南京师范大学考察了解毕业生情况,符合我们要求的,主动去做工作,争取他们到我校任教。

二是选拔优秀教师送出去培养深造。几年来,我们先后选送了20余名教师到华东师范大学、中央音乐学院、中央美术学院、北京舞蹈学院、山东艺术学院、江苏教育学院、上海舞蹈学院等高校进修培养,他们学成归来后都成为学科骨干。

三是选择具有专业特长的优秀毕业生留校,再送出去培训。

四是从外校选调优秀教师。根据教学工作的需要,在取得教育局的同意后将外校优秀教师调入我校工作。

经过两三年的努力,各学科的教师基本配齐,一支知识结构、年龄结构合理的教师队伍基本形成。

一批青年教师来校后,我们在政治上信任他们,生活上关心他们,工作上给他们压担子。各处室都配备了青年教师做干事,当作中层干部使用,让他们在实际工作中有所作为接受锤炼,改变了中层干部队伍的结构,基本形成了知识结构合理、老中青结合的中层干部队伍。这批年轻教师后来有的成为校中层干部,有的成为校级领导,有的成为市教育局副局长、县级市的副市长。

面向全国中师校长研讨班开放

1989 年,受教育部委托,江苏省教委承办全国中师校长研讨班。研讨班除学习政策法规外,还要到办得比较好的中师学校实地考察。得知这个消息后,我们意识到,如果能争取到向研讨班开放,无疑会对学校的各项工作起到很大的促进作用。正好省教委师范教育处的张行处长来徐州考察,我们认为这对争取向中师校长研讨班开放是一个很好的机会。

当我和朱校长向张处长汇报,提出这个想法时,张处长非常严肃地表示:"你们也要开放?省教委非常重视这次对研讨班的开放。开放的学校要能展示江苏中师的办学水平,你们那个琴房就像大队书记的办公楼,你们拿什么给人家看?"

我们立刻表示:"距向研讨班开放还有一年多的时间,我们一定会努力改变学校的面貌。我们正在向市里争取建教学楼,如能向研讨班开放,对我们学校的各项工作及争取建教学楼都有很大的促进作用。"张处长听了很高兴,当场表态:"如果在开放前你们能改变学校面貌、建好教学楼,可以考虑开放。"回来后,几位校领导班子成员立即开会,大家一致认为一定要抓住向研讨班开放的机遇,这对我们的各项工作都会起到很好的促进作用。第二天一早,我们就去市政府找到王希龙副市长,将争取向研讨班开放的想法和省教委的态度做了汇报。为了这件事,我们先后去市教育局和市政府多次争取支持。也许是我们的精神和诚意打动了市领导,最后市长终于下决心建设幼师教学楼。

教学楼项目确定后,我们立即邀请相关专家对校园布局进行了完整规划。我们首先从整洁有序入手,全校师生齐动手,打扫卫生,清除各种垃圾和死角,改善了学校的卫生面貌。之后对学校进行了绿化美化。在筹建教学楼的同时,我们又对校门进行了改造,在校园内建了朝晖亭,正对校门处建造了一个半弧形的画廊,画廊前设有雕塑,办公楼前建造了假山和带喷泉的水池,学校艺术楼前建造了长廊,在进校门处还建造了一个帆船形的小雕塑，象征着徐州幼师扬帆远航。

我们还专门邀请市委书记郑良玉书写了"为人师表，率先垂范"的题词，"师范无小事，事事是教育；教师无小节，处处做楷模""两代师表，一起塑造"的大幅铜字标语镶嵌在综合楼正面的墙壁上。在主干道楼宇的墙壁上，布置了淮塔、云龙山等四幅突出徐州特色的大型浮雕。

在这个过程中，全校师生付出了辛勤的劳动，他们放弃休息进行义务劳动，筑假山、挖水塘、建花坛、修道路、铺草坪、种花木。这些项目均在全国中师校长研讨班来校视导之前完成。

当我们再次邀请省教委领导和省教委师范教育处的张行处长来校检查时，一到校门口，张处长就非常高兴地说："好的好的，徐州幼师能在如此短的时间内完成这些工作，让学校发生如此大的变化，真是妙手回春！我觉得可以向全国中师校长研讨班开放。"

不久，校园开放活动如期举行。来自全国的中师校长研讨班学员在学校听取了我们的工作汇报，参观了学校的办学设施，还观看了一场精彩的学生汇报演出，对学校在这样短的时间内取得的成绩给予高度评价，对学校的各项工作给予充分肯定。

这次全国中师校长研讨班的视导，也使我们学校的各项工作上了一个大台阶。在校长研讨班开放结束之后，我们又多方筹集资金建设了学生宿舍楼，学校的教学、生活及运动设施基本配备齐全。

在整个学校的建设过程中，我们始终坚持自力更生的原则。我带领教职工到泉山挖树刨竹子做绿化；亲自到生产厂家挑选建筑材料，尽量减少中间环节；带领工人去大理石厂捡丢弃的边角料，铺设学校的道路和小广场；带领工人去汉王山捡石头做假山；帮助滕建志同志和泥做校园雕塑。只要我们自己能做的绝不请人，而且每一个建筑都精心规划、施工，打造成精品。

经过努力，一座盆景式花园学校呈现在大家面前，被赞誉为"苏北师范一枝花"。

创办附属幼儿园

随着幼师办学条件的不断提高,我们深切地感到要提高学校的教学质量和办学水平,必须解决学生见习实习和教师科研基地的问题。创办一所高水平的附属幼儿园(简称"附幼")被提上议事日程。

但创办附幼对于我们来说困难重重。比如建园需要场地,而当时学校的占地面积仅为22亩(1亩约为666.67平方米),用地非常紧张。比如建园需要资金,连装修再加上各种设施设备,至少需要上百万元的资金,这是一笔巨大的投入。经过研讨,校领导班子统一思想、达成一致意见:再难这事也得办。办这事需要积极争取上级的支持。于是,我们开始拟定创建附幼的申请报告,报告中梳理了我们的专业职称、师资储备等优势,明确了创办附幼对于徐州市学前教育事业发展的重要意义,提出了具体的选址方案和办园方案。经过多次交流和沟通,市教育局领导批准同意我们在校内创办附幼,我们便开始了紧张的筹备和建设工作。

"要建就建最好的幼儿园,建能在全市起到引领示范作用的幼儿园。"带着这样一种目标,我带领市教育局基建科的副科长张彦鹏、校总务主任吴建顺、市建筑设计院的工程师张一兵,前往无锡、苏州和上海实地参观考察了多所知名幼儿园,回徐后立即进行设计建设。

功夫不负有心人。在大家的共同努力下,几个月后,一所高标准、高品质的附属幼儿园建成了。暑假开始招生时,附幼生源爆满,想进入附幼非常困难。很多家长都是凌晨四五点钟就到校门前自行写号、发号,排队报名。附幼成为幼师的一大亮点,得到广大家长的广泛赞誉,也受到市教育部门和市领导的高度评价。

附幼的创建,既方便了学生实习,也方便了老师到幼儿园听课,使之成为学校的科研基地。每年新分到我校任教的毕业生都要先到附幼工作一年,亲身体验做一名合格的幼儿教师必须具备的素质,以便在之后的教学工作中更有针对性。这也为后来的幼教集团培养了一批教学和管理的骨干。

完成中师标准化建设

1994年，江苏省教委制定颁发了《关于加快实现中等师范学校办学条件标准化建设的意见》。几年来，我们在师资队伍和办学条件等方面做了大量工作，取得了很大进步，但是与文件要求相比仍然存在很大差距。

当时我校最大的问题是占地面积较小，建筑面积达不到要求。校领导班子经过多次研究，一致认为要解决这个难题，有三条路可走。

一是搬迁，在市郊征地，按照标准化要求建设一所全新的幼儿师范学校。我们曾尝试在泉山区泰山路财校对面建设。根据相关部门提供的信息，那里有70多亩空地可以征用。另外是在西郊农校对面，有100多亩空地可以征用，韩山工人疗养院也在准备转让。我们对这几个地方进行了多方了解和考察，但是由于各种原因均未成功。

二是拆除与学校背靠背的海郑路小学和茶叶公司仓库进行扩建，由于要价过高，未能实现。

三是原校址不变，朝上发展。在综合楼、小礼堂、学生餐厅和艺术楼上接建。在前两条路无法走通的情况下，这是完成标准化建设唯一的解决方法。但综合楼加层又遇到了新问题，综合楼北侧有废旧公司仓库，他们认为综合楼接建将影响仓库采光。市规划局的意见是如果需要加层，可以征用仓库，以解决占地不足的问题。经过多方协商，花了60多万元，征用仓库后，市规划局才批准了我们的加层申请。我们又分别在艺术楼、舞蹈房、综合楼、礼堂、学生餐厅上加盖了二层。

为了不影响这些地方的正常使用，加层建设只能利用暑假进行，正巧这年暑假又遇上大雨，奎河中的水向学校倒灌，操场的水深达到了半米多，图书阅览室及琴房都进了水。由于综合楼加层，门厅里有一个柱子必须加固，挖了一个面积近4平方米、深2米的大坑，一楼积水把这个大坑淹没了。张祥华（时任校长助理）未注意，一脚踩进坑里，导致腿脚多处受伤。

经过一个暑假的紧张施工,建设任务终于如期完成,学校的建筑面积增加了近 2 000 平方米,增设了美术专业教室、电子琴房、学生阅览室、教师资料室、电子阅览室、演播厅、生物标本室等。标准化建筑面积以及各项设备均达到了中师办学条件标准,学校顺利通过了省教委的验收。

回顾这 10 年幼师的发展历程,我们深感创业的艰难。在这 10 年中,我们积极争取参与省市举办的许多活动并且主动要求作为承办单位。我们承办了全省中师"红杉树杯"舞蹈比赛,开办了全国师范舞蹈教师培训班,组团代表江苏中师赴泰国访问演出,并作为全省唯一一支舞蹈队,参演教育部师范司为庆祝师范教育百年,在中央电视台录制的一台文艺节目。我们还多次接待了日本等国家的代表团来校访问,并组建了全省最大的女子军乐团。为了增加学校收入,我们还为市人民商场开设了两届四个商业班。

为了促进学校的各项工作,我们自找压力自讨苦吃,因为有压力才有动力。每次活动对我们而言都是一次机会,都使得学校各项工作取得了新进展,使学校的知名度不断提升,迈上了一个又一个新台阶。学校先后被评为省德育先进单位、绿化先进单位、卫生先进单位、群众体育先进单位。这是全体幼师人共同努力的结果,也和省市领导的关心支持密不可分。

全省中师"红杉树杯"舞蹈比赛的开幕式,时任市委书记李仰珍、市委宣传部部长徐毅英亲临现场,常务副市长曹开林做了讲话。幼师 100 多名风华正茂的学生,身着天蓝色制服,组成女子军乐团,意气风发,高水平地演奏了多首世界名曲,赢得了全场观众经久不息的雷鸣般的掌声。这对徐州幼师是很大的鼓舞。

我在幼师的第二个 10 年

2007 年暑假,我已退休 9 年多。当时正值学校搬迁,各项事务繁杂,工作十分繁忙,张祥华校长邀请我到金山桥校区帮助学校做绿化工作。我对学校和班子成员都很有感情,便欣然接受了这项工作。

学校非常重视绿化工作,张校长亲自抓,总务处副主任孙志敏同志具体负责。为了保证花木质量和节约开支,张校长都是利用双休日亲自带领我们去沭阳花木市场苗圃逐一挑选。我们先后去了萧县农村的山上挑选树木,到灵璧石材市场挑选石材,去浙江购买景观树。我和孙志敏同志曾先后去过南京、芜湖、滁州等地购买草坪和各种花木,去安徽褚兰挑选石材。李文蔚同志率人去湖北深山老林挑选香樟树……

还记得我们请园林部门设计规划洞山校区的绿化,当时预估的支出需要100多万元,后来我们自己购买苗木,自己栽植,只用几十万元就完成了。搬到金山桥的那段时间,学校每周都会组织党团员、教职工和学生进行一次义务劳动,自己铺草皮、种植树木和建设花坛。通过两年的努力,我们先后完成了洞山和碧螺两个校区的绿化美化工作,让原本遍地是建筑垃圾的校区变了模样:野草丛生的山坡变成了山体公园,泥泞的小路变成了师生休憩的林荫道,新建的4个大花坛,加上教学楼院内的小品雕塑,还有百果园、植物园、百花园……整个校区处处皆是美丽的风景,让人驻足流连,沉浸在幼师环境文化之中。

回顾这几年在金山桥两个校区的绿化工作,我们始终发扬自力更生、艰苦奋斗的优良传统,坚持自己动手,既保证了绿化美化校园的效果,又为学校节省了开支。

2010年,学校聘请我担任学校关工委常务副主任。我深感责任重大,决心不辜负领导的期望,做好这项工作。几年来,我先后组织了50多位老同志参与关工委的活动。各位退休老教师根据各自的专长,有的为学生上党课,有的找新党员谈话,有的走进课堂听课、与青年教师交流教学心得,有的参加学生的心理辅导,有的参与扶贫工作。他们还积极为贫困学生筹集资金,春节期间去贫困生家里慰问。还有些人参与了校园管理等工作。虽然他们都是退休的老同志,但是他们的工作热情很高,都尽全力完成好关工委安排的各项工作。

由于学校对关工委工作的关心和重视以及老同志们对关工委工作的支持,我校通过了江苏省教育系统关工委工作常态化验收,我还被评为江苏省关心下一代先进工作者。

这 10 年,我有幸参与了学校搬迁和升专的全过程。在校党委的带领下,全校师生上下一条心,拧成一股绳,心往一处想,劲往一处使,凝聚起一股势不可挡的蓬勃向上的力量,不怕苦,不怕累,不服输。那种坚定的信念和乐于奉献的精神,那种对升专的渴望与热情,那种克服困难的勇气和决心以及在各项工作、建设过程中的高速度和高质量,如果不亲眼看见并亲自参与,是难以想象的。

张祥华校长把这些过往,概括成不同时期的幼师精神,无论是创业精神,还是迁建精神,抑或是升专精神,都是幼师不断拼搏、不懈努力的精神写照。我认为正是因为有了这些精神,经过几代幼师人的传承与践行,才有了徐州幼专今天的辉煌。

可喜的是,这种精神已经深深根植于徐州幼专这片土地上,并得到继承、发扬和进一步深化。我相信徐州幼专的明天会更加美好,不久的将来,一所崭新的本科院校——徐州幼儿师范学院,一定会屹立于徐州这片有悠久历史和光荣传统的土地上。

岁月不败芳华　幼师历久弥新

强　国

夫天地者，万物之逆旅；光阴者，百代之过客。

在漫长而迅疾的岁月里，徐州幼师昂首走过了 40 个春秋。

40 度寒来暑往，之于一个人，可谓身心已入不惑；40 载春华秋实，之于一所学校，则意味着青春依然，韶华无歇。

作为曾经的幼师人，我常心怀愧疚，因为我无缘目睹她的诞生，未曾体验过她初创时的艰辛，更没能在她蹒跚学步时，为其尽过一份力，流过一滴汗。

作为曾经的幼师人，我又倍感骄傲和自豪，因为我曾见证过她春笋拔节般地迅猛成长，参与过她从中师到大学的华丽转身，享受过她为全校师生乃至徐州教育带来的惊喜和荣光。

回眸既往，我第一次踏进幼师校园时的情景，历历在目。

蜗居于居民区之中的徐州幼师，占地仅有 20 多亩。在这方狭小逼仄的空间里，勉为其难地辟有一块同样逼仄且简易的操场；教学楼的顶部及旁边，见缝插针地盖满了简易的琴房、舞蹈房、办公房和学生宿舍。

看得出来，勤劳智慧的幼师人，无时无刻不在克服困难，竭尽所能地为全校师生的工作、学习和生活创造必要的条件。

客观地说，由于受到当时眼界、财力和空间的限制，校园的规划建设基本与美无缘，若用现代化学校的标准衡量，更是相去甚远。

尽管如此，在幼师人的心中，她仍不失为喧嚣闹市中的一方净土，

作者简介：强国，男，1954 年 3 月出生，中共党员。曾任徐州幼儿师范高等专科学校党委书记。

亦不失为师生治学逐梦的一座乐园。

辛勤的园丁在这里心无旁骛地教书育人,莘莘学子在这里健康快乐地成长。

一届届学生,从这里走向工作岗位,撑起徐州幼儿教育的一片蓝天;亦有不少学生,走出徐州,奔向祖国的四面八方。

幼师人曾在极其艰难的情况下,用自己的心血和汗水,铸就了属于那个年代的辉煌。

时代阔步向前,事业迅猛发展。这方狭小的天地已经难以满足办学的需要,更无法承载幼师人美丽的梦想。

于是,志存高远的幼师人,果断置换校园,寻求更大的发展空间,历经种种波折,终于走出蜗居,迁至今天的新校址。

对于幼师人而言,迁校后的日子,无疑是一段更加忙碌、更加辛苦且更加令人难忘的时光。

全校师生,心系升专。一边是大处着眼、小处着手地提升内涵,一边是自力更生、节衣缩食地加快校园硬件建设,连退休多年的老领导、老教师,都披挂上阵,倾情投身到如火如荼的幼师再造之中。

念念不忘,必有回响;久久为功,终有所成。当升专圆梦之时,全校师生无不为之欢腾。

今日的徐州幼师,已改往日模样。

洞山和碧螺校区,犹如一对双子星座,闪耀在古老的徐州城东。

依山而建的美丽校园,绿树成荫,花团锦簇。胶红草青的运动场,跃动着青春的身影;端庄典雅的音乐厅,回旋着优美的歌声;藏珍蕴玉的图书馆,早晚不乏伏案苦读的学子;宽敞明亮的教室,每天都有师生心与心的交流、教与学的互动。

这里的一楼一榭、一堂一厅,无不吟唱着美的旋律;这里的一砖一瓦、一草一木,无不折射着美的光影。

我爱丰姿绰约、新美如画的幼师校园,更爱她丰盈的内涵、清朗的气质和高贵的灵魂。

虽然我离开幼师已有 10 年时间,但每每想起或谈及她,我心中都会发出这样的感慨:

这是一所有温度的学校。在这里,干群之间有温情,同志之间有温暖,师生之间有温润。师范类教育特有的人性与诗性集合的光辉,始终光耀在校园的每个角落,让你置身其中,很容易找到踏实的归属感,甚至可以找到家的温暖。本人在长达 45 年的职业生涯中,曾从事过多种工作,也到过许多单位,但真正能让我感到温暖如家,且没齿难忘的,则非幼师莫属。

这是一所有担当的学校。作为徐州唯一一所以幼师培养为己任的学校,她深知幼儿教育在整个教育链条中的极端重要性,她始终把这份沉甸甸的责任扛在肩头,始终高擎着用生命点亮生命、用灵魂温暖灵魂、用爱唤醒爱的精神火把,始终在完善自己的品质,丰满自己的羽翼,永无停歇地在幼师教育之路上做最好的自己。

这是一所有情怀的学校。这里集结着一众既能脚踏实地又能仰望星空的人,他们既有远大的教育理想,也不乏田园牧歌式的浪漫情怀。凭着多年养成的宁静致远,他们在喧嚣躁动、不乏诱惑的现实生活中,保持着难得的淡泊、淡定和淡然,享受着美妙的安静、宁静与恬静,以三尺讲台可观星辰大海、平凡工作可达诗和远方的教育情怀,40 年如一日,风雨兼程,砥砺前行。

这是一所有美好未来的学校。记得新校区建设初具规模之时,我曾提议将校内几处景观分别以童心、童歌、童趣、童梦冠名。幼教乃教育之根基,儿童乃民族之未来。一所充盈着童心、童歌、童趣和童梦的学校,不仅可以使从教者童心不泯,活力四射,而且会使整个学校充满蓬勃的朝气,激发无限旺盛的生命力。

岁月不败芳华,幼师历久弥新。

站在学校 40 华诞新的历史起点,眺望远方,我们完全有理由相信:志之所趋,无远弗届,徐州幼师一定会步履坚实地走向更加美好的未来。

徐州幼师,有一种精神在传承

张祥华

在即将迎来徐州幼专 40 岁生日之际,学校成立了"徐州幼专师生回忆录"编写组,请许多老同志回顾所经历的年代,我也在其中,深感责无旁贷,欣然接受任务。回顾过往,旨在传承,由于很久不动笔了,我也就所经历的,想到哪写到哪吧。

艰苦创业,苏北师范一枝花

记得是 1991 年 8 月,市教育局薛登科副书记送我到徐州幼师报到,宣布我任校长助理,大家寒暄一番就散会了。下午,年过半百的李乐连书记和朱广福校长,换上工作服、戴着草帽就去了操场。暑期校园改造,操场上全是建筑垃圾,只见他们拿起铁锹扫帚就干了起来。我当天穿了一条白色的连衣裙和白色的皮鞋,看到此景也毫不犹豫地跟着干起来,清理了建筑垃圾,又用水桶打水冲刷操场。那一个下午,挥汗如雨,我的白裙子和白皮鞋都脏了。看着书记和校长满意的笑脸,我心里清楚,这是过了第一关。从此,我一步步地走进了徐州幼师艰苦创业的发展阶段。

说到艰苦创业,在我的脑海中挥之不去的就是奎河岸边的那个小巧、精致的幼师校园。一进学校大门,主干道两旁的人行林荫小道铺设得很有艺术气息,是用不规则大理石铺成的。听书记说,这条小路和办公楼前的广场,是用从大理石厂的垃圾堆里捡来的碎石料铺的;办公楼

作者简介:张祥华,女,江苏徐州人,1955 年 3 月出生,中共党员。曾任徐州幼儿师范高等专科学校校长。

前的假山，是用从汉王山上搬来的石头垒的；假山边的小竹林，是从乡下移植来的竹子；松鹤喷泉，是美术老师雕塑后让工人焊接的；朝晖厅、木香花的长廊，是后勤工人自己建起来的……所以，每当有一批新的学生进校，我总是会带着他们在美丽的校园里讲述着这一点一滴、一石一景，告诉他们，徐州幼师的发展史，就是一部艰苦创业的历史，让他们感动于幼师发展的故事。省教委的一位领导看到这精致的校园，意味深长地赞道，这是"苏北师范一枝花"。

坚守初心，失而复得再出发

20世纪90年代末，教育部颁布了"三级师范向二级师范过渡"的文件，也就是师范教育的改革开启了。从那时起，全国几百所中师纷纷关、停、并、转，上海的三所幼师一夜之间荡然无存。就在新世纪的钟声刚刚敲响，人们还沉浸在跨世纪的喜悦气氛中时，徐州市政府一纸公文，将徐州幼师与徐州师范学校合并，并撤销了徐州幼师的财务账号。2001年5月31日，在徐州师范大学的汉园宾馆，市委常委、宣传部部长徐毅英，副市长晁家宽，徐州师范大学的书记、校长，以及市教育局的书记、局长们都来到了会场。在这里虽说是宣布和徐州师范大学合作成立徐州师范大学初等教育学院，但实质上是宣布徐州幼师没了，徐州幼师和徐州师范学校合并了。随之而来的是，幼师的账户撤销了，法人资格也取消了，管理权归属徐州师范学校。回忆这一段历史，特别感动于徐州师范学校张兴朝校长的大度和大气，感动于徐州师范学校领导班子的包容和支持，徐州幼师仍然有自己的管理权。在这种环境中，幼师人默默地发奋努力着。

说到了徐州幼师的"失而复得"，不得不提到一位领导，他就是2002年走马上任的市教育局局长宋农村教授。听了我们的倾诉，了解了我们想恢复幼师办学资质的诉求，以及幼师谋求生存与发展的良好愿望，又深入调研了幼儿教师的社会需求后，宋局长决定恢复徐州幼师的办学权。在宋局长的积极努力和我们班子的全力配合下，2003年年初徐州幼师恢复了办学资质。迷失的幼师人终于找回了自己的家,那喜悦,那干劲,按捺不住地迸发出来了。

徐州幼师再次登记注册,这意味着徐州幼师的重生。没有烟花,没有美酒,没有鞭炮,有的就是一句话:"解放思想,抢抓机遇,加快发展。"从那年起,学校每年扩大招生,一年创办一个分校区,为学校升专做好了生源的储备。2004年,学校创办了第一个分校区。当时徐州高级中学(简称"徐高中")新建实验楼,我们就租用了他们旧的实验楼和旧的宿舍楼,将300多个幼师学生放在了这里,成为徐高中校区;2005年创办了第二个分校区,是第九中学校区(简称"九中校区");2006年,科技中学建了新的教学楼,老的教学楼留给我们暂时过渡使用,一共8个教学班于2006年进驻科技中学,这里成了学校的第三个分校区。

2005年是决定学校做大做强的关键一年。当年正值全国职业教育工作会议召开,市委号召扩大高职招生计划,由于徐州幼师连年扩大招生,影响较大,引起了市领导的关注。记得当时市委副书记陈美行把我叫到他办公室,问我今年能扩招多少,我说只要有地方办学,扩招1000人没有问题,当时幼师的在校生去掉毕业班还不到1000人。陈书记说:"好的,只要你们扩招能完成,办学地方我来协调解决。"扩招的任务布置下去,全校教职工也感受到发展的机遇来了,大家铆足了劲头,顶着烈日,奔赴徐州市各个县市区,走进全市的每一所学校进行招生宣传。许多漂亮的女老师,脸上都晒脱了皮。经过全校上下不懈的努力,这一年我们高质量完成了1100人的扩招任务,加上原来计划的600人,当年招生达1700多人。

但当我们把申请扩招计划报到省教育厅时,可把省教育厅发展规划处的朱卫国处长气坏了。为了把这个1100人的扩招计划批下来,我找到了当年分管教育的段雄副市长,段市长安排市政府王志华副秘书长带着我去省教育厅争取招生计划。我们到了省教育厅发展规划处,朱处长劈头盖脸地把我们训了一顿。他说:"全省招生计划是省教育厅、省政府核定的,各校都要依法招生,你们先斩后奏,无计划招生,我要在全省通报批评你们!"王秘书长无辜受牵连,也被批评了一顿。好在好事多磨,后来我反复写检查,最终陆陆续续把计划批了下来。回忆这一段经历,我不得不由衷地感谢当年的朱卫国处长,也就是后来的省教育厅副厅长。他严格执行省招生计划,但当看到我们的办学热情、真情和优质的教育成果后,他与省教育厅领导沟通,到省政府汇报,解决了学校扩招计划。可以说,没有这次扩招就没有徐州幼师升专的生源基础。徐州市委市政府为了支持幼师扩招,把当年的第九中学校舍作为幼师的校区,这就是幼师发展史上创办的第二个分校区。

回顾每一个分校区的创办,都是一个个奇迹。幼师办学不同于普通中学,每到一处必须有琴房、舞蹈房、宿舍、食堂等,由于每个租用的学校,都是在即将开学的时候才把地点腾出来,为了确保幼师学生按时报到,学校几乎是一夜之间铺出了舞蹈房,装备了宿舍,装备了食堂、餐厅,保障了学生吃、住、学、专业课练习等的正常进行。

抢抓机遇,开启幼师升专梦

2004年,徐州市委召开"关于加快发展徐州高等教育的专题会议",徐州幼师作为中等职业学校的代表参加会议,会议由市委书记徐鸣亲自主持。记得会议刚开始,我就想发言,坐在我旁边的宋农村局长悄悄地说,要等到高校的领导都发言完再说。中国矿业大学、徐州医学院的领导发言刚刚结束,我还是按捺不住地开始发言了,汇报了学前教育师资的高度饥渴,以及徐州幼师升专的激情与愿望。我的发言受到了与会领导的重视。接着,徐州师范大学校长徐放鸣充分肯定了徐州幼师的办学成果,提出了和徐州幼师的师资培养错位发展的思路,并表示坚决支持徐州幼师升专。会后,中共徐州市委、徐州市人民政府《关于加快徐州高等教育事业发展的实施意见》的文件中,就出现了"支持徐州幼儿师范学校升格为专科学校"的表述;当年的市政府工作报告,也把"支持徐州幼儿师范学校升格为专科学校"写进了报告中。而那时的徐州幼师,占地仅22亩,建筑面积仅2万平方米,距离专科院校的设置标准相差甚远。然而积极进取的幼师人，提出了"解放思想、强行起飞、抢抓机遇、加快发展"的口号，不畏困难，砥砺前行。许多老师问我：什么是强行起飞？我说，就是没有航道，也要起飞。

幼师的发展，让我们体会到：机遇好比一个美丽的女神，当你对她犹豫的时候，她只是对你微微一笑，擦肩而过；当你转过神来想要拥抱她的时候，她已经投入了别人的怀抱。许多老师将之点评为"机遇女神论"。

竞买拍卖，落实学校建设基本经费

2007年，学校升专几经选址，最后决定选择金山桥校区。金山桥校区虽然基础设施薄弱，但是改造周期短，有利于在最短时间内申报升专评估。

这里原来是一所私立学校，由于经营不善而倒闭，虽然我们是公办学校，但是民营资产的转让也要通过公开招标拍卖。2007年7月，我和马玲副校长走进了拍卖行，最终以8 050万元竞买到了这所学校。竞买学校及迁建的费用，还需要老校区置换的资金，于是我们又积极准备老校区的拍卖。经过广泛招商，老校区卖了个天价，1.03亿元。为了节省迁建的费用，老校区所有能用的都拆走使用了。从地板到地下电缆，从门窗到电灯电棍，能拆尽拆。更值得一提的是，老校区的拆除招标，居然又卖了个天价：128万元。回顾这一段经历，可谓惊险处处，故事多多。就说老校区拆除招标能招到高价，也是一波三折。当时，土地局的一位工作人员问我们：是净地交付还是毛地交付？我问道：什么叫净地？经进一步咨询才明白，净地就是把地上建筑拆除整平，大概能得到10多万元的拆除费。在那个一分钱掰成两半花的年代，当然是决定净地交付。

记得是2008年8月8日，北京奥运会开幕的那天，市委书记曹新平带队到金山桥校区视察学校迁建工作。正当曹书记的车即将进校时，我突然接到老校区来的电话，说标书被抢了！我说，立刻报警，关上校门，抓住抢标书的人。对方说抢标书的人已经跑了。接着我们就迎来了曹书记一行的视察。待领导离开，我们即刻赶回学校，请来专家顾问和教育局分管领导商量下一步招标。标书被抢，我们感觉到老校拆除还是有利可图的。当初开标最低报价 20 万元，二次开标于是决定重新发布公告，最低报价 60 万元。这次开标我们就格外谨慎了，地点改到了金山桥碧螺校区，还请当地派出所派了一辆警车停在校门口。直到 8 点 50 分才有投标人进入，截至 9 点停止收标书，这次开标最高报价 128 万元。

三期迁建，铸就幼师"三特精神"

说起学校迁建，真的是一个战役接着一个战役。记得在法院接收资产时，法院的胡道才院长对我说：从来没有遇到过这么大的破产案件，负债达 1.3 亿元；从来没有遇到过这么复杂的案件，几个城市法院贴封条，有的一幢楼都贴了四五张封条。法院组织了十几个人的专业小组，整整盘点了 15 天，才把这些资产统计出来。就在法院进行资产签收的当天，我们便组织了 5 个工作组，按照接收的清单，对学校的资产一一进行盘点。大家起早贪黑，不怕酷暑，不顾满目的灰尘，原计划 1 周完成的资产盘点，3 天就全面完成了。

紧接着是一期迁建，要在暑期完成碧螺校区的改造工程，确保科技中学校区、徐高中校区的学生 8 月底搬迁。就在这个暑假里，除了迁建指挥部的成员，学校还组织了青年突击队、安全保卫队、后勤保障队等。为了节省开支，我们自己能干的，就不花钱雇人干。所有的教室桌椅、教学设备、宿舍床铺，都是我们的教职工自己搬运、自己安装，就连学生宿舍的蚊帐竿，也都安装到位了。用了 25 天的时间，我们交楼、改造，维修了建筑面近 3 万平方米的碧螺校区。8 月 31 日，新校区如期进驻了 1 630 名学生。在这期间，还发生了一场 24 号楼围墙的"保卫战"。

这个 24 号楼，是原金山桥学校的教师宿舍，由于学校破产关闭，教师们纷纷搬走，把房子卖给了当地的老百姓。几年来，他们把校园当成自己的家园，所以在我们垒 24 号楼围墙的时候，垒一次被推倒一次，有的居民甚至还坐在工地上，让我们无法施工。按照计划，8 月底学校的电脑等重大设备都要搬进来了,开学的日子就在眼前。这时候,我们请来了开发区的相关负责人和公安干警到现场协助做工作,可是,一些当地居民不仅不听劝阻,还用木棍、砖头打伤了我们十几位青年志愿队的教职工。我们的老师,为了护卫施工,打不还手骂不还口,坚守阵地。后来在区政府、办事处极力制止下,在公安干警的驱逐下,闹事的居民边散去边恶狠狠地说:等到天黑了再给推倒。闻讯的老师们纷纷赶到学校,自愿参加保卫围墙施工的队伍,有的把家属也带来参加值夜班。就这样,一夜之间,24 号楼的围墙建起来了。

二期迁建,是洞山校区改造建设,要确保老校区 2008 年暑期能够搬家。从山体爆破到旧楼改造,从食堂改造到体育场建设,从校园绿化到山林迁坟,经历一年艰苦卓绝的奋斗,老校区在 2008 年 8 月 30 日顺利完成搬迁。

三期迁建,要建设新的教学楼、艺术楼、宿舍楼、食堂、餐厅、体育场,包括国培中心楼的建设,共计 10 万平方米。这是决定幼师升专必备的基础设施建设,必须赶在 2009 年升专迎评前基本落实。在三期迁建期间,幼师人也创造了很多的奇迹。

建校初期,我们组织党员、团员、教职工、学生每周一次义务劳动,如今漫步在幼师的校园,原来洞山校区的荒山野岭已变成山体公园;原来道路泥泞、野草丛生的田间地头,已经变成果树婆娑、鲜花遍地的校园;原来的东洞山汉墓遗址,已经变成汉文化景区;樱花潭、花影潭、叠翠潭、荷花池、莲花池、天池、半亩塘,镶嵌在洞山校区,我们称之为"七星捧月";瀑布、喷泉、山涧、小溪……当时我打趣地说,有了水的灵动,学生们晚上回宿舍也就不害怕啦。

走进碧螺校区,杏坛春晓、紫薇夏荫、柿园秋实、绿篱冬翠,四个大花坛镶嵌在校园里;童歌广场、童梦广场、童心广场遥相呼应。看到这郁郁葱葱的美丽校园,老师们都能找到自己铺草皮、植草坪、种苗木、建花坛的痕迹。原来设计碧螺校区绿化要花费 120 余万元,我们只花了 14 万元,自己买苗木,利用国庆节放假的时间,全校师生通过义务劳动,把这样一个美丽的碧螺校区的绿化完成了。

迁建发生的故事,常常感动着幼师的师生,老师们纷纷要求给在一线迁建的人员嘉奖。就这样,学校在迁建时期增设了学校建设一等功臣、二等功臣、三等功臣的奖项。虽然只是一张证书,没有奖金,但这是学校发展的历史见证。时任教育局党委书记、局长,兼任幼师党委书记的强国赞誉,幼师迁建精神是:特别能吃苦,特别能战斗,特别能奉献!

三次迎评,创下幼师高校设置奇迹

说起升专迎评,可谓是五年的漫漫升专路,三次迎评,两次牺牲,最后一次起死回生。根据教育部规定,全国高校设置每三年一轮,按照东部地区、中西部地区、民办学校排序。2009 年是东部地区高校设置评估年,当年江苏省先后报了六所准备迎评的学校。徐州幼师以高于专科院校的标准做了充分的准备,无论是省里专家预评估还是请的全国专家来评估,都对徐州幼师充满了信心和期待,认为这所学校基本具备了升格为专科院校的条件。

记得在 2009 年 12 月 23 日这一天,我们全校师生都在进行大扫除,做迎评的各项准备工作。就连评估现场的模拟,都是练了一遍又一遍,一直精准到专家所到之处,差秒不差分。我们班子分工,一边带着劳动,一边检查各处的准备情况,一边等着评估的通知。下午 4 点了,一直没有接到省教育厅的通知,我的心里发毛了。多方打听得知,宿迁学院接到了通知。这时候,我便给省教育厅发展规划处打电话,无人接听,给省教育厅领导打电话,打不通。我立刻叫上司机往南京开去。路上又给教育部高校设置处打电话才知道,江苏给的三个评估名额,没有徐州幼师,我茫然了。晚上 8 点多到了省教育厅,空无一人。无奈,我住进了南京师范大学(简称“南师大”)招待所。这时候,班子成员和中层干部都在学校等着呢,因为我们迎评前形成了零点工作的状态,就是晚上 12 点前都在校待命。那天晚上,我找了无数个人,打了无数个电话,痛苦无回天之力,于是决定第二天去找省长,一是问个究竟,二是请省长帮助再争取一下。

记得是周六的早上,我请省政府的朋友帮忙,知道了罗省长的办公室,于是就借故进了省政府大院。当时陪我一起去的是校长助理邓宪亮,我让他躲在男厕所里等着我,我直奔罗省长的办公室。接见我的是省长办公室的黄主任,他问清了缘由,让我稍等一下。然后,他便到了罗省长办公室的屋里。过了一会儿,罗省长走了出来,请我到他的会议室坐一下。见到罗省长和蔼的神情,我忍不住地哭诉了一番。最后我说:"江苏是教育大省,您是省长,能否给教育部袁贵仁部长打个电话,争取追加一个名额,在评估组专家离开江苏之前,能到我们那儿去评估,袁部长会重视您的意见的。"罗省长安慰了我一番,他说:"你回去吧,我们来想办法。"

从省长办公室出来后,我还是不甘心,便跟到了教育部评估专家下榻的宾馆。经过确认,评估的名单里还真的没有我们徐州幼师。当天晚上,我又带着一位助手奔赴北京,想去教育部再争取。然而在那儿等了几天,直到评估组离开江苏,也没得到任何的好消息。第一次迎评就这样失败了。

想想幼师人这些年的努力,再等三年,实在是不甘心。于是我和班子统一思想,继续争取,后来就出现了闯袁贵仁部长宴会厅的传说。记得当时教育部在进行2010年度工作会议部署,那天晚上有个宴会,就在袁部长致祝酒词的前三分钟,我跑了进去,做了一个简要的汇报。我说我是代表江苏省的孩子来向您恳请的,一是东部地区没有一所幼专,迫切需要设置;二是徐州幼师升专是江苏省"十一五"规划、省政府报告明确支持;三是徐州幼师已具备升专的条件,全校师生期待,请袁部长给予关心支持。

汇报完了,我就离开了宴会厅。我们还没有走出国家教育行政学院大楼时,突然接到沈健厅长打来的电话。他说:袁部长安排了专家组去徐州幼师评估,明天就有专家要报到了,您赶快回去给市领导汇报,做好迎评准备。迎评的消息迅速传递到学校、省教育厅、市委、市政府,学校中层及以上干部纷纷往学校赶，就连宿舍的学生们也沸腾了。当我凌晨 3 点回到学校，看见许多办公室已经灯火通明。评估很顺利，专家们从徐州直接去了广西，参加高校设置评估的会议，我们也跟了过去。据说第一天讨论专科学校设置很顺利，但是第二天晚上就听说，有人反映徐州幼师评估没有提前公示。专家就是专家，不管你是什么原因，没有公示就不符合程序。第三天投票的结果可想而知了。就这样，第二次迎评又失败了。

　　从广西回来的路上，我让通知中层及以上干部在会议室里等着我们。当我们一行走进会议室时，许多干部的眼里含着泪水。我当时以从未有过的坚强和镇定，鼓励大家始终要保持升专的状态，时刻做好迎评的准备，我们要有坚韧不拔、永不言弃的精神，争取早日升格。

　　从此以后，我们每周跑一趟教育部寻求机会，给教育部部长及相关部门负责人写信，给高校设置评估委员会写信。在这期间，2010 年《国务院关于当前学前教育发展的若干意见》即"国十条"颁布了，又为我们幼师升格助了一臂之力。就这样，在民办高校设置评估的年度，教育部打了报告，国务委员刘延东签署意见，同意徐州幼师等五所师范院校在民办高校设置年进行评估。一切成功都是留给有准备的人的，很顺利，徐州幼师以全票通过评估，教育部批准设立徐州幼儿师范高等专科学校。

　　能在民办高校设置年增设公办幼师的评估，据教育部有关部门说，这是有史以来的第一次，也算是个奇迹。这是幼师人"迎难而上、坚韧不拔、永不言弃"的升专精神铸成的。

以评促建，人才培养喜获佳绩

　　转眼间，学校升专已三年，从升专的那一刻起，幼师人就开始了迎接人才培养合格评估的征程。根据教育部的规定，新设置的高校必须在有了一届毕业生之后三届毕业生之前，参加人才培养合格评估，也就是检验一下学校是否有能力办好高校。我校 2015 年就可以申请评估了，而这一年，也正是我 60 岁退休的一年。

由于每一位幼师人都深知,学校升专来之不易,所以,每位教职工都格外珍惜、格外热爱呵护这所高校。"以评促建,以评促改,评建结合,重在建设"的红色条幅,不仅挂满了两个校区,更是深入各位教职工的心中。大家深知迎接"人才培养"的评估,不仅是评办学条件,更是评估质量,评估内涵,评估教师队伍成长。升格后的四年里,教师们从思想转型,到行为转型,再到专业成长,可以说,辛苦程度不亚于升专。

2015年4月19—22日,受教育部委托,江苏省教育评估院组织高校评估专家一行九人,走进了徐州幼师。经过三天深入细致的评估,专家组给予充分的肯定。用组长的话说,一般的人才培养评估,也就是三到四条优点,而给你们总结了七条优点:第一,领导班子抢抓机遇,办学思路科学可行;第二,实施人才强校战略,师资水平不断提升;第三,不断更新办学理念,创新人才培养模式;第四,校"园"共建实训基地,教学条件明显改善;第五,教学管理不断规范,教学质量稳步提高;第六,加强校园文化建设,素质教育特色鲜明;第七,招生就业态势良好,社会服务能力增强。

使命担当,发展一直在路上

我一直很感慨,省委组织部对幼师发展的高度重视,组建了一届届强有力的领导班子,使幼师发展不断攀升。我虽然已经退休九个年头了,但每每听到学校发展的喜讯,看到学校的累累硕果,都会激动不已。

回首徐州幼师的发展,总感觉有一种精神在传承,这是印刻在幼师人的记忆中、激励幼师人不断前行的精神力量。在艰苦创业的20世纪90年代,形成了"自力更生、艰苦奋斗、白手起家"的创业精神;在学校加快发展的21世纪,形成了"特别能吃苦、特别能战斗、特别能奉献"的迁建精神和"迎难而上、坚韧不拔、永不言弃"的升专精神;在学校勇攀高峰、奋斗升本的征程中,形成了"咬定青山、争创第一、永不言败"的争先精神……这些精神力量,形成了徐州幼师的文化,一届届传递,一代代传承……

崇师尚美立人：徐州幼专人的精神追求

蔡 飞

2016年1月初，我有幸来到徐州幼专工作，直到2023年8月，历时七年七个月。在上级党委政府和学校党委的正确领导下，全体徐州幼专人勠力同心、艰苦奋斗，学校事业取得长足发展，学校获评省高水平高职学校建设单位，综合竞争力连年跃升，连续六年位居全国幼专之首，连续两年位居全国师范类专科学校之首。这些成绩的取得，是历代幼专人接续奋斗的结果，也是徐州幼专人精神特质的产物。除"四特精神"（特别能吃苦、特别能战斗、特别能奉献、特别能协作）之外，"崇师、尚美、立人"的校训，也最能体现徐州幼专人的精神特质，是徐州幼专人共同的精神追求。

"崇师、尚美、立人"这个校训，在我到徐州幼专工作之前就已形成，是全体幼专人上上下下经过大讨论总结形成的。对此校训，我可说是一见倾心，在历次学生开学典礼和毕业典礼上都会讲到。我对其内涵的理解，也是在与徐州幼专人共同奋斗的历程中逐步加深的。一方面，这个校训如"随风潜入夜，润物细无声"的春雨，潜移默化地滋润着徐州幼专人的心灵，塑造着徐州幼专人的思想与行动；另一方面，是徐州幼专人在用实际行动不断充实着这个校训的精神内涵。在这样的互动中，"崇师、尚美、立人"成为徐州幼专人愈发自觉的精神追求，成为徐州幼专校园文化的内核之一，成为内化于徐州幼专师生心灵深处的宝贵精神财富，也成为徐州幼专人鲜明的精神标识。

作者简介：蔡飞，男，江苏启东人，1966年2月出生，民盟盟员，苏州科技大学教授。曾任徐州幼儿师范高等专科学校校长。

所谓"崇师",就是崇尚教师职业,崇尚师德,把成长为卓越的人民教师作为自己的奋斗目标,把献身于祖国的教育事业作为自己的天职。教育是神圣的事业,大而言之,教育可以使人享有免于愚昧无知的自由;中而言之,教育可以振兴国家和民族;小而言之,教育可以改变个人的命运。这等神圣的事业,足以安顿我们的心灵,足以赋予生命以意义,足以让我们安身立命,足以让我们用一生去追求、去奋斗!因此,徐州幼专人将教育事业作为实现自己人生价值和意义的志业,而不仅仅是作为谋生的职业!人民教师担负着传道、授业、解惑的重任。这等重大的责任,要求教师具有高尚的品德、宽广的胸襟、渊博的学识和强健的体魄。因此,每一个教育人,每一个徐州幼专人,都要用一生的时间,不断锤炼品格、养成高尚的教师人格,不断拓宽视野、建构并完善教师的素质结构。要做到正心诚意、慎微慎独、艰苦自立、忠实不欺,培育自己的人本精神和人道关怀,培育孟子所谓"浩然之气";要做到像海绵一样如饥似渴地学习新思想、新知识、新技能;不但要掌握渊博的专业知识,练就精湛的专业技能,更要掌握先进的教育理念,树立正确的教育观、学生观。只有这样,才能在潜移默化之中,脱胎换骨,化茧成蝶,使自己从普通人成长为优秀的人民教师乃至教育大家!

特别要指出的是,崇尚师德,就要着力培育大爱之心。对于人生和教育,爱都是不可或缺的,就像空气对于生命一样!如果没有爱,人就不可能健康成长,"爱是教育的基础,没有爱就没有教育"(马卡连柯语)。因此,"崇师"就要求每个人都要修持习近平总书记所说的"仁爱之心",都要学会如何去爱,将"爱的教育"作为一生的主题。"教育的本质意味着,一棵树摇动另一棵树,一朵云推动另一朵云,一个灵魂唤醒另一个灵魂。"但要达到这样的境界,必须以无私的大爱为前提!因此,伟大的教育家都强调并践行爱的教育!意大利儿童文学作家亚米契斯的《爱的教育》,把师生之爱、父子之爱、同学之爱、对祖国的爱,描写得感人至深,充分展现了爱的教育的真谛和魅力!人民教育家陶行知先生说:"爱是一种伟大的力量,没有爱就没有教育"。他是这样说的,也是这样做的。瑞士教育家裴斯泰洛齐特别强调，教育者首先必须具有慈爱之心，以慈爱赢得学生们的爱和信赖；教师要精心照顾儿童，关注儿童需要，对儿童的进步和成长报以慈爱的微笑；教师要用亲切的话语、情感、面部表情和眼神来打动儿童；当爱和信赖在儿童心灵深处扎根以后，教师要尽全力去激励它、增强它，并使之不断升华。裴斯泰洛齐言行一致，知行合一，他本人就被誉为"穷人的救星""孤儿的慈父"。苏联教育家苏霍姆林斯基说："如果有人问我，生活中什么是最主要的呢？我可以毫不犹豫地回答说'爱孩子'"。他将整个心灵和一生都献给了孩子！当代有"小学教育界的梅兰芳"之誉的斯霞老师，秉持"童心母爱"，躬行"母爱教育"。儿童教育家、情境教育创始人李吉林老师，也倡导并践行爱的教育，她爱祖国、爱人民、爱教育、爱自然，尤其是爱儿童，她主张要热爱儿童，就要学会用儿童的眼睛看世界，感受世界，教师必须走进儿童的心灵世界。每一个徐州幼专人，都应该向这些伟大的教育家学习，以他们为楷模，践行爱的教育，只有这样，才能够促进学生健康成长，才能拥有幸福的教育人生。

对非师范专业的师生而言，仁爱之心同样是幸福工作、幸福生活的必要条件。热爱你的亲人，热爱你的工作，关爱你的服务对象，你有可能收获同等的关爱。诚如马克思所言，我们"只能用爱来交换爱"。

所谓"尚美"，就是要欣赏美、追求美、创造美，就是要学会"诗意地栖居在大地上"。马克思说："只有音乐才激起人的音乐感；对于没有音乐感的耳朵来说，最美的音乐也毫无意义"。因此，要欣赏美，首先要在艺术活动中培养感受美和鉴赏美的能力。希望学生们既要在艺术类课程的学习中，培养对美的感知和鉴赏能力，更要有计划地阅读文学、哲学、艺术和美学经典，有计划地聆听各个时期、各种风格的世界名曲，欣赏各种风格的艺术作品，培养自己高雅的艺术品位。同时，要结合专业学习，勇敢地投身于艺术实践和创作，努力创造美的精品。更为重要的是，要使自己成为美丽的风景。诗人卞之琳有一首著名的诗《断章》："你站在桥上看风景，看风景的人在楼上看你。明月装饰了你的窗子，你装饰了别人的梦。"我们每个人,都要用自己温暖的话语、善意的微笑、关爱的行动、美好的形象,成为他人眼中美好的风景,去装饰他人美好的梦境! 在这里我们可以看到善与美的统一。要"诗意地栖居在大地上",就要学会超越功利之心,用诗意的眼光去看世界,就要学会从平凡的生活中发现美,就要学会领略"一沙一天国,一花一世界"的美妙,就要学会超越世俗之心,用儿童的眼睛看世界,只有这样,我们才能领略童话之美,领略儿童心灵世界之美!

所谓"立人",既体现了"立德树人"这一教育的根本任务和徐州幼专人"为党育人、为国育才"的高远追求,同时又体现了中华优秀传统文化的要求。具体来讲,"立人"有两层意义:其一,自己要做一个道德高尚的人、有智慧的人、体魄强健的人,一个自我实现的人。这就要求每个徐州幼专人都要加强道德修养,汲取全人类的优秀道德文化,"不以善小而不为,不以恶小而为之","己所不欲,勿施于人",修持自己的人道之心、博爱之心、平等之心、宽容之心;继承中国知识分子的优良传统,发扬"为天地立心,为生民立命,为往圣继绝学,为万世开太平"的崇高理想和责任感,切实担负起对国家和民族的责任,自觉把自己的学习、工作和生活融入实现中华民族伟大复兴的中国梦的宏伟事业中;养成豁达的人生态度,对事业人生,既要能"入乎其内",又要能"出乎其外","以出世的精神做入世的事情";树立远大的人生理想,脚踏实地,刻苦学习,努力工作,既要立大志,又要做小事,既要立足平凡,又要超越平庸。今天的努力学习和工作,就是为明天的成功创造机会;明天的远大理想,都要从今天的刻苦学习和努力工作开始实现。要知行合一,精攻专业,博览群书,深博结合,既追求学问的深度,也追求知识的广度;要树立终身学习的理念,培养终身学习的能力,与时俱进,走在时代的前列;同时要加强身体锻炼和心理修炼,养成强健的体魄和健全的心灵,磨炼顽强的意志,为艰苦的学习、工作和火热的生活,为幸福的人生奠定身心的基础。其二,"立人"还有更加深刻的文化内涵。孔夫子说:"夫仁者,己欲立而立人,己欲达而达人。"我愿意化而用之,将其改为

"己欲立先立人,己欲达先达人",并做出新的解释,"要想成就自己就要先成就别人,要想自己发达,就要先让别人发达"。事实上,任何人都应该而且只能通过成就他人来成就自己,教师尤其如此。"教师只有通过成就学生,才能成就自己",教师的成功就在于帮助学生取得成功!"立人",决定了徐州幼专和徐州幼专人对于教育和人生的价值追求。

"崇师、尚美、立人"的内涵是与时俱进的,徐州幼专人新的伟大实践必将为其注入新的内涵,使之更加丰富与深厚。相信徐州幼专人在"崇师、尚美、立人"这一校训的涵育下,会不断追求更加高远的人生境界和教育境界,在立德树人的道路上不断取得新的更大的成功。

校园变迁中的坚守与创新

马 玲

1984 年,在改革开放的春风里,徐州幼师应运而生,犹如一颗璀璨的明星在幼师教育领域迅速升起。如今,已届 40 的她早已跻身专科学校之列,在高等教育的征程中留下了令人瞩目的辉煌印迹。

回望 40 年的风雨兼程,徐州幼师历经了无数次蜕变与成长。那些不断扩建、翻新的校园校舍,都见证了学校发展的足迹;每一个实现或尚未实现的蓝图,都承载着幼师人坚持不懈的理想与追求。

奎河西沿守初心

位于袁桥往北 100 米的奎河西沿 20 号,一直是我们幼师老校友口中的"老校区"。从 1968 年徐州八中迁入,到 2008 年徐州幼师迁出,整整 40 年,其间学校经历了由普通中学到职业中学再到师范学校的演变。

我于 1981 年来校工作,当时国家开始恢复发展职业教育。徐州八中是一所完全中学,从 1980 年招收第一个职高班开始,至 1984 年学校已经有了电子、铸造、幼教、财会、统计、图书管理等 6 个专业。职教与普教最显著的区别就是需要更多的实验实训场所,而原有校舍根本无法满足这一需要。"地面不够,地下来凑"。在获得市人防办的同意后,我们将 1974 年建在校内的 500 多平方米的防空洞改造利用,建成了

作者简介:马玲,女,山东临沂人,1961 年 7 月出生,中共党员,研究员。现任徐州幼儿师范高等专科学校关工委副主任,曾任徐州幼儿师范高等专科学校党委副书记。

10 多间相对独立又相互连通的实训室,大大增加了学生课内外实践的空间。由于八中职教办学成绩突出,1984 年 9 月增设了徐州市第一职业中学建制,1984 年 12 月,江苏省人民政府批复同意在这个校址建立江苏省徐州幼儿师范学校,奎河西沿 20 号就成了幼师的老校区。

老校区 22 亩,面积不大,风景如画。球场边挺拔的雪松,艺术楼前高耸的水杉,教学楼前油绿的广玉兰,办公楼前的青春雕塑,餐厅外墙的汉文化浮雕,朝晖亭、木香长廊……那都是在老领导们的率领下,广大师生用汗水浇灌出的梦想之花。这个校园虽小,却见证了幼师发展的许多大事:20 世纪 80 年代,校办工厂生产的高温黏结剂荣获江苏省"金牛奖",就是在这里通过市经委的新产品鉴定会;90 年代举行过省、市德育工作现场会、座谈会,承办过全省中师舞蹈教师培训班,多次接待全国中师校长研讨班视导;21 世纪初举办了建校 20 周年庆典,接待过教育部部长、副部长以及省政府副省长等领导视察。

校园是真好,但面积有限。琴房、舞蹈房、画室、微格教室等专业用房需求,使建筑面积不到 2 万平方米的校舍捉襟见肘。世纪之交,三级师范向二级师范过渡的浪潮涌动,一些中师的校领导四处奔走,考察学习,想尽办法要赶上这班车。1999 年 3 月,我们请来了徐州师范大学的书记、校长帮我们谋划升格。但在发展的路上,学校却又经历了徐州幼师与徐州师范学校合并为徐州师范大学初等教育学院的历史阶段,两校的领导班子合成一个,我校的财务账号被撤销。后来在校领导的不懈努力和局领导的大力支持下,学校办学主体重新恢复。接下来要思考的问题就是学校如何发展。这时,张祥华书记组织大家针对"幼师的出路在哪里?""怎样跳出幼师看幼师?"等一系列问题进行参观考察、学习讨论,大家一致认为:要坚守初心,创新发展。2004 年,徐州幼师的"破茧"行动开始了。

四地办学历艰辛

从最初省政府批复的"招收初中三年制 12 个班,在校生 480 人",

到 1996 年后开始招收的"3＋2"大专班、五年制大专班、成人代培班等，2004 年初，我校在校生已达到 1 200 人。而就在当年，徐州市初中毕业生增加 3 万人，政策要求这 3 万人都要进入中专、职高和五年制高职，因而我校当年的招生计划增加至 700 人。尽管学校 20 年间新建了艺术楼、教学楼，接盖了办公楼、学生宿舍，但所有的潜能已经挖尽，就连房顶平台都建满了板房。2005 年，教育部周济部长来校视察时，李福全市长说我们是"螺蛳壳里做道场"。学校要发展，首先要解决的就是校舍问题。

有了第一个分校区。真是皇天不负苦心人，正当校领导四处找地方办学时，得知徐州高级中学新建的图书实验楼要落成启用，同时他们被徐州师范大学借用的一幢宿舍楼也还了回来。通过市教育局领导的协调，租用徐高中的宿舍楼和实验楼住宿、教学的协议达成。通过一个暑假的突击改造，暑期后徐高中校区搬进了 3 个专业、4 个年级、10 个班的学生，开启了第一处校外办学的尝试。第一个分校区的管理是由当时分管后勤的我和教务处的张延伟、政教处的孙力以及校医李曼丽组成综合办公室，兼职完成。麻雀虽小，五脏俱全，除正常教育教学、实验实训、后勤保障外，我们还需要将很多精力放在学生的心理调适、与徐高中各种管理制度和规定的磨合上，比如两校上课和活动时间不一致，学生回本部上课频繁进出校门，以及宿舍楼里、运动场上经常发生的小摩擦，包括隔壁的徐州师范大学迎接评估封闭小门十多天，学生的吃饭、饮水、洗澡等要我们另想办法等。出现问题我们解决问题，有了困难我们克服困难。师生们渐渐习惯了两校的生活，还通过成立学生自治委员会、创新教师考勤管理制度等，为后续的分校区管理探索了经验。现在回想起来，虽太多不易但却值得。

东校区诞生了。2005 年，市委市政府为落实江苏省提升高中阶段入学率要求，拟将我校的招生计划由原来的 600 人扩大为 1 700 人，这对我们来说是新的机会来了。分管教育的市委陈副书记找到张祥华校长问能不能完成？张校长回答："只要有足够的校舍，其他问题我们都能解决。"确实，从规模上看这是要再扩出一个幼师来呀！市里结合市区义务教育布局调整，确定了我校整体租用市第九中学校园做校舍。记得那是全校师生最忙碌的一个暑假，校领导将大家分布在四条线上作战：第一，宣传扩招、面试录取、各种收费；第二，延揽人才、扩充教师；第三，大宗采购、增添设备，成立专门小组考察、谈判、招标；第四，改造、新建校舍，增加生活、专业用房。师生们热情高涨，行动迅速，1 700 个计划，很快超额完成。要说难度最大的就是第四条，要在不到一个月的时间完成校舍改造，确保 9 月 1 日开学，这确实是一个非常艰巨的任务。

约 20 亩的九中校园比较方正，房子虽不少，但缺少宿舍、食堂、浴室、琴房等幼师办学必需用房。校领导定下改造原则："保证使用，规范安全，先易后难，确保开学"，按照进驻 1 300 名学生的标准设计改造和新建，规模之大，人手之少，时间之紧，周边各种关系和矛盾的协调疏通，都是前所未有的。记得我们要收回九中出租的门面房做活动室、舞蹈房，开饭店的租户不理解，集体围攻总务处主任王安雷。学校大门开在不到 4 米宽的新生街上，又恰逢徐州市创建国家卫生城，重新铺设校门前的道路，运送建筑材料的汽车无法从大门进入，开学的日子又近在眼前，怎么办？王安雷带领总务处的同志积极开动脑筋，一招不行再想一招，试验多次，最终采取每晚从东墙外翻墙进料，在西南墙开洞往里运料，早晨再把墙洞堵上的办法，既保证了工程用料和工期，又没有影响市容市貌。噪声大的活白天干，噪声小的活晚上干，基本没噪声的活夜里干；没有餐厅，就将半地下室车库进行改造；没有浴室，就在宿舍里改；女生宿舍没有室内厕所，就想办法建！经过 20 多天夜以继日的拼搏，8 月 29 日，1 300 多名学生欢欣鼓舞地搬进了九中校区，当年的在校生达到了 2 528 人。九中校区坐落在老校区的东边，大家也就称之为东校区了。东校区的管理采取了责任校长制，我是第一任责任校长，张校长也经常在此办公。硬件不足软件补，当时派驻到东校区办公的大多是党员和部门主要干部。经过一个学期的磨合，师生逐渐适应了新环境,学生们还经常走上街头开展各种义务劳动,为当地的精神文明建设作贡献。到 2010 年搬出时,那条街的居民们都依依不舍。

又出了一个南校区。真是不发展困难,发展也困难。2006 年,学校招生 1 100 人。前两年的问题再次出现。正当校领导在四处找寻下一个临时校区时,从市教育局发展规划处得知:徐州市科技中学新建的教学楼即将完工,旧教学楼随即拆掉。于是校领导迅速与科技中学的领导联系租用,但科技中学的回复是新楼建好,旧楼即拆,否则楼间距不符合规范。于是我们又通过局领导找到规划局协调,承诺只用一年,找到地方尽快搬走,这才同意让我们使用。但随之而来的困难是我们想象不到的。科技中学提出要求:进驻的学生必须全是女生且全部住校。这的确是个大难题,但考虑到能够接受我们已经很不容易,所以困难必须自己克服。经教务处和政教处商讨,调整出 8 个全是女生的学前教育专业班级去科技中学,共 400 人。总务处又重新规划了教室、琴房、舞蹈房、食堂、宿舍等各类学习生活用房,做出预算并进行邀标,于 7 月 16 日开标,由 3 家队伍同时施工。由于科技中学距离老校区 2 公里多,比徐高中更往南,所以曾经被叫作南校区的徐高中校区又叫回了"徐高中校区"的名字,科技中学校区成了南校区。这年暑假,既有徐高中校区的改造,还有老校区、东校区、南校区的改造,4 个校区有 29 个班需要调整搬家。

南校区住进的学生虽然不多,但棘手的事情不少。首先就是新教学楼要延期交付,这意味着留给改造的时间大幅缩短,这将影响其他 3 个校区的整体搬家计划;临近开学,得知原有的食堂没有卫生许可证,迅速请来卫生防疫人员现场指导改造,以达到颁证要求;入住第一天,住顶层的学生纷纷反映晚上没水,找到供水公司四处排查,经过测压才发现,我校学生用水高峰与周边居民的用水高峰一致,原来的初中生不住校,不存在此问题,"多次腾挪,用空间换时间""增加加压泵,安排专人定时负责开关"……幼师人的办法总比困难多。照例,我还是南校区的责任校长,总务处副主任李文蔚每天上班先到南校区工作 1 小时,对出现的设施设备、生活保障等方面的问题协调解决,然后再到老校区上班。还有一些老校区的干部和骨干也被学校派了过来。很快,我们学生严谨的纪律、良好的学风打消了科技中学干部职工的顾虑,科技中学刘校长还在不同场合多次赞扬我们的学生。

就这样,4 年来一主三辅的多地办学,有效缓解了空间不足的问题,还形成了新的管理模式和办校经验。2006 年 9 月 11 日晚上 7 点多,市教育局曹局长率市局相关部门领导突击检查我校学生学习、安全、生活等方面的情况,反馈时说道:"真的没想到,4 个校区 3 900 多名学生,竟然都安静有序、井井有条,很好!"

新城新校筑梦行

建新校是幼师人上世纪就有的梦想。在国家政策的推动下,幼师人凭借干事创业的激情、做强做大的信念,使这一梦想越来越近。

2004 年年底,徐州市新城区开始建设,规划里有一个占地 3 000 亩的高职园区。于是 2005 年元旦一过,我们就起草了关于在新城区高职园区选址建新校的请示,并请教了市规划局综合处的周处长加以修改上报。市委市政府和教育局都很支持我校进入新城区。2006 年 1 月,市教育局成立了宋局长任组长的领导小组,要求学校一把手挂帅,分管校长直接抓,聘请懂行的专家、工程技术人员帮助,总体规划、分步实施,加大招商引资;2 月中旬,李福全市长召开高职园区建设会议,强调在新城区建新校既是学校办学的需要,也是新城区发展的需要,会上还表扬了我校工作积极,要求马上进入实质性工作,教育局、国土局、新城区指挥部等部门要积极支持配合,确保第二年 9 月开学。2006 年 3 月,市委书记徐鸣召开高职园区建设会议,要求幼师独立做好新校区建设规划,市委吉副秘书长还多次给予我们指导。2006 年 4 月,我们将新城区建新校的立项报告送到市发展改革委,第二天事业处的张处长就带人来校考察了解情况。

还记得一个午后,张校长请来了市规划局综合处的吴处长,在学校礼堂给全校教职工作了新城区建设的规划讲座。吴处长用 PPT 展示的新城区平面规划图、日间模拟图、夜间灯光图……布局科学合理,彩图光芒耀眼,老师们听了激情澎湃,十分地向往和憧憬,纷纷表示支持学校在新城区建新校,还有不少教职工在南区买了房子。

但计划赶不上变化。由于新城区布局发生变化,要调整我校的地块,张校长和我立刻找到分管建设的市政府杨副秘书长,一番软磨硬泡。可能也是被我们的真诚打动吧,杨秘书长最终答应,给我们调一个更好的地块补偿,地块由我们自己挑。我们就趴在新城区规划图上找,终于原来的 480 亩变成了 510 亩。

地块再次确定后,我们马上开始编写项目建议书,进行立项及编制可研报告,再跑土地手续、购买电子版图、考察规划设计单位。有了地还要有钱,于是又千方百计去筹资。当时划拨净地价每亩 20 万元,13.7 万平方米建筑面积,加上前期费用,预估新校建设首期资金需要 2.5 亿元。于是,我们参加省投资发展大会,接洽华夏、银建、中冶等 7 家集团公司和企业,谈垫资建设和后勤社会化;找建设银行、农业银行、工商银行谈贷款;找规划局、国土局争取老校区置换政策;请市发展改革委组织 5 位专家和 7 个行业代表进行项目可行性研究报告的论证;考察盐城师范学校等学校学习新校区建设经验……一切都在紧锣密鼓地进行着。

2007 年 5 月下旬,学校派我和王安雷到上海、南京考察同济大学、东南大学等 5 家意向设计单位。不料,回来后情况又有了新的变化。

洞山碧螺展豪情

市教育局先后两次提起开发区的金山桥寄宿学校要拍卖,有领导认为我们能去那里也很好,120 亩地,7 万平方米建筑面积,改造一下马上就可使用,比起在新城区建新校,时间短、资金压力小。2007 年六一儿童节,早上 7:30 班子成员就召开会议讨论。下午 2 点,班子成员又集中到市教育局会议室开会,强局长讲道:"近几年幼师发展很快,由

1 000 多人发展到近 4 000 人,在全省全国很有影响。你们付出了很大的辛劳,4 个地方办学,管理起来难度很大,尤其是安全问题。现在贷款很难,即使贷出来,也没有还款能力。新城区土地是划拨的,没有运作权。"听了强局长的分析和指导,的确都是现实问题。随后班子就一起到金山桥寄宿学校察看和比较。新城区和开发区,各有利弊,如何抉择?那就继续发扬民主,问计于民吧。随后的两周内,学校分别组织中层干部、教代会代表、退休老领导们去金山桥寄宿学校察看,回来座谈,听取意见,最终是倾向去开发区金山桥寄宿学校的多。随即我们就向市教育局领导、市委市政府领导汇报了干部群众的想法,表示如能定下去开发区,希望再挖掘周边可利用土地划拨给我校,争取把洞山规划给我校使用。再次召开班子会议后,大家达成共识。

随着 2007 年 7 月 2 日银桥拍卖行的一声槌响,8 050 万元,徐州幼师拍得金山桥寄宿学校的整体资产。这也标志着徐州幼师将历史性地迁出老城区,迁入我市经济改革发展的前沿——徐州经济技术开发区。这真是,迁入新城区,辛苦努力 3 年没结果,决定迁入开发区,只用了 20 天就一锤定音了。

金山桥的校区改造,难度不亚于新建,甚至远超过新建。原址上的这个民办校园建设缺少规划,建筑质量较差,图纸档案不全,地下水管 80% 是漏的,屋面多漏雨,加上终止办学已有一段时间,校园各处呈现出破败不堪的样子,可以说是一堆遗留问题,一堆未知因素。听说 9 月开学要使用,监理公司的宋总监看了后说:"9 月 1 日开学根本不可能。"市教育局发展规划处的华工看了说:"十一后能开学就不错了。"市中级人民法院的胡院长说:"这个学校我知道,没有 3 个月进不了学生"。而学校已经决定不再租徐高中和科技中学的校舍,暑期后先进驻相对面积小、周边纠纷少的碧螺校区。决定就是命令,再难也要保证开学。那时,王安雷带领工程组的同志连日在事务所加班到深夜核算工程量、编制清单,李文蔚组织培训 5 个接收小组的同志,拍摄、记录、核对入账。孙志敏与家人已经上了旅游车,又主动留下来接收资产。

王震与稳控组密切对接,做好现场的安保和网络监控系统……很多干部和一线教师都参与了工作。

由于法院拍卖的金山桥寄宿学校是查封资产,几乎每个房门上都有四五个不同地区法院的封条。我们虽已拍得了整体资产,但首付款4 000万元没付之前是进不了楼的,改造旧楼只好在外面目测画草图,编制工程量清单招标。因此工程量准确度不高,施工难度加大,我们在市教育局发展规划处和聘请专家彭工的指导下,定下每天一次工程例会,由甲方、乙方、监理、审计参加,及时调度6个标段,随时发现问题解决问题。尽管如此,建设过程中还是各种问题接连不断,以至于工程量翻了近两番。但是,在历经多次突击改造校区磨砺的后勤一班人眼里,"困难就是用来战胜的"。经过20多天的紧张奋战,包括打了一场分离24号楼建围墙的"硬仗",8月底,11辆厢式货车、5辆大客车来来回回、浩浩荡荡搬进了1 600多名师生,校园顿时有了生机。9月初,市教育局领导来到金山桥校区检查,真不敢相信一个月前破烂不堪的校园,焕然一新,生机勃勃。越是困难时期越能体现幼师领导班子的凝聚力、幼师中层干部的执行力和全体教职工的战斗力。张校长曾表扬我校后勤"特别能吃苦、特别能战斗、特别能奉献"的"三特精神",这时又被命名为"迁建精神"。市教育局强局长来金山桥校区看了后说:"'三特精神'就是幼师精神。幼师精神,创造了幼师速度。"

那年夏天,太让人难忘。新校建设调整方向,买校、卖校、迁建改造,在随处可见建筑工人的校园里开了学。但是相对艰苦的生活条件还是让来到的学生感觉落差很大,尤其是400名市区学生头一回住校,多人一室,卫生间狭小,买饭、打开水都要排队,突击改造的设施刚启用还在磨合,不时出问题,导致部分学生极不适应,思想不稳定。校区负责学生工作的李桂萍迅速组织召开市区学生专题会教育引导,负责安保的王震协助做好家长的工作。后勤人继续发扬连续作战精神,日夜施工接通了热电厂热气,学校用上了热气烧开水、燃气做饭,拆除了极不安全的两个柴油罐和废弃的一栋楼,铺设了混凝土道路,建了新的路边花坛,进行了覆土绿化,完成了碧螺校区的第一次改造。至此,校园占地面积增加55亩,教学、办公、生活面积增加2.8万平方米,在校生达到了4330多人。这就是幼师历史上的一期迁建。

国庆节一过,我们又马上转向了洞山校区的规划设计。这是主校区,占地多,建筑面积大,周边可挖潜的地方多。当然,困难和隐患也多。校园北面有私企占校园建房屋,房门开在校内;东北角有当地村民修的一条路通进学校;东边的围墙有很长一段被拆被占,被占的地上建起了楼房;洞山上有百余座墓葬,当地村民常来祭扫;当地地痞试图强揽工程,甚至威胁恐吓校领导。但我们的干部职工都没有被困难吓倒,在每一段残缺围墙的修补重建中,在要求占我校园的企业主拆房后退、据理力争中,在争取地方政府支持、与周边村民协商解决争端中,都充分体现了我们的干部职工强烈的责任心和不畏艰难、勇于担当的锐气和斗志。

在洞山南麓建标准体育场,也遇到了不小的麻烦。因为洞山校区虽然看起来挺大,但有些是没有土地权属的,而且缺少大块的平地,不具备建设标准体育场的条件。于是,山南的两个仓库、居委会临建的厂房成了我们志在必得的目标。设计时又发现还需要占用山林红线范围内的几亩地,这个山林红线又不可逾越。于是,我们请来徐州师范大学、徐州工程学院的体育教育专家,各种修改、各种调整,召开各种听证会、各种论证会……通过努力,在升专评估前建成了标准体育场,校园面积又增加了35.3亩。

对标高校层次和标准,我们邀请东南大学建筑设计研究所所长、中国科学院学部委员(院士)齐康教授为我们做修建性详规,找到副所长金俊博士率领团队精心设计建设规划,找到市建筑设计一院的张玉喜院长亲自设计洞山综合楼、艺术楼改造方案。他们都知道我校的要求是“大气、适用、节省”。经过6个月的奋力拼搏、13个标段的紧张施工:老校区移树,山体加固,综合楼改造,琴房舞蹈房改造装修,篮球场改为演播厅,体育场东北部岩石爆破,洞山整体地下管网改造,大门南移,高压线入地,两个附幼改造装修,"思源广场"球场和百果园的规划施工,国保汉墓的保护性装饰等,整修绿化校园面积17万多平方米,改造和新建面积达4.5万平方米。

艰苦超凡的努力下,2008年8月底,二期迁建完成,老校区顺利搬迁;2009年三期迁建启动,以碧螺校区为主,新建教学楼、音乐厅,加固、加建宿舍等,增加建筑面积2.4万多平方米;2010年洞山扩建再征地27亩,近5万平方米的东坡生活区建成使用,不仅大大提高了学生的生活质量,也为国培、省培提供了校内食宿和研学空间。2013年,经过4个多月的谈判,学校用1 600万元购买了洞山校区东隔壁徐州创新医疗器械有限公司的16亩地和8 000多平方米的地面建筑……至此,学校的土地可使用面积已达427.8亩,建筑面积17万平方米。

忆及此,着实钦佩各级领导的高瞻远瞩,着实钦佩幼师人团结协作的创业精神,着实感慨全体教职工对学校迁建工作的无条件支持和信任,着实感激开发区管委会"像对待招商引资一样"的热情高效服务。在学校一届届领导班子的引领下,学校由中师时的排头兵到专科后的领头雁,挑战了一个又一个不可能,目前,再建新校、努力升本正在路上。

岁月如梭,转眼我已退休近3年。正值徐州幼专40华诞,望洞山碧螺,一砖一瓦皆是史,一草一木总关情,不由得从内心深处祝愿我们永远深爱的学校,乘着新时代的春风,不断地从光明走向光明!

忆徐州幼师艺术教育的改革与发展

滕建志

　　徐州幼师从创立到今天走过了整整 40 年的历程。我从大学毕业在这里一直工作到退休,亲身经历了学校从一个普通中学办的幼教职业班到幼儿师范高等专科学校的全部发展过程。这期间,我作为美术教师参与了专业教学和校园建设,作为教务处主任参与了教学改革和师资队伍建设,作为副校长参与了关乎学校发展大计的各项决策。今天的幼师,已经从一棵幼苗长成了参天大树,并且结满了丰硕的果实。艺术教育就是其中一枚耀眼的果实,它赋予学生专业技能,培养学生优良品质。它助力学校形成独特的培养特色,在幼师培养领域异军突起。

艺术教育在困境中起步

　　20 世纪 80 年代建校初期,学校领导和老师在艺术教育的理念、作用、课程方案、教学计划、教学方法、教师队伍建设等方面有不同的看法,存在很多的争议。其中一点是培养一个合格的幼儿园教师"是强调文化课上高标准,还是重视在艺术类课程上严要求"。当时幼师生的课程主要有四大类:基础文化课、专业技能课、专业理论课、实践课。按照省下达的幼师课程方案,学校在 3 年内安排了所有的高中文化课课程,再加上专业理论、专业技能课,总共 30 余门课程,比一般高中生增加了 1 倍还多,导致学生学习负担重,教师教学质量低。文化课与技能课的权重问题就成了教学方面的难题。

　　作者简介:滕建志,男,江苏徐州人,1957 年 7 月出生,中共党员,副教授。曾任徐州幼儿师范高等专科学校党委委员、副校长。

随着国家对学前教育的重视,省内的几所幼师名气越来越大,也越办越好。那时候省幼师、苏州幼师、南京幼师等都是我省幼儿师范学校中的佼佼者,是家长学生向往的学校,是全省学前教育教学交流的中心。而我校由于办学时间短、地域经济落后、教育资源有限等原因,文化课教学方面相对落后、专业课因缺少师资开设不全、技能课缺乏训练资源、学生实际操作能力差等问题一直困扰着我们。

建校以来学校历届领导都有一个坚定的办学目标,就是要把学校建设成一所具有国内一流综合竞争力的幼儿师范学校。如何在教育教学水平和学生培养质量上突破困境,赶上和超过省内其他幼师,是我校创建"一流幼师"必须解决的问题。当时我被调到教务处工作,参与了为适应学前教育师资培养的知识结构特点、提高教学质量而进行的一系列课程改革。在改革的过程中,我们逐步认识到艺术教育与技能训练对培养合格幼师生的重要性,也使学校领导和教师对艺术类课程在整个课程中的重要地位有了明确的认识。

艺术教育跨越认识误区

首先,我们要明确一个合格的幼儿园教师的专业要求和知识结构。为此,我们组织相关人员到幼儿园考察调研,除了听课观摩教学,还与幼儿园领导、老师和一些专家进行广泛的交流与探讨。考察中发现,在艺术教育方面,我们在观念上存在着几个误区:

误区一,艺术类课程是"副科"。这种观念是在普通中学形成的,所谓艺术类课程是"正课后的放松课"或"跳跳唱唱哄小孩的课"等。我们发现幼儿师资培养的艺术类课程不是一般意义上的素质课,而是地地道道的专业技能课。幼儿园教师的教学靠抽象说教是不行的,教育思想和教学内容的表达要综合运用说、唱、弹、舞、画等教学技能,这些教学技能是一名合格幼师生必备的专业技能。

误区二,幼儿园教师不需要多高的文化水平和艺术素养。当时我国教育的现实是研究生教大学,本科生教中学,中专生教小学、幼儿园。

更难的是幼儿园连中专毕业的教师都很少,教幼儿园的要么是改行的阿姨,要么是看孩子的老大娘……我去过加拿大,他们的幼儿园教师都是硕士、博士。在安大略省的一个幼儿园,我曾向一位名叫罗伯特·乔伊娜的老师请教过这个问题,他是一位学前教育学博士。我说:"您是否觉得博士当幼儿园教师是大材小用?"他的回答让我终生难忘,他说:"我们所有的孩子都应该是最好的,在最好的环境中成长,接受最好的教育。"一个"最"字了得! 所有的疑问都在"最"字里了——最好的教育来自最好的老师。优秀的幼儿园教师应当具有丰富的专业理论知识、较高的艺术修养、高尚的育人情怀……

误区三,艺术类课程与文化课程的教学投入、课程权重,一定是文化课程重于艺术课程。理由是高中的课程就应该在高中阶段完成,艺术类课程以后还可以继续学习。事实证明,这是一个对艺术类课程的教学特点及规律缺乏了解、不正确的认知。艺术类课程偏重技能训练,为了使技能形成肌肉记忆,需要长期而艰辛的训练过程。而这种训练对学生的年龄有严格的要求,一般都是在年龄较小的时候最佳,正所谓"童子功",一旦错过最佳年龄段再进行训练就为时已晚。学生入学一般都在十四五岁,如果能保证基本艺术技能训练的时间和强度,那么就能获得较佳的教育教学效果。

误区四,艺术实践活动与正常教学秩序冲突时,要无条件为维持正常的教学秩序让步。我刚到教务处时,经常有老师来告状,告状的内容大都是幼教专业各种活动太多,冲击了教学,经过了解情况属实。学前教育专业的学生除了安排的课程外,还要参加各种校内外的演出和其他活动,上至市里表演,下至乡间慰问,的确会对教学产生一定的影响。然而,实践中我们看到一个现象,就是演出活动对于专业课教学来说是一个有力的推动,学生的专业素养会在一次次的活动中得到大幅度的提升。有专业课老师这样说:"学生参与一次演出能大大强化课堂学习效果。"由此可见,在艺术类课程的教学中,艺术实践是不可或缺的教学手段。换句话说,就是各种活动是教学的重要组成部分,是延伸的课堂。我们不能用一般的"参与社会活动"来理解,重要的是树立正确认识,合理分配课时。

那时候,我们作为中层干部经常和校领导进行交流,把我们的想法和建议提交学校进行反复讨论研究,并达成许多共识。

教学改革助力艺术教育进步

在之后的教学中出现了这样一些变化,而这些变化使我校教学有了自己的特色,迈上一个又一个新台阶。

变化之一,确立具体培养目标和调整相应的课程。在培养目标中,科学设定幼师生熟练掌握学前教育的各种技能技巧的高要求,在课程设置上适当调整文化课的内容,压缩部分课时,增强课程实践性,同时调整专业技能课的内容与课时。教务处联合各专业编写了《徐州幼师技能课考核标准》,对每一门课程在每一个学年度所要达到的专业水平做了详细的规定,并对一个合格的幼师生在专业技能上所要达到的能力制定了具体的考核内容及标准。这对教学是一个极大的促进,使教师教学有规范,学生学习有目标,学校评价有标准。

变化之二,积极引进与培养优秀教师。建校初期艺术类专业课几乎没有高水平的教师,部分专业课的教师还是因学校教学需要转做艺术课教师的。1985年之后,为优化教师结构,我校通过各种渠道引进多位徐州教育界知名的艺术教师,有钢琴、手风琴、声乐、舞蹈、美术、体育等专业的教师。同时,把部分教师送到知名高校进修,提升他们的专业水平和教学能力,使得一大批教师快速成为本专业的教学骨干。我本人也在学校的资助下,于1988年到中央美术学院进修。这些措施使师资队伍低水平的状况得到极大的改善。

变化之三,大力投入艺术类课程的硬件建设。建校初期,教育经费捉襟见肘,学校领导仍将大部分经费投入艺术教育的基础建设中。典型的事例是购置钢琴,从只在琴房里安放一架钢琴,到每个教室都有钢琴,再到设置专门的练习琴房。当时我校有近600架钢琴和100架电子钢琴，可以和音乐学院相媲美。在教学用房紧张的情况下，学校调整教学区，安排专门的舞蹈练功房、画室、手工教室、游戏教学室，等等。在学校内，按照专业舞台的标准建造了一个大剧场，购买各种乐器、服装、道具，组织校女子军乐队，组建校舞蹈队，这样的投入为形成鲜明教学特色打下了坚实的物质基础。

变化之四，形成办学特色。领导的高度重视、科学的培养方案、良好的教学条件、高水平教师的指导使我校的艺术类课程教学逐步走上正轨。通过一系列教学改革，艺术类课程的教学发生了巨大的变化：学生学习的热情空前高涨，刻苦训练提升专业技能技巧水平在校园内蔚然成风。艺术活动带来的教学肯定和社会影响，让教师、学生都更加自信。学校的舞蹈队、军乐队、美术活动组等艺术团体都是学生向往的社团，学生踊跃参与音乐会、艺术节、美展等艺术活动。每到有重要活动时，学校内各种活动室、练功房的灯光常常亮到深夜。

活动与教学相互促进，兴趣与课程相互成就，逐步形成了我校特色鲜明的艺术教育模式和校园文化。

艺术教育初见成效

春风化雨，润物无声。师生们用智慧与汗水浇灌的艺术教育之花必然要在徐州幼师结出丰硕的人才培养之果。

我校师生在全省师范类各项技能竞赛、汇报演出中屡获殊荣，个人单项奖、团体奖项的数量、规格日渐攀升。一开始，老师们带着学生到处参加各种比赛和教研活动，后来我校开始承接各种艺术类竞赛活动。1994 年，省教委决定由我校来主办全省师范类学校的首届艺术节。我们率先制定的课程方案，一开始不被认可，后来，全省幼师学校齐聚我校，以我校课程方案为蓝本研讨、推进专业技术课程改革。我本人也在1991 年全省师范类美术教师会课比赛中获得一等奖第一名。记得当时是省教委师范教育处张行处长亲自给我颁奖。这些变化让全省教育圈子中的人都以惊奇的眼光注视着地处江苏最北端的徐州幼师。经过数年的努力,我校从名不见经传,一步一步走进了全省幼儿师资培养学校的前列。

艺术教育的改革助力了学校育人综合实力的提升。学校经过十余年的内涵建设、教学改革、转型发展,育人效果已经初见成效。我校的毕业生在就业市场上"供不应求"。各地幼儿园和其他用人单位打趣地形容我们的毕业生是就业市场里的"香饽饽"。还有部分学生从我校考入了高等学校继续深造,在学前教育、艺术教育等领域继续成长成才。

艺术教育成就办学特色

幼师的历届领导都有一个共识:"发展是硬道理"。学校的发展方向非常明确,就是要不断扩大办学规模,提升办学层次,要把一个中等专业学校带进高等院校的行列。这一直是我们坚定不移的目标。但做起来困难重重,资金、土地、师资、生源……好像有万重关山挡在我们前面,当时这些难题在我看来几乎无解。

学校领导班子没有退缩,大家有一个普遍共识,认为一切办学条件都是为培养高质量的学生服务的,只要"培养的学生质量高"这一点被社会和教育主管部门充分认可,即便办学条件差一些,也有希望晋级。在反复研讨的基础上,学校以"学生培养质量高"作为"王牌"向升专发起突击。

首先我校通过参与重大社会活动展示了学生素质与教学水平,得到省市领导及社会各界的一致好评。2005 年,学校借着建校 20 周年的契机举办了一个大规模的艺术表演活动"青春 20 年",全体师生以最好的精神状态、最优质的节目、最精彩的表演征服了所有到场的观众,让省市领导对徐州、对幼师刮目相看。我是学校的领导干部也是一位美术专业教师,把幼师的艺术教育成果展现给社会大众也是我的任务。2010 年 9 月,江苏省举办首届教育博览会,我带领美术专业的学生制作展台展现我们的办学成果,完美的设计与精心的制作让我们的作品在博览会上大放异彩。省长特别光顾了我校的展区,对我校给予高度评价。艺术教育成果的全面展示,让各级领导专家了解了徐州幼师的教学水平及学生的培养质量,这也为我校之后的升专奠定了基础。在之后的历次升格评审中,我校的艺术教育成果展示都是评审过程中的华彩章节。

可能有人不屑,认为这只是"烘托气氛""讨好专家评委""小儿科",等等,可是参加评审的领导和专家们并不这样认为。他们说:"一场精心准备的汇报演出和展览的背后,反映的是一个学校的综合竞争力,即:领导班子强大的凝聚力、运筹力、组织力,教职工团结协作、勇于进取的精神面貌,教学层面上先进的育人理念、科学的课程方案、优秀的任课教师、高效的教学方法、长期艰苦的训练成果、出类拔萃的学生。"令人难忘的是在2010年我校升专关键期,现场审核专家组突然宣布不看演出。如果是这样,我们的艺术教学成果将无法充分展示。情急之下,我让近百人的合唱团带妆排列在专家必经处接受他们检阅,没想到领导和专家被同学们的精神面貌打动,竟把汇报演出从头到尾看完。记得评审组长一面鼓掌一面激动不已地说:"太完美了!"这是对我校多年深耕艺术教育所得成果的充分肯定。

我在幼师工作也在这里成长,亲眼所见艺术教育成就了幼师,也成就了我自己。在学校发展的同时,我也从一名普通教师成长为徐州知名的雕塑家、画家,也在领导岗位上为幼师的发展尽了自己的绵薄之力。现在回想起来更多的是感激,感激老领导对我的提携,感激同事们对我的支持,感激同学们对我的信任,感激幼师给我一次又一次的机会,让我施展才干,更感激我们伟大的时代,让每个人的理想都有实现的可能。

衷心地祝福徐州幼专,未来她一定更高、更强、更美!

学工娘子军　铿锵五人行

李桂萍

小序：甲辰龙年，徐州幼师值发展 40 周年，发公告广邀校友写回忆录。我作为曾经一分子，积极响应，遂成此文。但因篇幅短，选取角度小，历史长，故更多优秀人物、感人事件等无法全部写出，是为缺憾，故请谅解。

在徐州幼师学工处的历史上，有一群能干善战、敢拼能赢的娘子军，见证和参与了学校扩大办学、搬迁新校区和学校升格的重大历史阶段和辉煌发展历程。她们积极忘我投身到学校的学生工作中，惊艳了一个阶段又一个阶段的时光。历史不会忘记那一群学工娘子军，学工娘子军也永远不会忘怀那段历史。

我在徐州幼师工作 20 年，班主任工作 8 年、学工处工作 8 年、教务处工作 4 年，每一段历史都留下了深刻记忆，也为我人生发展奠定了坚实基础。16 年学生工作，我收获了学生的尊重、信任和成长。如今，我的学生在各自岗位上捷报频传，佳音不断。4 年教务工作，我参与并见证了学校从省级品牌专业到国家级卓越教师教养计划改革项目、师生国家级大赛获奖的不断突破和收获，负责了省人才培养工作评估与学前教育专业全省试点认证。最激动人心的是学校首次参加教师资格证国考过关率 96% 以上，学前专业过关率超 98%，多个班级过关率达 100%，多个单项比例居全国第一。那一刻的激动与自豪无法用文字表

作者简介：李桂萍，女，江苏泗洪人，1973 年 10 月出生，民盟盟员，教授。现任江苏安全技术职业学院院长，曾任徐州幼儿师范高等专科学校学工处处长、教务处处长。

达,我们终于用成绩证明了学校教育教学的质量,至今徐州幼师在全国幼专的排名中已连续 7 年位居第一。然而,最令人难忘的还是那 8 年学生管理工作,学工处是大熔炉是大战场,24 小时手机不关机,节假日基本无休。那 8 年中,我从一个腼腆内敛的小资女人变成了工作上勇往直前的女汉子,从管理一个班的学生到管理全校的学生,从一个人晚上不敢在家睡觉到值班在校深夜还敢一个人出来巡查,是学生管理工作成就了我性格的改变和人生道路的改变,让我最终百炼成钢,百折不挠。

那一段学工历程

2005 年我到学工处工作,学工处"掌门人"为曹利群,成员孙力和王宁均早我一两年。2005 年学校大发展,曹利群负责九中校区,孙力负责科技中学校区,我负责本部校区,王宁转到就业处。2007 年科技中学校区撤出,曹利群负责本部校区,孙力负责九中校区,我负责金山桥新校区。2011 年学校升格后干部重新聘任,我成为学工处"掌门人",曹利群任组织人事处处长,孙力任图书馆馆长,王宁任招生就业处处长。2013 年 12 月,我调岗到教务处,王宁接替我成为学工处"掌门人"。2018 年 2 月,我调离学校后,王宁接替我任教务处处长,褚香接任王宁,成为学校升格后学工处第三任"掌门人"。从 2005 年开始,到2018 年我离开幼师这 13 年间,学工处 4 任掌门人依次是曹利群、我、王宁和褚香,清一色的娘子军。其间曹利群负责过本部校区和九中校区;孙力负责过徐高中校区、科技中学校区和九中校区;我负责过本部校区和金山桥校区;王宁和褚香负责过金山桥校区。

谁说女子不如男

徐州幼师的历史是不断壮大的历史,也是不断强大的历史。原先的老校区占地面积仅有 22 亩,2006 年学校扩大办学,从租借徐高中校区部分场地,到整体租借九中校区,到租借科技中学部分场地,学校经历四地办学、搬迁新校区和学校升格三大历史阶段。分校区办学的时候，我们各守一方又协同作战，学生教育同步进行，学生活动同步进行，每周评点总结大会同步进行，在学校规模发展的同时我们确保了校园安全稳定，学生教育管理有序有效。那时我们三人的孩子都小，孙力的爱人还在外地工作，我们都是排除万难，工作第一。2007年我负责新校区时，孩子刚上小学二年级，小学就在老校区马路对面，而新校区完全是另一个方向。接到任务安排，我没有一句怨言，爱人没有一句怨言，他毅然承担起每天接送孩子的任务。我俩说，这是学校对我的信任和培养。

必须要写的是师生搬家。学校在谋求规模发展和内涵提升的过程中，学校校区有的是借，有的是扩，有的是合，有的是撤，除了建设改造是浩大工程外，学生搬校区也是一个浩大工程。那几年我们有四五次大范围搬校区。有的是从本部搬到徐高中校区或九中校区；有的是从徐高中校区搬到科技中学校区，或者搬到九中校区；有的是从九中校区、科技中学校区、本部搬到金山桥校区；最后是从九中校区搬迁到金山桥校区，才结束了不断搬家的经历。每年都折腾搬家，写上是一句话，但其间付出的巨大艰辛努力难以用文字表述。搬家方案写了一个又一个，修改一稿又一稿，学生动员一遍又一遍，来来回回搬家一回又一回，可以说是说尽千言万语、吃尽千辛万苦、排除千难万难。每次搬家，学工、保卫和后勤等部门通盘调度，协同作战，配合默契，班主任带领学生干部严格执行任务要求，守住职责，盯住一线，确保了每次搬家每一个环节都做到严丝合缝，有条不紊。过程虽苦累结果很圆满，更为可贵的是，每次搬家结束，都能做到搬出宿舍卫生干净、堆放物品操场路面干净。

记得2007年先期17个班搬到新校区的那天，天气一直阴沉，天雨欲坠。学生要同时从九中校区和科技中学校区搬离，曹利群、孙力在各自校区指挥搬出，我在新校区指挥接进。当时的情景至今依然历历在目：从搬家前学生思想教育动员到班主任班干部具体分工，到教学生如何打包，先期工作——做实。搬家那天，每个班每个学生分定车辆、每辆车跟车学生、到校区后卸放地点精准安排，搬家公司每一辆车来回进出校园时间具体到分，新校区那时还在改造，校门通往宿舍的道路狭窄，只要时间不合理，道路就会拥堵耽误车辆进出进而耽误搬家进程。我们三人具体指挥，搬家过程井然有序。心存感恩的是，当学生最后一包行李刚刚搬进宿舍走廊的时候，豆大的雨点就铺天盖地落了下来。那一刻，感谢感恩天地万物都有情，护我学生搬家安全。

犹记得幼师老校长张祥华说，幼师人就是特别能吃苦、特别能战斗、特别能奉献。幼师女干部就是敢闯敢拼。在老校长的带领下，我们学工娘子军遇到困难敢向前，接到任务高标准完成。学校参与的 9 年慈善演出，每年不间断的文化下乡，迎接各类检查和来校参观，我们娘子军冲在一线，干在一线，师生一起，从不落后。

齐心合力促发展

在学工处工作的 8 年，很多的记忆都成为永恒。最不能忘怀的是学校准备升专的那两年。每天忙于备材料、学生每周例会、每月主题教育、系列活动等，仅写学生教育大会讲话稿，不下于 20 稿之多，其间修改不计其数。曹利群每次都有更全面的思考和要求，我们就不打折扣地落实。学校第三次迎评的时候，专家在学校演播大厅观看学校专业汇报。汇报结束的时候，专家要到食堂去就餐，外面正好下起了大雨，恰巧现场没有准备雨伞，这时我们已经来不及去拿雨伞。我们就在学工群里面喊一声，请班主任在班级群里说声：下雨了，专家们要从演播大厅到食堂就餐，没有雨伞，请有雨伞的同学抓紧把雨伞送过来。于是，就出现了至今令人难忘的画面：学生们纷纷从教室、从宿舍、从食堂跑过来，拿着伞，令我们感动的是，学生们不仅送来了雨伞，更在通往食堂的路上自发站成排为我们专家撑起了一排雨伞，形成了一条壮观的、令人感动的、永恒的雨伞之路。这个场景，沸腾了全校，感动了专家。他们说：幼师的学生让我们看到了什么是师范教育！

2007 年刚搬到金山桥新校区时,学校地处郊区,环境复杂,学生安全保障是重中之重。马玲副校长带领我们三大将坚守在新校区:王安雷专心致志搞新校区建设;王震和我在一个办公室,全力以赴做好学生教育管理和安全保障。还有一群年轻的班主任们,工作一拉就响,遇到问题我们一起解决,早来晚走,确保了安全发展,确保了学生稳定,首次实现了无人监考,各个班级争先创优。为了回报学校的信任,我全身心扑在工作上,家成了住宿的旅馆,孩子全由爱人一个人管。负责金山桥新校区那几年,各种问题比较多,我每天骑着电动自行车基本上是早晨 7 点前到校,晚上 6 点后回家。除教育者之外我还扮演了"防火墙"的角色,解决和挡住各种问题,不让校领导分心。新校区 32 个班,哪个班哪门课程成绩好,哪个班有什么班级特色和优势,哪个班班主任和任课教师尽心负责,哪些学生优秀哪些是学困生等我都能一口清门门清,和班主任结下的深厚友谊也是那时居多。感恩学校也给予了我很多荣誉,2007 年获嘉奖,2008 年记三等功。

点点滴滴成永恒

徐州幼师是创造奇迹的地方。就如升专,是学校一次华丽转身的奇迹。同样,在幼师的沃土上,我们让更多的学生收获了成长的奇迹。作为苏北的高职院校,曾经有很多学生家庭比较贫困,来自丰县的小蒋,就是其中一员。她能吃苦爱学习,我们学工人看在眼里爱在心里,用不同的方式想方设法帮助她,从生活上,从学习上,让她感受到集体的温暖、学工处的温暖。她在学习上不断进步,后来,她让她的三妹和六妹相继又报考了我们学校。毕业后,她们三姐妹陆续被无锡的幼儿园录用,感恩学校改变了她们一家的命运。如今,她们三姐妹有了幸福小家,也彻底改变了父母家庭贫困的旧状,成为当地幸福的家庭之一。职教改变家庭,改变人生,成就一生美好,这就是教育的最好见证。

还有一位必须要讲的,是曾经我带的学生。当初他在班里年龄相对较大,家里又比较贫困,内心比较自卑不自信。常常会犯点小错误的是他，我们想方设法帮助的也是他，后来全心改变努力进取的还是他。从幼师毕业后，在不断努力下如今他已成长为一所小学的校长。无数这样成功的例子，都是我们学工人心中最幸福的时刻，最温暖的故事。这样的例子，数不胜数；成功的学生很多，数不胜数。看到他们，我觉得教育人的幸福观就是：无论多么辛苦，学生幸福就是教师的幸福。

2010年起，学校开始承办内地西藏中职班，因为学生寒假不回家，寒假春节我们干部就陪着。那几年春节我基本上都是陪着学生度过的，直到调任教务处。我的父母很是奇怪，问我寒暑假放假了你怎么还忙得回不了家。我向他们说明情况，我的父母很是支持，他们说那得工作第一。工作第一是父母对我的一贯要求。现在回想起来，我也感叹自己够拼的，后来上级领导评价我在工作上是"拼命三娘"，其实与那时学工拼命精神比较起来，还稍逊一筹。我最最愧疚的就是很少回家看望父母，孩子和家庭都是爱人一个人里里外外在忙。母亲过世的时候，我正在南通忙于学前教育专业认证的现场学习，等我赶回家时，终没有见上母亲最后一面，是我一生的遗憾。感恩他们。

心存感恩谢幼师

徐州幼师是一片沃土，是成长的沃土，是人才的沃土。在幼师学工发展的历程中，我们5个人都在各自的岗位上有了大发展取得了新成绩：曹利群成为幼师副校长、副书记，王宁成长为教学副校长，孙力成长为党委委员、宣传部部长，褚香成长为党委委员、组织部部长，我则调任江苏安全技术职业学院工作。这些是岗位上的改变。同时在专业发展中，我是幼师第一位土生土长的女教授，学工人曹利群、孙力相继评为教授。我想，这是学工人的骄傲，是娘子军的坚持。而这些成绩的取得，最要感谢感恩的就是幼师的培育培养。在幼师的舞台上，幼师培养了我们，我们全力以赴工作，幼师也馈赠我们以意想不到的惊喜。在我大大小小的60项获奖和荣誉中，有46项是在幼师获得的。

感恩徐州幼师，让我们成为幼师历史上那一支能干善战、敢拼能赢的学工娘子军。感谢幼师的领导,用大智慧大格局带来幼师的大发展,培养了一批又一批实干有为的干部;感谢曾经并肩作战的幼师同事们,我们一起干一起成就好学校好学生。还要感谢无法一一写出的人,我在幼师的成长离不开大家的支持帮助。大家齐心合力谋发展,同向同行创辉煌。最后要感谢我的老友周含老师,我在幼师期间的工作中,她一直不断地给我打气、鼓励和帮助,不断地让我清醒,给我方向。她的智慧、幽默和淡泊给了我许多开心和温暖,这就是朋友的力量。

前途漫漫,道一声感谢,我们珍重。道一声祝福,幼师更好!

忆"科研强校"一二事

张丹枫

国家语言资源监测与研究中心发布的"2019 年度十大网络用语"中,有大家耳熟能详的"断舍离"一词,是说要把那些不必需、不合适、过时了的东西断绝、舍弃并丢掉对其的留恋,从而过简单清爽的生活。这确实是一种境界。事实上,不论是人的发展还是事物的发展,一方面的确需要"断舍离";但另一方面,发展的规律既有阶段性,也有连续性,所以也就有了"继往开来"之说,更何况不少事情还必须"不忘初心",还总是"刻骨铭心"。

从教 33 年以来,我亲历了我国学前教育事业近 20 年来被空前重视和大力发展的阶段。特别是 2006 年,我被上级党委调到徐州幼儿高等师范学校(也就是现在的徐州幼专)工作,直至 2017 年的这 11 年间,我亲历了学校从扩招到四校区办学、从分批次迁建到攻坚升格、从硬件和规模发展到软件和内涵提升的过程,其路也艰难不易,其果也日新月异。所以,虽然调离徐州幼专倏尔已经 8 个年头了,但是诸多过往仍记忆犹新。本文撷取一二,以致贺学校的继往开来和 40 周年华诞。

在科研强校中推进内涵建设

学校是培养人才的专门机构。走科研强校之路,不断加强以人才培养质量为核心的内涵建设是打造一流幼专的应有之义。基于时代发展的要求,时任校领导班子达成共识、高度重视并大力支持,学校全体

作者简介:张丹枫,男,江苏徐州人,1966 年 9 月出生,教授,硕士生导师。曾任徐州幼儿高等师范学校副校长。

教职工群策群力,根据学校师资队伍的现状和领导班子的分工职责,决定尽快改革创新学校的科研制度,大力推进人才的外引内培,积极促进青年教师的专业成长,这也成为我在学校十余年间的努力方向和工作重点。

2006年9月开学伊始,在全校教职工大会上,我向老师们做了"教师为什么要搞教科研""教师如何搞教科研"的讲座,进一步强化了"科研强校"的办学思路。此后的数月,通过校内外广泛调研、反复酝酿、不断调整,学校修订和出台了一系列关于教科研管理与奖励、关于各级各类课题项目申报与实施、关于资助校本教材编写出版、关于客座教授聘任、关于成立学术委员会暨出台学术委员会工作条例与校刊改版为学报的决定等规章制度和决定。按程序,有关制度通过学校教代会宣讲并接受审议通过。建章立制工作有力保障了"科研强校"各项措施的一步步落实,为推进并提升学校内涵建设打下了坚实的基础,并在此后各年度教科研成果的逐年统计中得到了显现,成果数量不断攀升,品质与层级不断提高。

成立校学术委员会暨校刊改版为学报

"科研强校"的落地既需要制度保障,也需要体制机制的创新与落实;学校内涵建设既需要行政有力推进,也需要全体教师更为广泛而民主的专业参与。成立校学术委员会就是专业参与的、广泛而民主的重要机制载体。

2007年5月14日,永远记得初夏这一天的上午,学校隆重召开了第一届学术委员会成立大会暨"校刊"改版为"学报"的庆祝大会。坐落于解放路东、奎河岸边的学校校园里彩旗飘飘,"学术繁荣 事业兴旺"等横幅引人注目。大礼堂里高朋云集,有身着正装、精神抖擞的学校领导班子成员和学校已退休的老领导及全体教职工,有学校幼教集团幼儿园的部分教师代表,有来自省、市的领导专家和受聘的第一批客座教授代表。大会上,张祥华校长热情洋溢地介绍了学校办学情况和发展展望,杜耀东书记宣读了省市有关领导专家给成立大会的贺信和给学报的题词,我宣读了学校客座教授名单和学校第一届学术委员会组成人员名单。在热烈的掌声和欢快的乐曲声中,江苏省教科院、江苏教育学院杨九俊副院长,江苏省教师培训中心刘明远主任,徐州市委教育工委曹孟军书记,徐州市教育局张同礼副局长,徐州市教育局师资处领导,学校第一批客座教授代表(江苏师范大学汪缚天教授、徐洪范教授、陈延斌教授、费承铿教授),以及学校原领导任昌华校长和在任学校领导班子成员,给受聘为学校第一届学术委员会委员的20位学校骨干教师颁发了聘书。王杰老师作为学校第一届学术委员会委员代表,应邀做了精彩的发言。

曹书记和杨副院长在大会上先后发表了讲话。他们分别在祝贺学校隆重召开大会的同时,充分肯定并赞扬了学校为社会发展——特别是在高等师范学前教育专业建设和区域内外幼教师资培养培训方面作出的突出贡献,殷切希望学校抢抓国家大力发展学前教育的机遇,攻坚克难,乘势而上,以科研为引领,以学校内涵建设为核心,通过人才立校、科研强校,更好地提高学校办学质量,更大地发挥学校的影响力,更高地实现服务幼教和社会的贡献度。

回想起来,学校在全省13所高师中率先成立学术委员会等有关举措,不仅是一个新起点,更作为一个新机制,在学校以后的诸如客座教授聘任与讲学、青年教师学术沙龙、全体教师专业发展、教科研项目与成果增产提质、校区管理与质量建设、学校升格迎评、打造一流幼专等一系列"人才立校""科研强校"的内涵建设工作中,发挥了长久而较大的作用。

结 语

往事很多,可圈可忆,更当继往开来;往事已往,不再赘述,尤需展望未来。我为曾在学校11年的努力工作而欣慰,为学校老师们的支持帮助而致谢,为学校发展的日新月异而欢呼。遥祝学校以40周年华诞为新的契机,发扬优良传统,继续抓住内涵建设核心,在立德树人的新时代,不忘初心,与时俱进,永立潮头,多出佳绩,更上层楼,赓续辉煌。

做好教学改革的"大文章"

刘振举

今年是徐州幼儿师范高等专科学校建校 40 周年,作为一个曾经在徐州幼师拼搏过、奋斗过的徐幼人,回顾建校以来的风风雨雨,可谓感慨颇多。

1986—1998 年,我在徐州幼师任教务处主任,那些年正是学校打基础、强底板、谋长远的关键时期。教育教学质量是学校发展之根基和办学之命脉,深化教学改革是提高教育教学质量的根本途径。为了学校更高质量的发展,我们把提高教育教学质量和管理水平当作关键大事,围绕着培养目标和教研任务,心无旁骛抓教学,千方百计提质量,全力以赴写好教学改革这篇"大文章"。

谋突破,吹动教研教改之风

建校初期,学校各教研组还是沿用传统教育理念,维持常规教学状态,在教学改革上缺乏深度研究和实践经验。所谓"不破不立",为了提高教学质量,培养出更多适应时代发展的优秀幼师,我们就要有改变,就要有突破,于是一系列的教学改革行动开始了。

"教学五认真"(认真备课,认真上课,认真布置和批改作业,认真辅导,认真评价学生)是教学工作的基础工程,对开展教学改革、提高教育质量更是具有重要而关键的作用,我们就把抓好"教学五认真"作为开展教学改革的抓手之一。我们首创了"教学五认真"四字工作法,那就

作者简介:刘振举,男,江苏徐州人,1940 年 9 月出生,中共党员,高级讲师。曾任江苏省徐州幼儿师范学校教务处主任。

是规范一个"明"字,实行一个"促"字,落实一个"查"字,开展一个"评"字。明确"教学五认真"基本要求,在教学过程中进行有力有效的促进指导,定期对落实情况进行全面检查,对开展情况进行公开评议,培养了广大教师忠于职守、勤奋敬业的精神,提高了教师素质和教学质量。

随着 1993 年《中国教育改革和发展纲要》(简称"《纲要》")的出台,认真贯彻实施《纲要》成了各级各类学校的重要职责和中心任务。《国务院关于〈中国教育改革和发展纲要〉的实施意见》里明确提出了要"认真贯彻教育方针,深入进行教学改革,努力提高教育质量"的工作要求,指出要"改革课程内容和教育方法","增强学生对社会需要的适应性"。为使学生在掌握必需的文化知识的同时,具备熟练的职业技能和适应职业变化的能力,我们全面推行了"3015"教学工程,也就是 45 分钟的课堂教学中,30 分钟由教师主导,开展各个教学环节,完成授课任务,余下的 15 分钟交给学生,完成自主研学、随堂练习、当堂试讲等环节。现在看来,可能教师主导、学生自主的时间分配还不够合理,但在当时这已经突破了传统课堂教学以讲为主、忽视学生能力培养的教学方法,已经开始有了强调学生参与、互动和实践,培养学生创造力、思辨力和解决问题能力的前沿理念。我们构建起了讲练结合、注重能力培养的课堂教学新模式,取得了"优质高效、充满活力"的课堂效果,学生的能力水平有了很大提升,教学质量也随之有了提高。

强学力,夯实学生为师之本

影响教育质量的因素有很多,学生是教育教学的主体,也是教学改革的主要参与者,想要提高教学质量,就得提高学生的学力。学力,就是学生的学习能力和知识水平,是教学质量高低的体现。着力于提高学生的学力,我们又开始了"四个实施"的改革实践。

先是实施"三字一话"能力提升的工作。"三字一话"是指师范生的钢笔字、毛笔字、粉笔字及普通话,"三字一话"能力是师范生的基本技能,也是师范生的教学基本功,对他们日后从事教育事业和自身发展具有重大意义。我们围绕"三字一话"能力开展了日日学、周周练、月月评、期期展，抓在课堂、抓在生活、抓在实践，形成了勤学苦练的良好学习风气，学生书写的工整美观和普通话的标准规范也有了很大提高。

除此之外，我们围绕学生的发展需要，制定并实施了5类26项关于基本功训练及考核的意见，让学生从思想上切实认识到加强素质教育、苦练基本功的重要性，明确了成为合格幼师的基本条件。学校通过学科分工、责任到人，让学生掌握了更加科学、有效的学习方式；每学期都要开展1～2次基本功比赛，参赛者基本上覆盖全体学生。赛前，学校琴房的琴声连绵不断、悠扬动听，舞蹈房里的舞姿绰约、赏心悦目。经过刻苦的备赛，学生们在比赛中都表现得挺优异，也营造出了练内功、增素质、强技能、展风采、创实绩的热烈氛围。

我们知道，课外活动是教学改革的重要内容，在学生的全面素质养成中有着不可替代的作用，所以我们组织实施了多形式、多主题的课外活动，不断创新活动形式，给学生提供肥沃的成长土壤，形成了文化知识、文化体育、科学技能、教育技能4个活动系列。在丰富的活动实践中，学生动手动脑能力、表演绘画弹唱能力得到了明显提升，也在各类比赛中取得了优异成绩。

日常管理中，我们对学生也是严爱结合的。学校实施"四查两评"制度，查出勤、查纪律、查学习、查活动，并及时公布检查情况，以此评选先进班级，根据学生考试成绩和日常表现大力选树学习标兵，创设良好学习氛围。虽然这些管理看上去很严格，但是学生们都知道那是学校应有的管理，都能感受到那是老师无私的爱，护佑他们健康成长。

增师智，汇聚教师兴教之源

想要提高教学质量，还有一个重要因素，那就是增加教师的智慧力量。青年教师一直都是学校的教学主力，是推动学校发展的中流砥柱，所以我们特别注重和加强对青年教师的培养，这里就得说到我们做的"三个坚持"了。

前面提到的"三字一话"能力是学生的基本技能和基本功,其实它也是教师综合素质和专业化水平的基本体现,是教师从业的基本功,所以"三字一话"不仅学生要练,培养未来幼师的教师们也要练。学校提供物质条件,安排定期活动时间,坚持实行辅导和自练相结合,规定作业量和完成时间并每学期进行考核,督促引导教师们掌握并不断提升。

还有一个坚持,至今还有很多幼师人是记得的,那就是教师成长的"135 工程":1 年入门,3 年过关,5 年成为教学骨干。为此,教务处明确了实施办法,制定了具体考核内容和标准,成立考核组,将责任分解落实到个人,逐人逐项进行量化打分。"135 工程"在青年教师中引起了强烈的积极反响,激发和调动了他们的上进心,促进了他们业务素质的不断提高。

我们还根据各学科师资配备情况,让学校的老教师和青年教师拉手结对,这也就是我们坚持落实的"青蓝工程"。老教师热情全面关心青年教师的业务成长,在"教学五认真"方面给予具体指导,互相听课,共同磋商,以求提高。青年教师也是虚心学习,取长补短,定期开展"青蓝工程"汇报课评比,认真履行师徒协议。"青蓝工程"的深入开展,不仅强化了青年教师的基本素养,也为学校赢得了荣誉声誉。在每年市教委组织的青年教师基本功大赛中,我们选送的教师都分别取得了第一、第二名的好成绩。后来,我们就选拔和推荐了 20 多名积极上进的青年教师,投资近 30 万元,坚持"走出去、学回来",让他们分期分批到北师大、南师大和华东师大等高校研修,给他们提供继续深造学习的机会,每一次学习回来,再让他们分享所学所思、所得所用,进一步夯实了他们的知识功底,为培养他们成为学科带头人打下了坚实的基础。

当年的徐州幼师,被誉为"苏北师范一枝花"。灼灼其华,熠熠其姿,徐州幼师能有此美誉,我想是因为学校有鲜明的办学理念和办学特色;是因为学校两代师表脚踏实地、躬身育人的教育传承;是因为学生有勤学苦练、积极向上的精神风貌;更是因为学校逐年提升的教育教学质量,办学成绩优异,教风学风优良。

如今,徐州幼专这一片欣欣向荣的景象,离不开建校以来历届领导班子的集体智慧、团体协作、拼搏奋进,离不开所有师生的勠力同心、艰苦奋斗、辛勤付出。我相信,通过全体师生的共同努力,定能创造出更加辉煌的明天。

(本文由刘振举口述,孙力、薄一欣负责文字整理)

幼师生德育工作之回眸

周庭淑

记得刚走上工作岗位,我就被"教育是心灵与心灵的沟通"这句话深深打动。作为教师,我们不仅是知识的传递者,更是塑造学生心灵的工程师。德育,是教育的重要组成部分,也是学校工作的重中之重。我有幸在徐州幼师从事多年与德育相关的教学和管理工作,现在80多岁的我每每回想起那些年,仍然感到满满的幸福和收获。

1984年12月,徐州幼师由江苏省政府批准设立,成为一所培养未来幼儿教师的中专学校。要把在校就读的"幼师生"培养成为优秀的幼儿教师,他们的思想教育问题是摆在我们面前的一个新的重大课题。1986年年初,我参加了徐州市教育局和徐州教育学院联合举办的培训,结合当时的教育形势和幼师生的实际情况,我撰写了《学生思想政治工作的改革势在必行——赴南方考察的点滴收获和体会》《狠抓措施落实、争创精神文明学校——学生思想政治工作实施方案》等文章,为后续的德育工作提供了一定的理论支持。

学校对德育工作是高度重视的,专门成立了学生德育工作领导小组,还制定出切实可行的德育管理措施,同时设立了政教处,我担任了第一任政教处主任。校领导们十分重视班主任队伍的配备和建设工作,充分调动和发挥他们的主观能动性,建立了一支"新老结合、中青结合"的精干的班主任队伍。那时的班主任们都特别能吃苦、特别能战斗、特别能奉献,为学校德育工作倾注了很多心血。

作者简介:周庭淑,女,江苏徐州人,1941年3月出生,中共党员,高级讲师。曾任江苏省徐州幼儿师范学校政教处主任、办公室主任。

记得学校曾经组织班主任收看离休老干部、校外辅导员王暇方同志的《把全部爱倾注给下一代》事迹录像,号召班主任以任小艾同志为榜样,在班级工作中坚持"以爱动其心、以严守其行"的工作作风。学校还组织开展班主任工作经验交流会、举办班主任工作论文评奖活动等,对班主任的影响和触动非常大。在我的印象中,我们除了要求班主任要做好正常的工作外,还要做到开学有计划、平时有记录、期末有总结,做到"每周五个一",就是每周至少到宿舍一次、到琴房一次、到食堂一次、参加晨练一次、参加晚自习一次,以及时发现问题、处理解决问题。很多班主任常常披星戴月、不辞辛苦,令人感动。

活动是一种良好的德育载体,学校也特别重视和加强对学生活动的管理,认真探索将学生德育寓于各项活动之中的新路子。利用节日、纪念日和班会、校会、课余等时间,我们开展了各种活动,如报告会、演讲会、故事会、汇报会、诗歌朗诵会、主题班会、校报比赛、征文比赛、展览等,对学生进行形势教育、中国近现代史教育、国情教育、爱国主义教育和集体主义教育、专业思想和法制教育。这些活动的开展既丰富了学生的课余生活,又使学生受到了深刻的思想教育,同时还培养了学生的专业技能和组织能力,使德育更具体化、形象化、兴趣化、专业化、系统化,与教学主渠道共同形成了教育的整体。

学校的德育工作领导小组根据上级指导精神,对照幼师生所学专业的特点以及我校学生的实际情况,在原有开展"争创精神文明班级"活动基础上,制定出一套全面提升学生素质的德育实施方案。该方案以实施"日常行为规范"为切入点,加强了制度建设,并实行了目标管理,制定了"三规三则六制度"。"三规"是"文明守纪常规""学生一日生活常规""学生课堂常规";"三则"是"校园管理规则""教室管理规则""学生考场规则";而"六制度"是对学生"请假""卫生""医疗""用膳""住宿""琴房使用"六个方面的管理制度。我们将这些规章制度整合成《学生守则》,师生人手一份,为规范学生日常行为提供了具体明确又切实可行的指导。

为保证这些制度的落实,强化学生日常行为规范,我们还制定了一套严格的"检查考评办法"。对班集体,制定了《精神文明班级考核办法》《精神文明宿舍考核办法》,并设计了检查考核的表格;对学生个人,制定了"×××班学生平时表现考核表",由该班班委会安排各委员专人专项轮流负责,天天检查、量化打分、公之于众、期末汇总。

记得当时还配套制定了一套"奖惩意见"。对班集体,制定了《精神文明班级评选意见》《精神文明宿舍评选意见》,直接将评优评奖和平时对各班级检查考核的结果紧密挂起钩来;对学生个人,制定了《学生操行评定意见》《三好学生、优秀学生干部评选意见》《奖学金、助学金发放意见》,直接将评优评奖和学生个人平时表现考核的结果紧密挂起钩来。每学期评选出校级或校级以上的"精神文明班级""精神文明宿舍""三好学生""优秀学生干部"等,按规定给予不同的奖励。

就这样,通过一系列学生管理制度的制定和实施,学生们真正明确了在日常的学习、活动、生活中,应该坚持什么、摒弃什么、弘扬什么,学会甄别什么是"真、善、美""假、恶、丑",增强了遵纪守法的观念,提高了分析、判断、评价是非的能力。同时,我们还从大处着眼,采取了"八种教育形式",不断强化学生的规范意识;又从小处着手,抓住"六个训练不放过",不断强化学生的规范行为。

"爱国主义教育"是德育的重点之一,怎样将教育寓于各项活动之中,怎样让爱国主义精神浸润入心?我们采取了"三步走、六结合"的方式。"三步走",是一听文件传达、二看有关录像、三学国情知识;"六结合",是一读、二查、三写、四讲、五比、六演。1988年国庆节,学校举办了"爱我徐州"故事演讲比赛;1990年国庆节,举办了"社会主义好——国庆有感"演讲比赛,很多同学结合各类活动,展现了社会主义制度的优越性,表达了坚定跟党走社会主义道路不动摇的决心;1990年的五四青年节,学校举办了"将青春献给党的幼教事业"演讲会;1991年的五四青年节,"政史地组"高级讲师夏淑琴老师做了"继承五四青年光荣传统"报告。清明节到了,我们带着学生祭扫淮海战役烈士纪念塔,祭扫前,请学生每人自制一朵花插在一个花圈上,代表每人献出一颗心,表达对革命先烈的敬仰、思念、感激之情。

在德育工作中,理想信念教育是必不可少的。我们在原有活动的基础上,组织开展了"向雷锋同志学习,树立正确理想,创造人生更高价值"的系列活动。1988年上半年,我们组织全校学生到徐州展览馆参观"发扬雷锋精神,开创一代新风"展览。1990年3月,在毛主席题词"向雷锋同志学习"发表27周年的日子,我们请原沈阳部队雷锋班战士李峰威同志来校为同学们举行"短暂的一生、光辉的历程"雷锋事迹报告会。1991年3月,学校又掀起进一步"学雷锋"的高潮,结合收看曲啸同志《人生·理想·追求》演讲录和政治课所学的内容,请政治老师分别在所教班级做"树立正确人生价值目标"讲座,安排毕业班同学认真写相关内容的论文,由任教的政治老师评选优秀论文给予记分和奖励,其他班级同学分班举办"谈理想、讲纪律、从我做起、从小事做起"主题班会。

1987年,我们根据市教育局和云龙区办事处综合治理领导小组的部署,认真做好学生的"法制教育"工作。当时我们召开全校动员大会,让同学们认清当时的形势,提高自身安全意识。我们以初中《法律常识》课文内容为主,结合有关材料,编写练习题印发给同学,让同学熟记,并以练习题内容为主进行法律知识竞赛。我们又整理了《有关违法犯罪的基本知识》中所列举的一些案例,组织同学们开展"案例大讨论"主题班会,然后从各班选出部分同学,在全校举办的一场"模拟法庭"上,对触目惊心的案例进行分析,让同学们深深领悟到,为了社会的稳定,为了保护他人和自己的安全,一定要"学法、知法、懂法、守法"。

我们认识到,培养未来的幼儿教师是需要在"专业思想"上下功夫的。于是,从1988年起,我们就开始邀请市机关幼儿园模范教师、市妇联有关同志、市特级教师等开展辅导讲座;1990年起按期分年级召开主题班会、举办专业思想汇报会,采取学生喜闻乐见的方式,提升学生的专业思想。我们还采取了各班级轮流负责"主办"的形式,将学校的各项活动交由学生安排；面向全体学生，认真落实"值周班"制度；积极组织新生参加军训活动；将做"广播操"改为做"韵律操"；将平时举办的"中学生运动会"改为"幼儿体育游戏运动会"；学生轮流当"值日班主任"，学会"自己管理好自己"。现在想想，我们也算是将德育工作渗透在素质教育之中的践行者吧。

多年来，我们在学生德育工作方面多措并举，开展了许多主题鲜明，形式多样，内容丰富，融入思想性、知识性、专业性、启发性、趣味性和艺术性的活动，可谓是别出心裁、别开生面、富有创新精神，得到了领导和同行的充分肯定，成果十分显著。

我们把这些过程，作为启发学生积极动脑思考，联系思想实际进行自我教育、自我锻炼、自我提高的过程；作为培养和训练学生逻辑思维能力、语言表达能力、工作组织管理能力，锻炼"自立、自强、自治、自理"能力的过程；作为培养和训练学生成为具有良好"专业思想"及较高"专业技能"的、"德、智、体、美、劳"全面发展的、合格的社会主义建设者和接班人的过程。

1992 年 5 月，我校召开了"江苏省中师德育现场会"，至今大会的情景仍历历在目。我校不仅在现场会上做了"德育领先　全面育人　重点实施　集中突破"的交流发言，还获得了"江苏省德育先进学校"的荣誉。

学校德育工作形成了一系列行之有效的典型经验，为学校师范文化的形成奠定了良好的基础，"师范无小事，事事是教育；教师无小节，处处做楷模""两代师表，一起塑造"的尊师重教氛围逐步形成，带有"幼师"鲜明特色的师范文化，正在我校不断传承发展。

（本文由周庭淑撰写，褚香、陈兆琦负责文字整理）

青春绽放：二十周年校庆演出拾零

孙科京

时光荏苒，岁月如歌，转眼间，徐州幼儿师范高等专科学校即将迎来40周年校庆，不由得回想起20年前学校20周年校庆的情景。那一段经历，宛如昨日，让人难以忘怀。

2005年5月15日，徐州的夜空绽放别样的华彩。一束束绚烂夺目的光芒划破苍穹的帷幔，辉映着彭城初夏的天际，一场节目精彩纷呈、场面恢宏壮观的演出在幼师校园里盛大上演，那就是我校建校20年庆典——"青春二十年"专场文艺演出。省市领导和各高校领导与我校师生欢聚一堂，共同观赏品鉴。演出以大型歌舞《在灿烂阳光下》开场，以彰显青春、颂扬奉献、追求卓越为主题，紧扣学校发展的重要节点层层展开，结构紧凑、节奏明快、精彩绝伦、高潮迭起，最终在歌舞表演《二十年后再相会》中圆满落幕，至今想起仍令人心潮澎湃、感慨万千。

策划与筹备

记忆中，校庆活动于2005年春季开学时便启动筹备。学校成立了20周年校庆组织领导小组，并设立宣传接待、环境布置、文艺演出等多个工作组。副校长滕建志担任文艺演出工作组组长，我和吴雪梅任副组长，全体音乐舞蹈教师为成员。

身为负责人的我们，当时就在思索，要想把这台演出办好，必须有一个完美的策划，大家要达成共识，充分调动所有人的智慧和力量才

作者简介：孙科京，男，江苏宿迁人，1959年12月出生，中共党员，副教授。曾任徐州幼儿师范高等专科学校音乐舞蹈系主任。

行。于是,我们通过广泛征求意见和充分研讨,确定了"新"字为出发点,"高"字为规格水准,"美"字为艺术观感,"叹"字为最终目标的四字要求。我们要用一台令人赞叹、难以忘怀、具有里程碑意义的演出,为学校 20 岁生日献上一份最美的礼物。

选择演出场地是我们最先思考的大事。如果在徐州电视台演播大厅演出,影响力虽大,但缺乏新意;如果用学校礼堂,只能容纳几百人,规格、规模不够高;如果租用校外会堂(如中山堂)或是市体育馆,规格、规模倒是可以,但总还是觉得缺少"幼师"特色。秉持大胆创新、不畏挑战、超越自己的精神,学校领导最终决定将教学楼、音乐楼、篮球场、操场、附属幼儿园作为舞台和背景,在校内广场举办一场前所未有的"露天庆典演出"。这一极富创意的大胆决策,对演出工作提出了极高的要求,使演出筹备和实施工作难度大幅增加,我们倍感"压力山大"但又觉得"新意十足",很想挑战一把。

历经十几轮的热烈讨论之后,大家终于把演出形式敲定了下来:声乐涵盖独唱、合唱、联唱;舞蹈包括独舞、群舞、伴舞;器乐包含独奏、齐奏、协奏等。声乐采用现场演唱的方式,其难度和标准可想而知,现在回想起来可真是自信和胆大。经历了几十稿的修改,大家在演出结构上也统一了意见,将演出分为 3 个篇章《春色满园》《园丁之歌》《桃李芬芳》。此时回忆起来,废寝忘食、争执辩论、求新求优,那都是我们这群幼师人对学校的无限热爱啊。

组织与实施

演出的设计是将整个校园作为巨大的表演区,舞台坐落在校园广场南侧,舞台前的区域设为器乐表演区,广场中、北区域为观众席。想象很丰满,现实很骨感。室外演出的两个大难题需要我们解决,一是广场做舞台,四面没有遮挡物,视觉不容易聚焦,观众的注意力极易被干扰和分散;二是观众分布于全场,距离舞台最远的达到了 70 米,最左侧和最右侧观众与舞台形成的夹角接近 180°。怎么办?大家深入研究、反复研讨，最后决定采用增加灯光数量来提高舞台与周围环境的对比度，以解决观众视觉聚焦的问题；通过增加舞台表演区域的面积和增加舞台高度来解决观众观看角度的问题。

由于增加了灯光用量和舞台面积，提供演出设备的中标公司无法满足演出要求，于是又向其他公司租借了灯光和搭建舞台的支架，才达到我们的要求。这个舞台当时被誉为"遥遥领先"的"徐州第一舞台"。

由于增加了表演区域的面积，演员人数也随之增加。合唱团人数多达 120 人、舞蹈剧 30 多人、二胡 30 人，乐器包括钢琴 44 架、古筝 32 架等，还有数百名啦啦队员作为现场"观众演员"助阵。这样的表演规模在当时是空前的。学校的音乐班学生全员参加，音乐教师一个不落，幼教舞蹈方向班的全体同学以及学前教育专业有艺术特长的学生全都上场了。

创编与排练

最难忘的还是艰辛的创编、排练过程。第一个节目《在灿烂的阳光下》作为序曲，需要震撼人心，要能一下把观众的情绪调动起来，为实现这个目标，我们花了很大心思。最先采用的是大型合唱的表演形式，但在排练过程中，我们感到形式比较单一，无法达到预期效果。于是创作组集思广益，一个想法不行就再试一个想法，最后在时间很紧迫的情况下，吴雪梅老师带领王磊、李静、胡芳等老师，临时承担起为合唱编配舞蹈的任务，还动用了附属幼儿园的小朋友参加排练演出，创作难度可想而知。最终，由 120 名合唱团成员、30 多名舞蹈演员和 50 多名幼儿园小朋友组成了强大的序曲节目组，排练任务也异常艰巨。

器乐表演的排练难度也很大，因为我们是由 44 架钢琴、32 架古筝、30 把二胡组成的超大规模的器乐表演。器乐组教师加班加点，从白天到晚上，在广场上、路灯下，逐一对参演学生进行艺术指导，最终完成了精彩呈现。

幼师的舞蹈节目向来都是舞台上的佼佼者。《春天花语》《溜溜的康定,溜溜的情》两个独立剧目艺术水准之高无须赘言。但优秀剧目展示环节的《山花》《蒙古人》《小伙·四弦·马缨花》《踏歌》《青春舞曲》5个剧目连续不间断地上演,对舞蹈演员数量需求巨大,每个剧目都必须由不同的演员表演。由于舞蹈演员有限,我们只能通过强化集训来解决。那时还是学生身份现为音乐舞蹈学院舞蹈教师的苑雯、姜黎黎、孔维娜都是舞蹈剧目的主角,以她们为代表的有舞蹈特长的学生,为校庆演出的成功贡献了自己的力量。在校庆上大胆起用、培养的那一批新人,后来都成为十分优秀的舞蹈演员,在工作单位都是能力突出的业务骨干。所以,事后我们不无感慨地认为"大型活动既锻炼人又培养人,一次活动成就一批人"。

演出与展示

紧锣密鼓地准备了三四个月,排练了三四个月,终于等来了正式演出的这一天。前几天的天气预报一直预报有雷阵雨,节目联排和彩排时我们也都是提心吊胆,生怕下雨淋坏广场上的40多架钢琴和舞台上的灯光音响设备。我们暗暗祈求老天要下雨就早点下吧,千万不要在正式演出的当天晚上下,可演出当天的天气预报却是"午后、晚上有雷阵雨",这可把我们愁坏了。面对不确定的天气因素,校领导态度坚决,下达按既定计划行动的指令要求,大家情绪高涨,积极投身到演出前的准备工作中。

也许是天意垂怜,5月15日这一天下午天空晴朗,黄昏时分天有薄云。当天色渐暗,灯光亮起,奎河边这22亩地的校园披上了绚丽的节日盛装,宛若一颗镶嵌在彭城夜幕下的璀璨宝石,熠熠生辉,美得令人不敢直视。负责现场录播的徐州电视台工作人员,进行演出前花絮与现场观众互动素材采集录制工作,观众演员手持花束、摇曳身姿,形成有规律的脉动人浪。庆典尚未开始,现场气氛已极为热烈。

晚7点38分,庆典正式拉开帷幕。简洁而隆重开幕式中,有段雄副市长致辞,张祥华校长做学校发展历程回顾报告,校党委书记杜耀东主持,20门礼炮鸣响,万众期待的庆典演出开场。此时,全校的路灯、广场灯在后勤人员的操作下,渐次熄灭,人们的目光不约而同聚焦至校园中央华美耀眼的演出舞台之上。随着歌曲《在灿烂阳光下》那恢宏大气、优美感人的前奏乐曲响起,舞台上合唱团成员青春飞扬、神采奕奕,舞蹈演员身姿曼妙、翩翩起舞,一位可爱的幼儿园小朋友缓缓走到舞台中央,用稚嫩的嗓音唱出了"从小爷爷对我说,吃水不忘挖井人"这整场演出的第一句歌声。这纯净如天籁般的童声,犹如一股电流瞬间触动观众心田,与接下来合唱团大气磅礴的歌声、舞蹈队唯美动人的舞姿相互映衬,产生了极震撼的艺术感染力,台下传来雷鸣般的掌声。

　　整场演出连贯流畅、高潮迭起,精彩的画面至今仍历历在目。舞蹈《春天花语》中,舞台前场灯光全暗,演员们躺卧在舞台上,用举起的脚的剪影造型塑造出一棵棵禾苗摇曳生长的生动画面,极富感染力。器乐演奏参演人数之众、表演阵势之大、艺术水准之高令人震撼。徐丽娅老师的独唱《又唱浏阳河》亲切甜美、委婉动听;陈华老师的独唱歌曲《为祖国干杯》技巧娴熟、花腔空灵澄澈;男声四重唱《回娘家》和女声四重唱《蓝色多瑙河》诙谐与高雅相得益彰;优秀舞蹈剧目集锦《山花》《蒙古人》《小伙·四弦·马缨花》《踏歌》《青春舞曲》,将我校多年积累的优秀节目浓缩呈现,风格各异、令人叫绝;8名优秀毕业生演唱的中外艺术歌曲联唱,彰显了我校艺术教育成果;1999级音乐专业毕业生范宁宁演唱的《西部放歌》,奔放洒脱、歌声激昂,令人感到心旷神怡、荡气回肠。全体演员倾情投入、尽情绽放,整个校园犹如欢乐沸腾的海洋,让所有观众对徐州幼师青春无限、朝气蓬勃、勇为人先、追求卓越的精神风貌有了强烈而深刻的感受。领导来宾纷纷对演出的成功与精彩不吝赞美之词,记得市教育局宋局长说:"徐州幼师校庆演出的精彩程度完全可以媲美中央电视台《同一首歌》,在某些方面甚至可以说是超越。"这场演出也顺理成章地成为当年徐州教育界、文艺界的一段传奇佳话。

　　演出结束后,兴奋之情依旧洋溢在所有人的脸上。当大家还沉浸在幸福之中时,突然狂风大作,天空乌云密布,大雨将至。来不及休息,我们急忙为来不及搬运的几十架钢琴覆盖防雨塑料布,当为最后一架钢琴盖好防雨布后,瓢泼大雨倾盆而下,瞬间校园广场被雨水浇透。眼前是大雨滂沱,内心是感慨万千,泪水涌出眼帘,我们心想:"要是这雨早下半个小时,我们之前的所有努力就白费了,这是天意在眷顾徐州幼师!"记得张祥华校长当时说了句很能代表大家感受的心里话:"徐州幼师做好事、做善事,感天动地,所以才能事事顺利!"

随着时间的流逝,这场演出离我们越来越远,但经历的、付出的、成就的点点滴滴,早已成为所有参与者心中永恒的美好记忆。

校歌创作里的幼师故事

王 杰

光阴似箭,日月如梭。不知不觉间,退休已经 7 年了,回想我在幼师工作的 34 个年头,经历了学校创建、发展和壮大的辉煌历程。抚今追昔,过往的岁月历历在目,就让我们乘着歌声的翅膀,飞回到音符飘飞的那些年,去聆听那一首首多彩而难忘的旋律……

向着太阳升起的地方

记得刚入校时,这还是一所设施简陋的普通中学,校园不大,占地 20 多亩。而自从 1984 年省里批复设立成为江苏省徐州幼儿师范学校后,学校发展突飞猛进,社会影响力越来越大。真是应了那句歌词:"几度风雨,几度春秋,风霜雪雨搏激流"。学校可谓旧貌换了新颜。

整洁的操场绿茵围绕,新建的长廊爬满丁香枝蔓,古色古香的朝晖亭阳光熠熠。凭栏四望,艺术楼在红花绿树相映下色彩斑斓,如油画一般美丽,悠扬的琴声和动听的歌声时而随风飘过。更多的时候,是三三两两的学生走进教室,走进琴房,走进画室,专业课、文化课、技能课,学习、演练、实践……这些经过层层考试选拔的初中女生,在这里系统地学习 3 年,将成为家乡历史上前所未有的新时代幼儿教师,走向更广阔的天地。目睹此情此景,既有诗情画意的感受,也有抒发胸臆的情怀,还有瞻望未来的遐想,这为我以后创作校歌做了一些铺垫和积累。

经过 20 年的奋勇拼搏,2005 年,学校更名为徐州幼儿高等师范学

作者简介:王杰,男,江苏徐州人,1957 年 5 月出生,民盟盟员,副教授。曾任徐州幼儿师范高等专科学校语文教研组组长、民盟支部主委。

校,这是幼师发展史上的一个里程碑,学校准备庆典活动,其中就包括校歌征集。我跃跃欲试。于是,我查阅了很多综合大学、师范院校和中小学的校歌,发现它们特点不同,风格各异,水平不一。我以前没写过校歌,也不知从何落笔,一连几天找不到感觉。

一天晚上,坐在书桌前,不觉间想起了词作家张藜谈创作的体会。他早就想写一首歌唱祖国的歌,萦绕心头多年。一次到农村采风,住在招待所。早上起来,推开窗户,只见红日东升,云蒸霞蔚,高山巍峨苍翠,大河蜿蜒奔流,阡陌纵横,炊烟袅袅……如此景象使他灵感大发,一气呵成:"我和我的祖国,一刻也不能分割,无论我走到哪里,都流出一首赞歌……"流畅的歌词,浓郁的情感,充满了艺术魅力。可能受到了启发,我的眼前浮现出一个个生动的场景,其中我校师生在市体育场参加省运会开幕式大型团体操表演的画面如在眼前。

那是开幕式节目中最重要的一场,是展示我校实力的难得机会。音乐声轻轻响起,大会播放着我撰写的介绍徐州幼师的解说词,几百名女同学身着红色衣裙,手举星形图板,排着整齐队形,一路欢呼着奔向中央场地,翩翩起舞,铿锵跃动,场面恢宏,气势磅礴。她们时而轻盈,时而奔放,时而像红荷盛开,时而像彩蝶飞舞,不断变换着一个个美丽的图案,展现出一代幼师生健美靓丽的风采。万人看台上掌声不断,赞叹不已。此时,一个个意象在我的脑海里出现,阳光,鲜花,百灵,雄鹰……眼前似乎出现了一个音诗画三维融合的艺术空间:徐州幼师青春闪耀,前程似锦。于是开头两个形象鲜明的比喻句出现了,有了灵感,文思泉涌,一气写出了初稿。

向着太阳升起的地方

(徐州幼儿师范高等专科学校校歌)

像鲜花在春风里绽放

像松柏在大地上成长

年轻的徐州幼师

朝气蓬勃,英姿飒爽

为了祖国的未来

托起明天的太阳

让灿烂的人类文明

在音诗画魂中闪耀光芒

像百灵在霞光里歌唱

像雄鹰在蓝天中翱翔

光荣的徐州幼师

创新向上,行路无疆

爱心播撒希望

铸就杏坛辉煌

让炫丽的时代精神

在舞风墨韵中传扬四方

(副歌)

啊,徐州幼师,成长在古彭大地上

啊,徐州幼师,成长在古彭大地上

满怀火热理想,张开青春的翅膀

从幼师起飞的金色凤凰

向着太阳升起的地方飞翔,飞翔,飞翔

　　初稿完成后,校领导们一致称赞,全面通过审核,校歌歌词就被确定了下来。作曲是我校音乐舞蹈学院李先龙老师完成的,这是我和李老师的第一次合作。歌曲定稿后,由我校师生演唱录音,制作光盘。2007年,歌曲还发表在中央人民广播电台月刊、国家级音乐类核心期刊《广播歌选》上。

舞动青春　唱响未来

　　2008 年秋天,全省师范类专科学校首届音乐舞蹈节在我校举行。领导交给我一项任务,让我为这次盛会写一首会歌。大江南北的各校代表队相约彭城,汇聚幼师,有的是百年名校,有的是学苑新锐,有的传统悠久,有的实力雄厚,都是精兵强将。在这难得的艺术交流中,如何表现徐州人民的真挚热情,展示我校学子出类拔萃的魅力风采,以及全省高师艺术教育教学的丰硕成果? 我又一次与李先龙老师合作,共同完成这项任务。

舞动青春　唱响未来

(江苏省高等师范首届音乐舞蹈节主题歌)

你放歌江南三月杏花烟雨的芬芳

我舞动秋日苏北辽阔平原的奔放

满怀着对艺术的挚爱追求

我们相聚在徐州幼师这美丽的地方

你珍爱华夏文明悠悠千载的宝藏

我高擎新世纪的火炬燃放光芒

满怀着对未来的美好憧憬

我们相聚在古城徐州这可爱的地方

相约金秋,相约未来

让我们为青春喝彩……

　　那晚,洞山校区演播大厅,灯光璀璨,盛况空前。各校节目丰富多彩,佳作纷呈,令人目不暇接,美不胜收。作为压轴节目,在晚会的最后时分演唱了这首气势磅礴、意境宏远的主题曲。我校音乐舞蹈系四位老师身着华丽礼服闪亮出场,神采飞扬,光彩照人。在五彩斑斓的屏幕背景映衬下,在合唱团舞蹈团的伴唱伴舞中,他们引吭高歌,声震全场。会歌的主旋律借用了江南民歌《茉莉花》的音乐元素,副歌部分运用了花腔女高音和男高音领唱加混声四部合唱的形式,来表现全省高师学子汇聚彭城"舞动青春 畅想未来"的活动主旨。民族与美声融合,歌声与掌声相伴,把相约未来、为青春喝彩的主题表现得淋漓尽致,把会场的气氛推向高潮。

温暖的阳光

多年来,我校都有内地西藏班。这些来自青藏高原的学子,享受国家民族政策的关怀,从经济相对薄弱的地方来到内地学习深造。三年时间,她们从普通话都说不好的腼腆女孩,成长为学业合格的幼儿教师。这是利国利民的重大举措,也是学生个人发展的良好开端。学校的领导和老师对她们的生活、学业关怀备至,每位同学都对应一位老师予以指导帮助。节假日,老师们有的接同学到家里聚会,有的到名胜游览,有的到饭店美食,有的到商场购物。春节和藏历新年以及其他重要日子,学校领导还专门到宿舍和餐厅慰问。经常看到她们穿着藏袍,手捧哈达,载歌载舞,与汉族同学共享美好时光……以此为题材,我再一次与李先龙老师合作,创作歌曲《温暖的阳光》,并发表在《音乐教育与创作》2013 年第 5 期上。

温暖的阳光

温暖的阳光洒满校园广场

一朵朵茶花还在飘着芬芳

想起了千里之外的家乡西藏

青青的草原,成群的牛羊

还有那遍野的格桑花开得正旺

亲爱的阿爸阿妈

放心吧,不要把女儿牵挂

在这优美的环境里

幸福就像花儿一样

金色的晚霞映照宿舍门窗

一阵阵欢歌还在随风荡漾

想起了千里之外的家乡西藏

香甜的奶茶,温馨的毡房

还有那天上的苍鹰展翅飞翔

亲爱的同学师长

时刻把我们挂在心上

亲切的笑容,慈祥的目光

鼓励我们茁壮成长

2023 年夏天,我和家人在甘南藏族自治州旅行。夜幕降临,有游客和藏族朋友围着篝火跳起了欢快的锅庄舞,人们欢歌笑语,其乐融融。有几个穿着藏袍的青年男女载歌载舞,兴高采烈。火光映照着双颊,那一抹高原红透着他们的青春风采。他们的普通话说得也很不错。此情此景,不禁令我想起了我校藏族同学,她们来内地深造,毕业归来,一定会为家乡的教育、为家乡的社会发展作出应有的贡献。若干年后,这些藏家儿女的家乡将与整个西部地区一样,不断发展进步,定会变得更加美丽、更加富饶。

爱的家园

前不久,我和李先龙老师应邀参加徐州幼师幼教集团成立 20 周年发展大会。会址设在洞山校区演播厅。

又来到了熟悉的校园,又看到了这里的一草一木。沿着环山路,走过了叠翠潭、花影潭;走过了荷花池、桃花坞;走过了洞山东坡登高览胜的平台……当年为这些景点起名,是奉张祥华校长之命而作,后由我校书法杜老师挥毫写就,镌刻石上。环顾四周,山还是那座山,林还是那片林,只见座座高楼大厦改变了颜色,昔日柔和淡雅的外墙白青色已变成浓丽鲜艳的赭红色,风情不同,风采依旧,越来越显示出这所高校独有的风景和独特的气质与魅力。

走进演播大厅，"星辉20　逐梦未来"几个大字映入眼帘。幼教集团由我校在 2003 年创办成立，20 年来，依托学校背景和秉持扎根学前教育的先进理念，脚踏实地，锐意进取，走出了一条适应社会需求，坚持专业化、标准化的发展之路，发挥了示范辐射、引领发展的积极作用，受到徐州市委市政府的高度重视，受到社会各界广泛赞誉。

　　庆典仪式隆重而热烈，我们又看到了许多熟悉的面孔。当年的幼师学生，如今很多都成为集团干部、幼儿园园长和业务骨干。舞台上，老师与小朋友们同台歌舞，纵情庆祝这欢乐时刻。其中，一位年轻女老师和一位小朋友缓步走到舞台中央，在徐州幼专大学生艺术团合唱团同学的伴唱中，深情演唱我们为幼教集团创作的团歌《爱的家园》：

　　　　　　这是一个多么可爱的地方
　　　　　　春风轻轻吹，鸟儿在歌唱
　　　　　　每当看到你们灿烂的笑容
　　　　　　心里升起了责任和理想
　　　　　　每当听到你们快乐的歌声
　　　　　　胸中洋溢着自豪与荣光

　　　　　　这是一个多么美好的地方
　　　　　　阳光多明媚，花儿在飘香
　　　　　　每当看到老师慈爱的目光
　　　　　　就像沐浴在爱的海洋
　　　　　　每当听到老师温馨的话语
　　　　　　那就是我们幸福的时光
　　　　　　我们的徐幼集团
　　　　　　你是一面面旗帜在徐海大地上飘扬
　　　　　　我们的徐幼集团
　　　　　　你像一条条溪流在奋进中奔向海洋

　　歌声飘过，渐渐远去。是的，当这种爱的教育跨越山海、洒满人间，就会在广袤的大地上生根、开花、结果,就会生成推动社会发展进步的巨大力量。

归途中,我深有感触。几十年来,我校培养的一届届毕业生在城乡各地辛勤工作、勇于担当、创业创新,为国家培养人才,为当地百姓服务。还有很多学生从幼师走出,在徐州、在江苏、在全国乃至在海外,大显身手,各尽其能,报效家乡父老,奉献伟大祖国,实现人生价值。

雄关漫道真如铁,而今迈步从头越。忆往昔,创业的艰辛与收获留在了激情燃烧的岁月;看今朝,宏伟蓝图更激荡起幼专人策马扬鞭的壮志豪情。2018—2024年,学校连续7年在全国高职高专院校综合实力排行榜中位居全国幼专首位,2024年蝉联全国高职高专院校师范类第一名。这些成就,徐幼人,光荣而自豪。

此时此刻,正值春分时节。小区里的玉兰花开了,想必学校洞山上的玉兰花也盛开了。我一边敲着电脑键盘,一边任思绪自由飞扬……窗外,春风吹拂,隐约传来中国台湾歌曲《往事只能回味》,这是一首爱情歌曲,歌词缠绵悱恻,曲风略为伤感。确实,有的往事只能回味;但面对大千世界,面对波澜壮阔的时代潮流,更多的回忆,却能让人视野高远,心胸开阔,壮志不改,信念不移。期待着再过10年、20年或更长的时间,再乘着歌声的翅膀飞到美丽的校园,去领略那山那水更加迷人的风光,去共享学校再创辉煌的荣光!

我和我的幼师时光

李 燕

1989年8月,从南京师范大学教育系学前教育专业毕业,21岁的我怀揣着梦想与憧憬,来到江苏省徐州幼儿师范学校,成为一名光荣的人民教师。

初遇幼师,似水年华

35年后,再次回忆起当年的幼师,给我留下最深刻的印象是,虽然校园很小、设施陈旧,硬件、软件都尚在建设中,但是,校领导和师生们都精神饱满、干劲十足。校园里处处活跃着师生们热火朝天的身影:朱广福校长常常挽着裤腿儿,带领教职工平整操场、打扫卫生;班主任们带着学生清除杂草、整理宿舍。这种不怕困难、拼搏向上的幼师精神,在我心中种下了一粒种子,不断生根发芽,成为我职业生涯的座右铭。

进校后,我成为一群小姑娘的班主任。彼时的我跟学生年龄相差不大,没有带班经验,能否当好班主任,能否赢得学生的尊重,能否引领学生成才,我心里是忐忑不安的。幸运的是,学校政教处特地为年轻的班主任安排了培训,这给予了我很大帮助。特别是我们青年教师能够常常聚在一起,分享阅读的书籍,聊聊工作中的二三趣事,互相学习和鼓励,让彼此在教育之路上走得更加坚定自信。

班主任的工作逐渐步入正轨,我发现幼师的学生素质很好,和他们

作者简介:李燕,女,江苏徐州人,1968年3月出生,中共党员,中小学高级教师。曾任江苏省徐州幼儿师范学校教务处副主任,2001年调入徐州市教科所从事课题管理工作。

相处亦师亦友,非常愉悦。在课堂上,我总能看到他们求知若渴的眼神,偶尔也能看到他们调皮的小动作,被发现后,他们又不好意思地笑笑。听学生们说,我很温和,课讲得很有意思,我听到后很开心,心里暖暖的。

追风赶月,教学相长

作为一名专业课教师,年轻的我力争把课上好,给学生打下扎实的专业基础,帮助每一位学生成长成才。记得教务处石主任经常听我的课,给我鼓励并提出好的建议,还给我上全校公开课的机会。在教研组内,我们几个年纪相仿的老师——李桂云、王平、徐静等,常一起研究教材,互相听课,取长补短。在不断磨砺中,我的课越上越好。学校为了使专业课教师能将理论与实践更好地结合,还为我们提供了进附属幼儿园当一年幼儿园老师的机会。当时,我和葛青搭班,她是我教过的优秀学生之一,毕业后又留校任教。我们互相配合、互相学习,一起琢磨如何带好小朋友。一年的时间虽短,但对于我进一步了解儿童、明晰儿童观有很大帮助,特别是为我后续的教育学、心理学、教学法教学积累了很多鲜活的案例。我也更清晰地认识到,我们培养的幼师学生应该具备哪些素质。

首先,幼师的学生应该是有大爱的人。我常给学生推荐陈鹤琴、陶行知先生的著作,和他们讨论先生们的大爱情怀——爱国家、爱人民、爱孩子,并且是科学地爱孩子;组织学生召开主题班会,让学生广泛调研家乡幼儿园的办学情况,激发他们为家乡幼儿教育事业贡献力量的热情,坚定他们做好幼儿园老师的信心。

其次,幼师的学生应该是有扎实专业知识的人。我要求学生养成严谨的专业态度。课堂上,学生大胆表述自己的观点;在幼儿园见习后,针对见习的感受和问题,展开讨论;分享自己阅读《爱弥尔》《大教学论》等理论书籍的心得。学生模拟上课时,我认真听,及时提出改进意见。若干年后,再见到已成为园长、优秀幼儿园教师的学生时,我非常欣慰当初对他们的引导和严格要求，为他们的职业成长打下了坚实的基础。但仍有些许遗憾，比如当时没有对他们的读书提出硬性要求。如果再细致些，学生们可能会读更多的书，理论功底也会更扎实。

再次，幼师的学生要有广泛兴趣和良好基本功。幼师非常重视对学生兴趣和基本功的培养。学生进校后，要系统学习音乐、舞蹈、美术、体育等技能。学校对学生的日常练习、考核等都有严格要求，还经常有班级演出、专项比赛等活动。我教过的学生毕业后还常常和我提起他们敬爱的老师，例如舞蹈老师吴雪梅，学生怕她又爱她：怕她是因为她对学生要求严格，学生动作做不到位时，她会压一压；爱她是因为没有她的严格要求，无法想象自己能够从一个舞蹈小白成长为一个有优美舞姿并且能教小朋友跳舞的幼儿园老师。我也亲眼见证了学生们从不会到会再到精彩呈现的过程。每一届学生毕业时，都要以班级为单位进行汇报演出。全体学生一个不少都去表演，或唱、或跳、或演，精彩的节目让我激动流泪，来观看汇报演出的嘉宾对学生们赞赏有加，低年级的学生观众也特别羡慕，从而产生更强的学习动力。后来，我到教育局工作后，接触了不少县区教育局的领导和学校的校长，他们一致反映，从幼师毕业的学生，即使到了小学和中学做了教师，综合素养也是出类拔萃的。例如，在侯集高级中学教音乐且从事党务工作的王艳，在睢宁县小学当过数学老师、现在已经成为睢宁县教师发展中心小学数学教研员且评上了正高级职称的李晓飞，在鼓楼区苏堤路小学任教的语文正高级教师拾景玉，就是其中的优秀代表。这是徐州幼师的骄傲啊！

另外，幼师的学生应该是有创新精神和创新能力的人。1989 年，我在幼师任教时，幼儿园的课程以分科教学为主，幼师的学生学习的专业课是"三学六法"，也是主要为分科教学做准备的。随着幼儿园课程改革的推进，主题式课程、单元课程、项目化课程等越来越被幼儿园所重视。我们的学生要有不断学习的能力和创新的精神，以适应幼儿园课程改革的需求。事实证明，幼师培养的学生是会学习、敢创新的。记得江苏省课程游戏化第一批项目园申报时，我市 7 所幼儿园榜上有名，且得分位于省申报园所的前列。这 7 所幼儿园的园长都是幼师培养的学生！幼师还有一批学生，在小学工作了一段时间后，因工作需要回到幼儿园，也迅速通过学习适应了新岗位，成为优秀的园长，带领幼儿园不断谋求发展。例如，云龙区惠民实验幼儿园的付袁明园长、云龙区教育实验幼儿园的黄婉娟园长、鼓楼区教育实验幼儿园的王芬园长、泉山区星光教育集团的陈洪波园长等。

离别幼师，向上生长

2001 年，我带着满满的不舍离开了幼师，到徐州市教育局教科所从事课题管理工作。让我记忆犹新且感动至今的是，我面试的那一天，幼师的领导、同事，如张祥华副校长、薛新华老师等亲自到现场为我助威、给我鼓劲儿。学校那种鼓励年轻人进步的氛围让人感到温暖且深受鼓舞。2001 年前后，幼师的多位老师，如刘桂云、王志升、王静、曹鹏、郑少华、周晨、胡其伟等先后离开幼师，到教育局或高校工作。虽然工作岗位变了，但幼师的工作经历为我们的成长发展奠定了良好的基础。大家在新的工作岗位上依然踏实肯干，赢得了赞誉。因此，幼师又有了"人才摇篮"的称誉。

在幼师当老师，我更加懂得了"学高为师、身正为范"的内涵，因此，在教科所努力学习新知，不断提高自己的科研能力，公正公平地进行课题管理工作。在幼师教务处工作，我学会了如何与老师沟通，如何做好管理工作。这为我与各个学段、各个学科老师的沟通奠定了良好基础，我也赢得了广大教师的认可。幼师毕业的许多学生，因为做科研课题和我又有了新的接触，他们有的成为教育科研领域的骨干，如鼓楼区幼教教研员车远侠老师、云龙区幼教教研员李迪迪老师、泉山区幼教教研员范凯老师等。还有许多幼师的毕业生在幼儿园和中小学一线工作，都在积极进行课题研究，不断在专业方面持续发展。可以说，在幼师的学习工作经历锻炼了我们，也成就了我们。

铸魂育人，代代相传

对于我个人来说，对幼师的感激还有另外一层原因，那就是我的儿子是从幼师附属幼儿园毕业的。如今他已成为《新华日报》记者，从幼师毕业留校的幼儿园老师韩莹、程颖等给了他很好的启蒙。现在，他经常去徐州的幼儿园采访，在《新华日报》和"交汇点"新闻平台上宣传了不少徐州优秀的幼儿园及从幼师毕业的园长和老师。可以说，建校40年来，幼师为徐州孩子的成长作出了巨大贡献，如我一样，徐州的百姓对幼师心怀感激。

在我离开学校后，幼师一步步向前发展，从中等专业学校升格为高等专科学校。学校经过搬迁改建，办学条件越来越好，办学质量和社会影响力不断提升，成为全国知名的幼儿师范高等专科学校，不仅为徐州地区，也为全省甚至全国培养了一批批学前教育专业人才。这离不开幼师历届师生的努力奋斗！

时光荏苒，如今的我已年过半百，但我依然记得在幼师工作的幸福时光，感恩幼师工作给我的历练和成长。我为自己曾经是幼师人而骄傲！

在幼师建校40周年之际，学校在办学方向方面有了新的拓展，专业不断丰富，人才培养日益多元化，这也是幼师敢于迎接挑战、不断创新发展的体现。作为一名曾经的幼师人，我衷心祝福且坚信，幼师会发展得越来越好！

第二章

智慧明灯：
点亮教育之路

"全员导师制"：在师生互动中"双向赋能"

曹利群

立德树人是教育的根本任务。如何让教育直击大学生心灵，并不断内化为思想信仰和价值取向，进而付诸具体行动，是教育需要破解的难题。为此，自 2010 年起，学校开启了"西藏班导师制"，在此基础上又将其推广到"卓培班导师制""全员导师制"，"导师制"的发展经历了"由点及面"的推进过程，以期做到围绕学生、关爱学生、服务学生，实现立德树人有道，春风化雨无声。"导师制"，作为我校教育实践的一项创新举措，历时 14 年，先后多次荣获国家级、省部级表彰，凝聚着学校领导和老师们无尽的心血，充满美好的回忆。

教育创新："西藏班导师制"的探索与实践

2010 年，受教育部委托，我校承担了教育援藏的光荣任务，成为全国首批承担学前教育专业内地西藏中职生培养任务的高校。2010 年 9 月 7 日凌晨 5：55 分，是我教育生涯中最难忘的时刻之一：时任校长张祥华、副校长马玲、副校长李克军 3 位领导带领着学工处、安保处等部门的老师和学生干部，在徐州火车站迎接即将到来的西藏学生。我们捧着鲜花，举着校旗，拉着条幅，满怀热情地期待着他们。第一届西藏班的学生共 76 名，其中男生 16 名，女生 60 名，年龄最大的 25 岁，最小的刚满 15 岁。接到他们以后，学校的大巴车把他们送到碧螺校区。校区内早已站满了夹道欢迎的汉族同学，大家齐声欢呼，气氛空前高涨。

作者简介：曹利群，女，江苏新沂人，1972 年 7 月出生，中共党员，教授，江苏省徐州幼儿师范学校 1991 届毕业生。现任徐州幼儿师范高等专科学校党委副书记。

来自雪域高原的 76 位学子好奇而羞涩地望着窗外的世界。虽然依然疲惫,但踏入校园的那一刻,他们深切感受到了来自徐州幼专的热情和温馨。学校食堂的老师们为孩子们贴心地安排好热乎乎的早餐,宿管阿姨早已把宿舍打扫得干干净净,床铺收拾得整整齐齐,学生志愿者还把每个房间的热水壶打满,帮助他们把行李一个一个地送到房间,给予他们最大限度的关怀和照顾。

学校是第一次设置内地西藏班,没有经验,只能在摸索中前进。西藏孩子们也是第一次离开西藏,离开家乡,难免想家,而且比较害羞,对内地的风俗习惯、文化心理比较陌生。他们中很多人学习基础较差,数学要从四则运算教起,英语则需要从 26 个字母教起。学校专门遴选了优秀教师做西藏班教育教学工作。老师们开展学业摸底调查,制定有针对性的人才培养方案,依据学生的学习基础开展分层次教学,尽最大力量帮助学生们补习学业。但如何帮助他们适应新的环境,尽快融入学校和内地生活,尽快补齐学业上的短板,并在心理和情感上获得支持,这成为摆在我们面前的难题。

我们带着问题向张祥华校长请教,她创新性地提出"西藏班导师制"和"伙伴制"的想法,给了我们一些思路。她鼓励我们大胆创新和实践。学工处和学前与特殊教育学院(简称"学特院")一起讨论研究,制定方案,开启了"西藏班导师制"与"伙伴制"的探索与实践。

我们在全校范围内遴选优秀教师担任西藏班导师,1 位导师与 2 位学生结对,构建汉藏结对"1+2 师生成长共同体"。许多导师带着孩子们游徐州,了解内地的历史与文化;或把孩子请到家中聚会,到校外聚餐;或经常性地指导专业学习,给孩子送去棉衣食品;或疏导孩子们在集体生活中产生的交往焦虑,及时给予心理支持,为远离家乡的西藏学生提供个性化帮扶与指导。

我们选任的第一届西藏班的班主任是丰娴静和毛敏两位老师,学院特别安排她们做班级内特殊学生的导师。丰娴静老师指导的学生伦珠,数学、英语、钢琴等学科学习困难,汉语学习和表达也有很大障碍。

丰娴静联系数学、英语老师对他进行一对一辅导，联系汉族学生陪他一对一练习。最终他不仅能够跟得上学习进度，而且以优异成绩毕业，现在已成为日喀则教育局的一名干部。毛敏老师指导的学生叫扎西，年龄是班里最小的，进校时只有 15 岁，个头 1.45 米左右。毛老师每天给他煮 2 个鸡蛋，保证蛋白质的摄入。毕业的时候小扎西已经长成 1.85 米的帅小伙，现在已成为西藏地区一所幼儿园的副园长。孙菲老师任西藏班辅导员，也承担了导师任务。2017 级的一位女学生叫孕松德喜，她是二代内地西藏生，20 世纪 90 年代她的妈妈在初高中阶段就读于江苏南通西藏民族学校。孙菲老师看中她的努力上进，在她身上倾注了许多心血，帮助、鼓励、支持她的持续发展：与肖阳老师一起指导她参加"挑战杯"大赛，获得了省赛一等奖、国赛三等奖，以孕松德喜为原型构思拍摄的微视频《太阳》获得西藏自治区大赛一等奖。入校 5 年来，孕松德喜获得了"中国大学生自强之星""江苏省大学生年度人物"等称号。在孕松德喜就业考编的过程中，他们还给予了许多帮助，助力她成功考入拉萨城关区第十四幼儿园的编制岗位。如孕松德喜一样，长久以来许多西藏学生与导师和伙伴之间结下了深厚的师生情、手足情。《中国教育报》分别以《西藏班学前教育专业师范生在排练藏族特色舞蹈》《央纽：导师与伙伴陪伴我成长》为题，报道了我校内地西藏生培养的典型事迹，学校获得了教育部西藏班新疆班教育创新奖。

深化推广："卓培班导师制"的推进

2010 年起，江苏省教育厅为吸引更多优秀男教师进入幼儿园教师岗位，优化幼儿园师资性别结构，面向初中毕业生实施了免费男幼师生招收政策。有编制有岗位的定向培养政策吸引了一大批学业优秀的男学生进入我校学前教育专业学习。在教育实践探索的基础上，2014 年学校申报的教育部"卓越男幼儿园教师培养模式改革与实践"项目获批。为了更好地提升卓培项目人才培养质量，增强教育的针对性、适切性和有效性，学特院专门制定卓培班人才培养方案，集中优质资源平台,开设个性化课程与活动,并决定实施"卓培班导师制"。在原有的师资配备基础上,学校以 1:2 的师生比配备导师,遴选师德优良、专业突出的干部和教师,从品德修养、专业学习和生活等方面助力学生成长。

第一届卓培班是从 2015 级五年制学前教育专业班级中选拔出 60 名男生重新组建的两个班。学校选派肖阳和李进两位老师担任班主任。男孩子们正值叛逆期,血气方刚,谁也不服谁,一个班 30 人,有一半以上的人想当班长。肖阳老师发现其中的一个学生有组织能力、学习能力,但缺少发展目标,于是便带着他读书开阔视野,推荐他听专业成长讲座明确职业方向,帮助他分析优劣势扬长避短,手把手教他做个人与班级的发展规划并定期检查完成情况。她强调学业的重要性和解决问题的创新性,告诉学生"打铁还需自身硬"。经过努力,这个学生不仅获得一等奖学金和三好学生称号,还如愿当上了班长,并成为"坚果故事屋"的新一届社长,积极组织社会公益阅读推广活动,在"挑战杯"大赛中获得国赛二等奖和省赛金奖。2016 级卓培班导师唐冰瑶像妈妈一样走进学生之中,她手把手地教男同学洗衣服、刮胡子,打理个人卫生;教学生叠被子,整理衣柜、书桌等,保持公共区域卫生。她用具体的示范和细致的指导告诉学生仪表卫生和外在形象对于个人成长与发展的影响。经过一段时间的努力,她指导的学生开始注意个人卫生和形象了,慢慢从一个颓废、邋遢的男生变成了一个干净、精神的阳光男孩儿。

卓培班在导师和老师们的关怀关注下,走出了许多优秀的学子,许多学生已经成长为骨干教师,有的已担任园长、副园长等职务,还有的在攻读硕士、博士学位。2015 级卓培 2 班学生梁状,来自邳州农村,在班主任李进和导师张淑满的鼓励和帮助下,他自立自强,先后获得"全国自强不息大学生"称号和"国家级奖学金"等奖励。老师们向他传递"青春的梦想",他在践行"青年的担当"。在校期间他参加社会志愿服务 100 多场,在贵州支教实践活动中认识了住在贫困山区的幼儿梦瑶。梦瑶不仅生活在单亲家庭,还是留守儿童,和奶奶相依为命。梁状把自己的生活费省下来偷偷留给了梦瑶的奶奶，把大爱传递到远方。在导师的影响下，梁状内心坚韧、思想上进，在校就入了党。后来他考入我校附属幼儿园教师岗位，作出许多突出贡献。2021年他主动请缨赴拉萨市江苏实验幼儿园支教。本该10个月就结束的项目，由于责任与情怀，他一待就是两年多，践行着导师制"以爱传爱，以心传心"的初衷。

"卓培班导师制"在引导学生发展成长的同时，也在促进着教学相长。导师们率先垂范，行不言之教，通过关爱学生培育学生爱心；开展"日行一善"活动，师生共修师德；开展"师生共读经典"活动，师生共修专业；设立师生"一家亲"微信群，使之成为师生交流学术、增进感情、参与管理和综合服务的平台，在潜移默化中影响学生，陶冶情操，塑造人格。

由点及面："全员导师制"的实施

2017年2月27日，中共中央、国务院印发了《关于加强和改进新形势下高校思想政治工作的意见》，提出坚持全员全过程全方位育人的要求。我们思考，学校实施的"西藏班导师制"和"卓培班导师制"很好地发挥了全员育人的积极作用，应该可以由点及面，从特殊的教育群体向全体学生推广实施。于是，在前期实践基础上，学校遵循教育规律和学生成长规律，于2017年9月起整合校内育人资源，面向全体新生实施"全员导师制"实践创新，促进了学校全员育人工作大格局的基本形成。

"全员导师制"推行起来有一定的难度。一是新生数量较多，教师人数有限；二是教师日常工作量较大，需要更多教师付出更多时间和精力关注关怀学生；三是由点及面推广导师制工作加大了组织管理上的难度，需要更多智慧解决难点问题。但幼专人就是这样，一旦认定事情的方向是正确的，对学生是有利的，就坚定不移、不畏困难地积极推进。为了解决这些问题，结合工作实际，我们在全校范围内遴选了100余名教职员工担任新生导师，校领导、中层干部、教师以及行政管理者都成为导师队伍中的一员。学校划拨专项资金、制定专门政策和制度以保障活动的可持续开展。学校定期召开经验交流会、优秀案例评选、优秀导师评选表彰等活动，为每一届新入校的学生提供了许多指导和帮助，尤其是对特殊学生的发展具有积极的促进作用。

记得 2019 年秋季入学期间，外语系书记孟晓慧和心理中心主任张琰遇到了一位特殊学生小 A，他聪慧善良、博闻多才、细腻敏锐，但心理状况特殊，亟须心理干预和帮扶。我们一起研判了孩子的情况后决定，让蔡飞校长和孟晓慧书记两个人一起做他的导师。蔡飞校长是心理学博士，对心理健康和特殊教育专业颇有研究；而孟晓慧书记与孩子每天都有见面交流的机会，富有爱心，善于沟通。就这样，两位导师相互配合，有计划地开展了两年多的指导工作。他们从家长、家庭、亲子关系做起，在文化、艺术、学业、思想、恋爱、交友、饮食等各个领域与孩子沟通交流，成为小 A 有效的心理支持者，帮助他克服了许多困难，逐步走出心理困境。小 A 成长惊人，成为校园活动的积极参与者、学业竞赛的获奖者，并成功专升本，进入本科院校学习深造。小 A 的父亲有了很大的转变，从一开始的拒绝与学校合作到后来的感恩与感激，他们的亲子关系也变得和谐而密切。小 A 专门撰写文章记录和表达了对导师的感激感恩以及对母校的深深怀念。

师范院校拥有教师和学生"两代师表"，是学校办学的两大主体，两代师表共育是我校校园文化育人的目标任务。"全员导师制"确立了"双向互动、双向赋能"的目标，通过师生结对，增进了师生交流。教师走进学生之中，精准把握了学生的思想动态和发展需求，有针对性地助力学生发展，潜移默化地发挥着师表形象及教师人格的示范与传承作用。同时，教师在与受导学生"双向互动"中，坚持以身作则，率先垂范，不断加强师德师风建设，提升育人意识和能力，师生共修品德、教学相长，实现"双向赋能"。现任学工处处长陈繁是全面经历并具体实施"西藏班导师制""卓培班导师制""全员导师制"三个发展阶段的学工人，是导师制的具体推动者和积极践行者。面对"全员导师制"推进工作中的种种困难，她多方调研、听取意见建议，从制定方案、完善制度、组织实施、反馈反思等方面踏踏实实地做了许多工作，有效突破了工作难点，也有力推动了工作成效的进一步凸显。2023年学工处组织了教育案例的征集、遴选、修改和编撰工作，为我们呈现了部分导师和受导学生撰写的优秀案例。阅读着案例，人们被字里行间满满的教育大爱感染着，更被学生对导师的深深感恩与感念感动着。我们从中能够真实地感受到，在互动交流中，师生间建立了深厚的情谊，学生获得了成长和发展，老师们也收获了教育幸福和价值。2021年，在全体幼专人的持续努力和时任学工处处长褚香的积极组织与推动下，"两代师表共育师生双向赋能——立体化浸润式'全员导师制'的探索与实践"项目，获得了教育部思政工作案例一等奖。

爱是师德的核心。既做"经师"，又为"人师"，"全员导师制"用"导师"这根线架起"爱"的桥梁，形成"全员、全程、全方位"育人这一思政工作大格局。"全员导师制"是学校师范教育精神在育人领域的集中体现，是多年来学校优秀育人传统的赓续传承，导师们用自己的教育实践诠释了教育大爱，更诠释了教育者的职责与使命。

向全体学生导师致敬！

春之怀想:追忆我校免费师范男生培养

王 宁

　　2010年春末,我陪同张祥华校长到江苏省教育厅师资处崔春霞副处长办公室,汇报首批免费幼儿师范男生招生面试工作的设想。彼时,江苏省教育厅刚正式下发《关于开展师范生免费教育试点工作的通知》,我因为时任招生就业处副主任,多次到省教育厅参加关于试点工作的讨论会,深知政策落地来之不易。窗外春风和煦、满目翠绿。崔处长坐在电脑前,我们用了一上午的时间,逐字逐句修改2010年免费幼儿师范男生招生面试工作的通知,反复推敲项目与分值。5月19日,面试通知下发,各地教育局立刻行动起来组织报名工作。面试当天(5月29—30日),学校作为首批承担培养任务的3所幼高师之一,迎来了3 200多名考生。虽然事先考虑到人流较多,做了应对方案,但当天洞山校区综合楼内依然水泄不通。有的考生8点进场,下午1点才完成面试流程。放眼望去,校园内人头攒动,犹如潮涌,连东洞山的山坡上都站满了家长。许多参与面试的教师感叹:从教以来从未见过这么多的男生。据统计,当年全省9 000多名男生参加面试,抢夺300个招生名额。许多媒体在报道时都用了醒目的标题——"30∶1"。

　　春风拂暖,山花烂漫。当时专注于招生录取的我还没有意识到,这个项目将对学校的人才培养模式改革产生巨大的推动作用。

　　2010年初秋,来自全省的首批120名免费幼儿师范男生入校。在此之前,学校多次召开管理干部、骨干教师、幼儿园园长座谈会,深入研

作者简介:王宁,女,陕西蓝田人,1972年12月出生,中共党员,副教授。现任徐州幼儿师范高等专科学校党委委员、副校长。

讨免费幼儿师范男生的成长规律和教育规律,修订个性化人才培养方案。张祥华校长南下北上,拜访了北师大刘焱教授、华师大李季湄教授和朱家雄教授等教育界著名专家,咨询男幼师生培养的规律和路径,探讨单独成班和混合编班哪种方式更有利于男幼师生的专业成长。在充分调研的基础上,张校长当时定下 3 个原则:一是按 2/3 男生、1/3 女生的比例混合编班,男女生发挥各自性别优势,互帮互学;二是技能技巧课程由男教师承担,男生单独组班教学;三是组建团队,着手开发适合男幼师生的校本课程。几周后,任课教师首先反馈:基础文化课教学从未这样轻松过,这些高分入学的男生一讲就会,一点就通;技能技巧课教学从未想过如此艰难,钢琴、声乐、舞蹈让男生们头痛不已。当时,声乐课由音乐舞蹈系主任孙科京执教,舞蹈课由舞蹈教研室主任王磊执教,钢琴课由张轶夫等骨干教师执教。任课教师每周集中研讨教学情况,不断摸索、寻求适合男生的教学方式,很快就有了效果。这些男生虽然是零基础,但他们学习、接受能力强,和教师配合度高,因此进步飞快。跆拳道、武术操、舞龙舞狮、幼儿轮滑、幼儿足球、科学小实验、木工、泥塑、陶艺、睢宁儿童画等校本课程也逐步开设。到 2011 年,随着第二批免费师范男生进校,学校就专门组建了男子舞蹈团,由舞蹈教研室主任王磊带着每周一、三、五早上 6:30—7:40 集中训练。2011 年,在苏州幼高师进行了第一次免费师范男生汇报演出,男生舞蹈《孔雀》艳惊全场。2014 年,男生舞蹈《红蓝军》获江苏省大学生艺术展演特等奖。一时间,免费师范男生舞蹈成为学校热议的话题。男生演出时,洞山演播厅内座无虚席,连过道都挤满了兴奋尖叫的女生。许多教师也深受震撼,赞不绝口,校园内掀起了一股欣赏阳刚之风舞蹈的热潮。时至今日,这些舞蹈中的经典场面依然在我的脑海中盘旋。

春风浩荡,满目新意。新的教育教学改革如火如荼。学校突破传统的课程结构体系,逐步建立起多维模块化、个性选择化、全程实践化的新型课程体系。2014 年 5 月,江苏省教育厅组织撰写免费幼儿师范男生培养工作的总结报告,我也有幸参与了此项工作。半个多月的时间,几易其稿,张祥华校长还邀请布莱顿全球教育集团执行董事冯久玲女士等国际友人写了短评。定稿时,张校长带着我逐篇逐段斟酌,逐字逐句推敲。5月22日,《中国教育报》以《幼儿园来了帅气阳刚"孩子王"》为题,从政府、学界、社会、学校、学生、幼儿园各层面全面报道了江苏省免费幼儿师范男生的培养情况,激起了热烈讨论。8月,《教育部关于实施卓越教师培养计划的意见》发布,启动遴选"卓越教师培养计划改革项目"。在王晓三书记、张祥华校长、李克军副校长的带领下,由教务处李桂萍处长、学前教育系刘祥海书记、科研处唐雪梅处长,以及李飞、栾文娣、刘曲等骨干教师组成申报小组,积极投身到申请书撰写中去。申报前夕,在邀请专家精心指导后,申报团队在南京西康宾馆连夜修改完善申报材料。12月,学校申报的"卓越男幼儿园教师培养模式改革与实践"成功立项,开启了国家级质量工程项目引领学校教育教学改革的10年奋斗征程。

人勤春来早,功到秋华实。依托卓越教师培养计划改革项目,学前教育专业迅速发展为学校的"龙头专业"。2015年,学前教育专业成为江苏省高校品牌专业建设工程一期A类项目;2016年,获得江苏省高等职业教育产教深度融合实训平台立项;2017年,学校顺利通过江苏省学前教育专业示范性认证;同年,《塑造阳刚儒雅之质,促进教育生态平衡——男幼儿园教师培养的徐州样本》获江苏省教学成果奖一等奖;2018年,《幼儿完整人格发展视域下男幼儿园教师培养模式的探索与实践》获国家级教学成果奖二等奖。

春光灼灼,万紫千红。2019年6月,教育部相继发布《全国职业院校教师教学创新团队建设方案》及遴选首批国家级职业教育教师教学创新团队的通知。蔡飞校长带领教务处及学特院骨干教师组成申报团队,逐条研究申报条件,夜以继日投入申报准备工作。得益于前期免费师范男生培养项目和卓越男幼儿园教师培养项目的积累,9项硬性指标学校全数达成。为达到最佳团队结构,所有团队成员均从职称、年龄、专业特长、现任岗位、后期承担任务等方面精挑细选。最终,教学团队由蔡飞校长领衔,以9名教授和学特院骨干教师为主体,并邀请徐州幼师幼教集团理事长徐剑媚、徐州市云龙区教研室主任车远侠、徐州幼专附属幼儿园副园长王丽娜等3位一线专家,共同组成20人的教学团队。8月,学前教育教学团队成功入选首批国家级职业教育教师教学创新团队立项建设单位,学校成为"幼儿保育与学前教育"专业领域入选的6所学校之一。消息传来,全校振奋,这是学校发展史上第一个国家级教师队伍建设项目。11月,团队又入选首批省级职业教育教师教学创新团队立项建设单位。4年建设期中,学校根据任务书稳步推进,超额完成建设任务。2023年2月25日下午,我和王清风、刘曲、宋琛琛等11位教师组成团队,顺利通过教师教学团队课题"产教融合背景下学前教育专业实践教学模式创新研究"答辩,得到专家组的一致赞扬。3月6日,学校接到通知,对照最新公布的《国家级职业教育教师教学创新团队建设质量验收指标》,月底上交团队建设总结报告。由于验收指标发布较晚,大家都感到压力巨大,任务繁重。那段时间,每天下午5:00下班后,大家就自觉拿着手提电脑,聚集到碧螺校区A103教授工作室,研讨标准,分头整理相关过程性材料,研磨总结报告。团队正在紧锣密鼓准备之时,3月20日,又收到省教育厅现场验收通知。只有一周的准备时间,教务处和学特院紧急召开迎评会议,明确分工。3月29日,迎来了首批国家级职业教育教师教学创新团队省级评估组,专家们对学校扎实的工作材料给予高度赞扬。学校最终得分93分,顺利通过省级验收。4月12日,学校又迎来了教育部现场验收专家组。在洞山校区208会议室,蔡飞校长做了建设汇报,专家们参观了学校"教、学、研、训"一体化、双主体育人典范——幼苑儿童成长中心。专家组组长曹晔教授反馈说,学校党委高度重视教学团队建设工作,目标清晰,措施得力,教育教学成绩突出,起到了积极的推动作用,成效明显。

免费师范男生培养项目,只是学校发展史上灿烂的一笔。回望幼师人团结一心、筚路蓝缕的发展历程,总是令人心潮起伏,思绪万千。一代代幼师人的言与行、功与绩,必将与洞山同其苍翠,与碧螺共其芬芳。

学前与特殊教育学院：
高水平学前教育专业群建设之路

王清风

  学前与特殊教育学院是学校规模最大、学生数最多、办学成果最为丰富的学院，也是聚全校之力、凝全校之智重点打造的学院。

  学院前身可以追溯到建校初期的教育组，当时只有 6 名教师。2010 年 3 月，学校设立"四系一部"，教育组改为学前教育系，任教育组组长多年的陆兰老师担任首任系主任，陈繁任党支部副书记。学校升专成功后，学前教育系迅速发展。2011 年 9 月，刘祥海担任系主任兼支部书记，陈繁和李海芸任副书记，分别负责两校区学生工作。随着招生规模的扩大，学校设立学前教育一系（主管三年制学生）和学前教育二系（主管五年制学生），刘祥海任学前教育一系主任兼支部书记，赵丽任副主任，李海芸任副书记，高昕任学前教育二系主任兼支部书记，徐丽娅任副书记。2014 年 5 月，学前教育一系、二系合并，组建学前与特殊教育学院，刘祥海任党总支书记，唐雪梅任院长，李海芸任副书记，王磊、栾文娣任副院长。此时，学院为健全组织机构，设置了行政秘书、教学秘书、实践教学秘书等岗位。2016 年 7 月至今，我担任学院院长，主持学院行政管理工作；刘祥海、李海芸、李春秋相继担任党总支书记。栾文娣、李秀敏、刘曲（现任）、宋琛琛先后担任学院副院长。组织机构和管理体制的完善，促进了学院的蓬勃发展，学院在党建、专业发展和项目建设等方面取得了丰硕成果。目前，学院开设学前教育、特殊教

  作者简介：王清风，女，河南开封人，1968 年 4 月出生，民建会员，二级教授。现任徐州幼儿师范高等专科学校学前与特殊教育学院院长。

育、早期教育、婴幼儿托育服务与管理 4 个专业,人才培养的特色定位是致力培养 0~6 岁儿童教育领域的教师及管理者。

深耕幼教,铸就学前品牌专业。学前教育专业于 1984 年开设,是学校最早开设的专业,也是学校的龙头专业。1985 年招收初中起点三年制中专生;1999 年招收初中起点五年制大专生;2011 年 9 月,开始招收高中起点的三年制大专生。2017 年,全校师生团结协力,学前教育专业率先在全国通过省级示范性专业认证,赢得了全国幼专看"徐幼"的美誉。学院围绕"学生中心、产出导向、持续改进"的认证理念,秉持"厚教育情怀、重保教知识、强保教能力"的教育理念,再接再厉,踔厉奋发。2017 年,学校将"升本"列入"十三五"发展规划,学院开启学前教育专业本科层次的人才培养,先后与江苏第二师范学院、南京晓庄学院联合开展学前教育专业专本衔接的"3+2"试点项目。截至目前,该项目共招收 7 届学生,共计 390 人。这一项目大大提升了生源质量,为学校未来实现"升本"目标打下了良好的基础。2021 年,为落实国家"乡村振兴战略规划",学院与江苏第二师范学院合作开展"7+0"定向贯通培养项目,在丰县、新沂、沛县等地招收优秀的初中毕业生,本着"县来县去"的原则,开启了七年一贯制本科人才的定向培养。目前,招收 3 届学生,共计 98 人。该项目是学校办学史上首次在校内进行本科层次人才培养的实践,也是学前教育专业内涵建设的重要标志,开创了学前教育专业发展的新篇章。学前教育专业逐步发展成为国家级骨干专业、江苏省品牌专业、江苏省国际化人才培养品牌专业,培养了数以万计的幼教人才,服务于江苏省乃至全国学前教育领域。徐州地区 95% 的幼教专干及幼儿园园长都毕业于我校,可以说,徐州幼专撑起了苏北幼教事业的半壁江山。

项目引领,彰显品牌专业优势。项目建设是促进专业内涵发展的有力抓手。学院多年来抢抓先机,力争各类项目,以引领专业发展。2014 年,学前教育专业获批教育部卓越幼儿园教师培养计划改革项目,全国仅有 20 所本专科院校获批此项目,这在我校专业建设中具有里程碑式的意义,也成为学前教育专业人才培养质量提升最强有力的推手。由此开始,学校开始了卓越幼儿园教师培养模式的探索与实践。2015年,学前教育专业获批省品牌专业A类项目立项,专业建设经费获得保障,专业建设内涵显著提升。2016年,"卓越幼儿园教师实践与创新能力提升实训平台"获批省高等职业院校产教深度融合实训平台项目。该项目获批253万元经费,学前教育专业实训中心建设再上新台阶,实训室建设规模及水平全国领先。2017年,卓越男幼儿园教师培养模式的改革经验《塑造阳刚儒雅之质,促进教育生态平衡——男幼儿园教师培养的徐州样本》获江苏省教学成果奖一等奖,这是徐州幼专办学历史上第一个省级"教学成果奖"。2018年,学校开始冲刺国家级教学成果奖,《幼儿完整人格发展视域下男幼儿园教师培养模式的探索与实践》获得国家级教学成果奖二等奖。成绩面前,大家继续发扬徐幼"特别能吃苦、特别能战斗、特别能奉献、特别能协作"的精神,2021年,《课程筑基 美育涵养 力践笃行——幼师生立体化师德养成体系的构建与实践》《"432"模式助力西部民族地区学前教育质量提升——以青海海南州为例》获省教学成果奖二等奖。2022年,学前教育专业入选省"十四五"高校国际化人才培养品牌专业第二批建设项目,学前教育专业国际化办学与合作进入快速发展轨道。学院充分发挥专业优势,示范引领兄弟院校,帮扶近百所院校开展学前教育专业建设,接受了120余名教师跟岗学习,获得广泛赞誉。学前教育专业成为全国同类院校中的"排头兵"。

凸显优势,开设幼教特色专业。为解决学校"升专"后专业设置少且单一的问题,在全面分析学校优势基础上,通过广泛调研,学院于2011年申报开设特殊教育专业,学校也成为全国最早开设此专业的专科学校。特殊教育专业致力培养职业道德高尚、热爱儿童、能够在特教机构从事特殊儿童教育与康复的工作者。2018年,学院与南京特殊教育师范学院联合开展特殊教育专业专本衔接"3+2"试点项目,开启本科层次的人才培养。如今,特殊教育专业已成为省"十二五"高校重点专业、省级高水平骨干专业、国家级骨干专业。与此同时，"学前融合教育研究基地"获批江苏省高校哲学社会科学重点研究基地。2021—2024年，特殊教育专业在金平果高职院校分专业竞争力排行榜上位居全国第一。2014年，学院开设早期教育专业。该专业为校级品牌专业，位居2021—2024年金平果高职院校分专业竞争力排行榜全国第二。集群一体化发展是学院近年来专业建设的主要思路。2019年，学前教育、早期教育、特殊教育专业共建的产教融合集成平台获得省级立项；2021年，以学前教育专业为核心，早期教育、特殊教育为两翼的"学前教育专业群"获批江苏省高水平专业群，成为学院专业群建设的重要标志性成果，使学院踏上"双高"建设快车道；2022年，为适应职业教育发展趋势，学院精准定位服务面向，开设婴幼儿托育服务与管理专业；2023年，学院开始推动学前教育、早期教育与特殊教育专业的融合发展，着力推动学前融合教育，打通了专业壁垒，拓宽了学生就业渠道，全面开启了0～6岁儿童教育领域复合型人才培养模式的探索。

　　引培并举，打造高水平师资队伍。学校发展必须有高水平师资队伍作保障。学校领导提早谋划，将系列教师发展提升计划写入学校"十三五"发展规划。学特院的教师队伍是一支年轻的、女性居多的队伍，"80后""90后"及女教师占90％以上，师资队伍的年龄、职称结构均欠合理。学院为落实学校的教师发展提升计划，一方面，大力引进专业教授，以优化职称结构，仅学校"十三五"期间，就引进教授10位，大大改善了师资队伍的职称结构；另一方面，大力加强青年教师的培养，支持青年教师进修学习、提升学历，采取新老教师结对子等措施，教师队伍的专业素质大幅提高。目前，学前与特殊教育学院有教职工55名，其中，教授11名，博士6名。2018年，"学前教育专业教学创新团队"荣获省高校"青蓝工程"优秀教学团队称号，2019年，获批首批国家级职业教育教师教学创新团队并顺利通过验收；1人入选江苏省教学名师，3人获评省"333"高层次人才培养对象，3人获评省"青蓝工程"中青年学术带头人，8人获评省高校"青蓝工程"优秀青年骨干教师培养对象；

教师屡获全国职业院校信息化教学大赛一等奖、教学能力大赛一等奖、省微课大赛一等奖等荣誉。一流的教学团队成为学院乃至整个学校发展的有力支柱。

立德树人，深化"三教"改革。学院以培养学前教育与托育服务领域的卓越人才为目标，多措并举，推进人才培养模式改革。一是构建幼师生师德养成体系，率先实施全员导师制，开设系列化、具有幼教特的师德课程。二是构建"政—校—园"三位一体协同育人机制，与徐州市教育行政部门、幼儿园签署联合培养人才协议，实现师资互换、资源共享，协同推进卓越幼儿园教师培养。三是以学生为主体深化课堂教学改革，实施"互联网＋教学改革行动计划"，以混合式教学模式改革示范课程建设项目为载体，大力开展在线开放课程和融媒体教材建设。近年来，学院投入上千万元，建成现代化学前教育专业虚拟仿真实训室1间、智慧教室8间，打造了集智慧教学、远程互动、线上质量监测等于一体的学习环境；建成2门国家级、5门省级精品在线开放课程，自主研发"国家（幼儿园）教师资格证考试教学与测评系统"、学前教育专业AR虚拟仿真实训系统、智慧幼儿园管理系统。6部教材立项为职业教育国家"十四五"规划教材，"婴幼儿托育服务与管理专业教学资源库"获批江苏省职业教育专业教学资源库，"托幼一体化"复合型人才培养虚拟仿真实训基地获批省级示范性基地立项。学生先后获全国职业院校技能大赛一等奖、江苏省师范生基本功大赛一等奖，"挑战杯"竞赛全国特等奖等荣誉30余项，学校成为同类院校中的"领头雁"。

社会服务，献力学前教育行政决策。学院积极参与服务国家和地方学前教育行政决策，贡献了徐州幼专的智慧。近年来，学院主持研制教育部《高等职业学校学前教育专业教学标准》《教师培训课程标准——幼儿园教师学习与发展》，江苏省《学前教育专业认证第二级认证标准和测评细则》《家庭服务母婴护理员（月嫂）服务规范》，江苏省中等职业学校幼儿发展与健康管理类《专业课程标准》（8个）、《课程指导方案》《人才培养方案》，徐州市《学前教育质量评估标准》。同时，学院还参与研制教育部高等职业学校早期教育和特殊教育专业教学标准、教育部师范类学前教育专业认证标准、高等职业学校学前教育专业实训教学条件建设标准、"1＋X"幼儿照护职业技能标准等多项国家级、省级标准。

风雨 40 载，从只有 6 人的教育组到学前教育系，再到今天蓬勃发展的学前与特殊教育学院，我们始终扎根幼教，笃行不怠，年复一年书写着崭新的华章。作为学校的第一大院，我们见证了学特院这支队伍的发展壮大，见证了每一位徐幼人的辛勤付出，也见证了学校的发展。未来，学前与特殊教育学院将继续以昂扬的姿态，为学校的高质量发展贡献力量。

健康服务与管理学院:十年磨一剑

李 培

　　虽然离任健康服务与管理学院院长兼总支书记一职已经近两年的时间,但每当看到这个学院不断地成长壮大,我心中便不乏自豪之情。10 年前白手起家,10 年后硕果累累。忘不了老师们披星戴月、不辞辛苦,把梦想化作现实的喜悦;忘不了学生们热情大方、细心周到,用青春的气息给老人带来暖心陪伴的感动;更忘不了同事们艰辛时惆怅、收获时兴奋的模样。

　　"幼、特、老、艺"是学校四大专业群,与"老"相关的 4 个专业都由健康服务与管理学院开办。健康服务与管理学院的前身是 2011 年学校升专以后为强化公共课教学而设立的基础部,负责全校学生中文、英语、体育、思政等课程的教学。之后,为优化学校二级学院管理架构,学校先后成立了体育系、外语系、思政部、信网中心等二级系部,中文、教师口语、历史、地理专业教师归口在基础部。2012 年学校决定成立学前教育二系,与基础部合署办公,将学前教育初中起点五年制学生划归基础部。2013 年下半年,学校决定以基础部为班底,成立人文社科系,建设发展养老相关专业。2018 年经校党委会研究同意,人文社科系更名为健康服务与管理系。2021 年撤系设院,更名为健康服务与管理学院,简称"康管学院"。康管学院目前有 4 个专业,专职教师 15 人,在校生 800 余人,建有养老服务综合实训中心 1 个,市级重点专业群 1 个,

---

　　作者简介:李培,男,江苏徐州人,1981 年 8 月出生,中共党员,副教授。现任徐州幼儿师范高等专科学校党政办公室主任,曾任健康服务与管理学院党总支书记、院长。

市级产教融合企业学院 1 个，是省级家庭服务人才培养示范基地，是学校重点支持发展的学院。

面对夕阳事业、朝阳专业，如何精准把握人才培养定位，打造专业核心竞争力是我们面临的首要问题。进入 21 世纪的第二个 10 年，伴随着我国老年人口数量急剧增加，老龄化带来的社会问题日益凸显，老龄事业、老龄产业发展生机勃勃。与之不匹配的是与养老有关的专业人才数量短缺，素质不高，培养滞后。2013 年，学校乘势而上，成功申报我校第一个养老专业——老年服务与管理专业，填补了我校公共服务与管理专业大类的空白，为学校下一步的转型发展奠定了坚实的基础。

为深入了解养老行业的发展动向及市场需求，我上任伊始，就面向徐州、南京、苏州、上海、北京等地开展市场调研，了解相关机构岗位需求；带队到兄弟院校学习取经，了解养老人才培养情况；到相关协会、学会、行政主管部门了解养老政策，抓住政策红利，迅速制订了养老专业发展规划，明确专业发展定位和目标，为专业后续发展做好充分准备。我们先后加入中国老龄事业发展基金会、中国养老产业和教育联盟、江苏省养老服务职业教育与产业合作促进会、徐州市家庭服务业协会，获批江苏省人社厅"家庭服务示范培训基地"、江苏省老年学学会"精神关爱研究中心"，为专业办学开拓了路径、丰富了资源、明确了思路、确定了方向。

结合我国"9073"养老模式（90％居家养老，7％社区养老、3％机构养老），学院对人才培养方案进行修订，明确老年服务与管理专业面向养老机构，培养生活照护、机构管理、社会工作专业人员；现代家政服务与管理专业培养居家养老服务、生活照护、家政公司管理专业人员；老年保健与管理专业培养健康管理、营养配餐等专业人员；社区康复专业面向养老机构康复岗位，培养康复治疗技术、中医养生、阿尔茨海默病干预等岗位专业人员。4 个专业以老年服务与管理专业为核心，互为依托，相互补充，构成了我校养老服务专业群。

学生招进来以后,面临着师资不足的问题。我刚到人文社科系时,系里只有一个护理专业教师和一个康复专业教师,专业师资十分匮乏。为了解决困难,我们倡导中文教师积极转型承担养老专业相关专业课程的教学工作,同时通过聘请校外兼课教师、企业产业教授来校授课,初步解决师资不足的问题。随着在校生的增多,学校持续加大康管学院师资队伍建设力度。近年来,学校引进营养学博士 1 人、硕士副教授 2 人;新增专任教师 6 人;培养教授 1 人。目前,康管学院形成了一支以中青年、中高级职称为主体,高学历高职称教师占比较大的教学科研队伍。学院根据专业群组群逻辑组建混编教师教学创新团队,教师专业涉及护理学、康复学、营养学、心理学、管理学、文学、艺术学等学科,围绕老有所养、老有所医、老有所为、老有所学、老有所教、老有所乐的理念开设相关课程,为学生专业化成长提供了优质的师资保障。

把学生培养成才,让学生优质就业,是学院永恒不变的追求。2016年,两届养老专业在校生不足 30 人,这成为专业发展亟待疏通的一个堵点。为解决生源问题,我们一是先后与泰康之家·申园、南京朗诗常青藤、徐州中青家政等高端企业和养老社区建立校企合作关系,开展订单式培养,争取奖助学金,解决学生就业发展后顾之忧。二是调整招生策略,扩大招生范围,面向高中开展提前招生、普招、注册入学;面向中职开展"3+3"中高职衔接、中职单招、中职注册入学。2022 年康管学院在校生人数突破 800 人,成为学校第二大学院。

我们始终坚持"学做结合,知行合一"的人才培养理念,优化课程结构,注重学生实操能力培养。学院组织学生参加各级技能大赛,以赛促学、以赛促练,学生理论和实践水平都得到了很大提升。为打通就业通道,学院先后与泰康健康产业投资控股有限公司、九如城养老产业集团、南京朗诗常春藤养老服务有限公司等 30 家老年康养企业签署校企合作协议,组建"泰康班""常春藤班"进行订单式培养,为学生提供优质充足的就业岗位。组织学生连续参加省老年照护技能大赛,获奖率达到 100%;学生参加全国职业院校民政技能大赛获奖超过 10 人次。

人才俏,出口旺,我校培养的养老服务人才备受用人单位好评。董梓翔是 2020 届老年保健与管理专业毕业生,大三期间,通过泰康订单班项目进入泰康之家·申园养老社区实习,以出色的沟通能力和专业知识获得"泰康健投 2019 年优秀实习生"称号。转正后董梓翔承担起行政管家团队带班工作,他秉持创新精神,优化团队架构,提升服务品质,获得"2020 年度健投优秀服务明星"荣誉。2021 年他负责申园 2 期行政管家筹开工作,成功组建 2 期行政管家团队,同年晋升为管家组长。2021 年,他在泰康之家首届服务技能大赛中,荣获"金牌行政管家"及"最佳案例风采"奖项。2022 年 10 月,董梓翔调任泰康之家·甬园任管家负责人,成为泰康之家·甬园的管家部主管。除了董梓翔,我们还有很多优秀毕业生,例如 2014 级老年服务与管理专业李娜、2017 级老年服务与管理专业张洋等同学,也都在各自的岗位上发挥才智,成为企业的中坚力量。

坚持以"双高"建设为引领,内涵建设成绩喜人。近年来,康管学院迎来了高速发展,获得了一批标志性成果:老年服务与管理专业群荣获徐州市重点专业群立项,并获得 120 万元建设资金;成功立项徐州市产教融合企业学院项目,获得 180 万元建设资金;在教师教学技能大赛中,马池芬教学团队获省赛一等奖、国赛二等奖,于丹丹团队获省赛一等奖。校园文化建设方面,"情暖夕阳 乐享天伦"获得教育部校园文化建设成果奖二等奖;设立学校第一个企业奖学金"泰康奖学金";成立了"泰康健康养老产业学院""融创管家学院",是学校唯一建有两个产业学院的学院;成功申报江苏省产业教授。社会服务方面,制定了 1 个省级家政标准、1 个市级养老标准,开始面向社会培训养老护理员,是学校首批"1+X"证书试点单位。

十年磨一剑,砺得梅花香。学院的高质量发展,离不开校领导的高瞻远瞩和大力支持。学院上下勤力同心,发扬徐州幼专"四特"精神,以双高校建设为指引聚焦事业发展,人才培养质量进一步获得提高,专业建设获得进一步的发展,社会美誉度有了显著的提升。山到半腰坡更陡,水到中游浪更急。我们坚信,康管学院在学校党委坚强有力领导下,一定会以不懈的追求、昂扬的斗志、实干的作风,中流击水、勇往直前,取得更大突破、更突出业绩,走向更辉煌的明天。

音乐舞蹈学院:艺路笃行谱华章

韩 坤

音乐舞蹈学院(简称"音舞学院")是学校"重点、重心、重金"打造的学院之一,从建校初的音乐舞蹈教研组到 2021 年撤系改院,形成"儿童音乐剧表演专业群",每一步都践行着培养德艺双馨优秀艺术人才的初心,每一步都饱含着历届学校领导的关怀与期望,凝结着音舞学院全体老师的辛勤汗水。

音乐和舞蹈是儿童美育的重要载体,音乐舞蹈专业从学前教育专业学科教学起步,在实践中探索前行,逐渐丰满羽翼。1995 年,学校主办江苏省首届中师舞蹈大赛,这是我校音乐舞蹈教学成果在省市各级领导和全省 36 所师范院校师生面前的首度亮相。开幕式上,我校气势磅礴的女子管乐团行进式表演和精彩的大型群舞表演给大家留下深刻印象。这一赛事的成功举办,为学校音乐舞蹈教育在省内赢得声誉奠定了坚实基础。1996 年,是音舞专业建设元年,学校开始面向全市初中毕业生招收音乐教育专业学生,学制三年。接下来,学校陆续开办了音乐专业"3+2"大专班和五年一贯制音乐班。2005 年,学校成为江苏省高等师范学校"音乐协作组"驻会单位,张祥华校长任协作组组长,孙科京主任任秘书长。经过不断的沉淀和积累,音乐舞蹈专业建设走上充实专业内涵、探索特色发展之路。2010 年,学校决定成立音乐舞蹈系,开设音乐教育、音乐表演两个专业。2011 年,学校升格为江苏省第一所幼儿师范高等专科院校,音乐舞蹈系紧跟学校跨越发展的步伐,多

作者简介:韩坤,女,山东潍坊人,1980 年 2 月出生,无党派人士,副教授,音乐学博士。现任徐州幼儿师范高等专科学校音乐舞蹈学院院长。

次研讨学习,进一步了解高等学校人才培养特点和要求,明确专业的建设目标和思路,聚力推动内涵发展,2015 年增设了舞蹈表演和音乐剧表演专业,形成了 4 个专业齐头并进、幼儿艺术教育特色鲜明的专业群。

高质量人才培养是学院工作的核心。基于学校学科的优势背景和专业群特色,学院以"懂艺术、懂儿童、懂教育"的复合型人才为培养目标,彰显出鲜明的人才培养特色。基于对儿童美育职业群岗位需求的分析和对音乐舞蹈人才培养的差异化定位,学院打造了以"表演—教学—创编"能力为核心的课程体系。为了使人才培养更符合产业发展需求,学院不断加强产教融合,经过"政校联动""校企合作"等形式的探索,逐步形成了"政校行企"四方联动人才培养模式。2021 年,学校成立"小银星"产业学院,建立了音乐类非物质文化遗产产业教授工作室,校企合作呈现出崭新局面。学院在人才培养方案修订、课程建设、教学改革、资源共享和人才队伍共建等方面得到了一线行业、企业的大力支持,并形成混合式课程改革、课程思政改革的系列成果。学院教师获批多项省级在线开放课程、精品课程的立项,数次获评省微课大赛一等奖、省教师教学能力大赛二等奖。2022 年,学院召开政校行企四方协同人才培养研讨会,邀请了徐州市政府相关部门、知名企业、行业专家代表等,共商新时代音乐舞蹈人才培养内涵与举措。2023 年,学院的儿童音乐剧表演专业群被徐州市教育局立项为徐州市职业教育现代化建设项目并获得专项建设经费拨款,揭开了学院专业建设服务地方文旅事业发展的新篇章。

"政校行企"四方联动人才培养模式提升了人才培养质量。在历届江苏省大学生艺术展演这个"艺术教育奥林匹克"的舞台上,学院各专业参赛队伍连续获得特等奖、一等奖的好成绩。每到校园招聘会,音乐舞蹈专业的毕业生总是供不应求。数千名优秀毕业生已散布于全国15 个省,其中大部分在淮海经济区及周边地区从事音乐舞蹈表演和教育相关工作。他们中有献身支教事业的"中国最美支教教师",有获得中国梦想秀"梦想之星"称号、登上央视《星光大道》的歌手，有创业成功的艺术教育文化品牌负责人，也有在中小学、幼儿园和艺术教育机构工作的业务骨干。"徐州幼专的学生作风踏实、可塑性强、业务全面，我们很欢迎"，这是走访用人单位时经常听到的评价。

高素质的师资队伍是学院发展的基础和支撑。音舞学院的快速发展得益于爱校如家、爱生如子的老师们，他们怀揣着对专业的热爱和执着，奉献在校内外各项工作中、各类舞台上。建校之初，学校从南京师范大学、南京艺术学院等本科高校引进了一大批优秀师资，为后来音乐舞蹈专业教师队伍规模扩大和结构优化奠定了基础。"十三五"期间音乐舞蹈系启动了师资"外引内培"建设计划。2014年，学院引进了第一位高层次人才孙玉柱教授，之后又引进了丁爱华、刘纪秋、蔡艳3位教授。他们从课程建设到项目申报，从日常教学督导到师生专业技能竞赛指导，为学院专业建设和青年教师培养作出了积极贡献。在他们的带动和激发下，更多中青年教师有了自我提升的热情和干劲，7位青年教师先后攻读博士学位，使学院教师队伍的职称和学历层次不断提升。2021年，孙玉柱教授被评为江苏省高校优秀党务工作者。他持续打造"唱支山歌给党听"音乐党课。2022年，他带领的音乐舞蹈学院第一党支部被评为首批江苏省党建工作样板支部培育建设单位；2024年，该支部被评为第四批"全国党建工作样板支部"培育创建单位。孙教授曾饱含深情地说："充分发挥党建育人功能，发挥基层党支部的战斗堡垒作用，作为一个老党员、老教师，我无比自豪和光荣。"2021年，学院教师团队被评为江苏省"青蓝工程"优秀教师团队。

科学研究是教师们不断实现专业精进的重要路径。学院推动老师们在教育教学实践中不断学习反思，以研促教，在艺术教育实践中形成了丰富的教研理论成果，发表省级及以上艺术教育相关论文380余篇，申报并立项省级及以上课题60余项。2019年，"儿童歌曲创作与数字化制作人才培养研修班"成功立项江苏艺术基金人才培养项目。该项目以儿童音乐教育教师和群众文艺工作者为主要培训对象，旨在提高学员艺术创作和数字化制作能力,充实我省儿童歌曲创作者队伍,推动优秀儿童歌曲和网络音乐作品创作的繁荣发展。该项目开班仪式及人才培养情况分别被《新华日报》和"学习强国"平台专题报道。近年来,基于对中华优秀传统文化融入人才培养的探索和实践,学院又有江苏省高校哲学社会科学重大项目"文旅融合背景下戏曲文化传播的江苏样板研究"等一批科研项目立项,推动了学院育人理论和实践研究的持续创新。

进入新时代,音乐舞蹈专业师生以优秀原创作品的培育为抓手,践行守正创新的当代使命,在实践教学中打磨出一批扎根本土文化的优秀原创舞台作品。原创红色音乐剧《小萝卜头》获得江苏省紫金文化艺术节大学生戏剧展演一等奖,原创舞蹈《大国重器》获得江苏省大学生艺术展演专业组一等奖和优秀创作奖;原创歌曲《入党申请书》《蝶变》《追梦未来》《幸福的约定》《感谢有你》等登上"学习强国"平台,多次在中国教育电视台等媒体展播;薛黔星老师创作的彝族舞蹈《山花》赴中央电视台演出;吴雪梅主任带领的舞蹈团于 2016—2018 年连续 3 年受邀登上国家大剧院舞台,与国家交响乐团合作参加"暑期艺术之旅"项目的演出,演出效果令人惊艳,《中国教育报》予以专题报道。2024 年,由音乐表演专业省级产业教授徐妮娜创作、学院师生参与排演的中篇徐州琴书《时代楷模张桂梅》获得江苏省艺术基金项目立项,成为学院传承地方优秀传统文化的重要标志性成果。

回忆过去,音乐舞蹈专业能够在曲折迂回中不断发展,离不开徐州幼专音乐舞蹈人抢抓机遇、奋勇争先、拼搏奋斗的进取精神。立足现在,学校在音乐舞蹈专业发展上不断加大资金投入,建成了资源丰富的音乐舞蹈实训室、环境优美的专业音乐厅和演播厅、先进的 MIDI 音乐教室和录音棚等,每每引发来访者的赞叹。畅想未来,站在学校发展历史新起点,音舞学院的师生们将乘春风万里,一往无前,继续以拼搏的汗水书写学院如歌的青春、似锦的前程。

语言文化学院:做语言锦绣图景描绘者

韩 燕

语言文化学院的前身可以追溯到 1998 年 8 月,学校招聘了第一位英语教师周含,自此开设了英语的相关课程。2001 年,学校大力发展英语专业,招收了首届"3+2"英语教育大专班;同年,英语教研组正式成立。

2003 年,胡群、周含、袁宏、袁海波、孙茜、何彬 6 位教师共同承担了全校学生的英语教学工作。2005 年,学校招收五年制小学英语教育专业和学前教育专业(双语方向),并陆续聘请了俄罗斯、美国、澳大利亚等国的外教,英语专职教师也增加至 18 人。2010 年 4 月,外语系于学校设"四系一部"时成立,第一任系主任是胡群老师。2011 年 9 月,乘着学校顺利升专的东风,外语系在拥有五年制学前教育专业(双语方向)、商务英语和小学英语教育 3 个专业的基础上,增加了三年制英语教育(幼儿教育方向)专业。2012 年 8 月,英语教育(幼儿教育方向)专业纳入学校学前教育专业群,被江苏省教育厅批准为高等学校"十二五"重点专业群建设项目。2012—2013 年,外语系陆续增设旅游英语专业、应用英语专业,三年制大专阶段学生班级数增加至 5 个,呈现出师范专业和非师范专业发展齐头并进的良好局面,专业结构日趋合理。2013 年,外语系 3D 仿真虚拟实训室建成。2015 年 9 月,外语系与徐州绿地皇冠假日酒店共同开发了校企合作的"现代酒店管理概论与实务"课程,全面提升了专业实训的能力和水平。2018 年,VR＋英语语言实验室建成,2019 年语言实训室建成,外语系紧紧围绕英语专业学

作者简介:韩燕,女,辽宁本溪人,1976 年 12 月出生,中共党员,教授,博士。曾任徐州幼儿师范高等专科学校语言文化学院院长。

生"听、说、读、写、译"能力的培养特点,不断提升教学条件。

2021 年 11 月,外国语学院成立。2022 年,英语相关专业招生就业前景不甚乐观,学院陷入发展瓶颈期。为寻求突破和多元发展,学院另辟蹊径,成功申报了中文专业。2022 年 12 月,外国语学院更名为语言文化学院。

语言文化学院以立德树人为宗旨,以学生发展为中心,致力于培养"语言＋文化＋职业技能"的高素质技术技能人才,现有中文、应用英语、旅游英语和小学英语教育 4 个专业,在校生 593 人,教职工 37 人。

逐渐扩大的师资队伍

经过多年积淀,语言文化学院拥有一支"师德高、理念新、业务精"的"双师型"教师队伍。团队中,有江苏省特级教师 1 人,教授 6 人,副教授 23 人,博士 5 人,境外博士生导师 1 人,国内硕士生导师 5 人;拥有省、市"青蓝工程"中青年骨干教师 7 人,学术带头人 1 人。多位教师赴美国、英国、澳大利亚、加拿大等国进修培训;多名教师获得省、市级教学成果奖和科研成果奖等荣誉,教学科研成果显著。

熠熠闪光的人才培养

近年来,学院培养的英语专业的学生语言功底扎实,专业素养厚实,实践能力坚实。学生在省级英语翻译大赛、英语口语大赛、英语写作大赛、英语演讲大赛中屡获佳绩:荣获"外研社杯"江苏省高职高专院校英语演讲大赛团体奖;江苏省高等师范学校英语教学基本功大赛一等奖 3 人;江苏省高职高专院校大学生英语写作大赛二等奖 2 人,三等奖 7 人;江苏省高职高专院校大学生英语演讲大赛特等奖 1 人,一等奖 2 人,二等奖 6 人,三等奖 2 人;江苏省高职高专院校大学生英语口语大赛二等奖 3 人,三等奖 2 人。2023 年以来,学院各专业学生获奖喜讯频传,先后荣获全国 iCAN 大学生创新创业大赛互联网英语听说挑战赛一等奖、江苏省职业技能大赛英语口语赛项一等奖、"外教社·词达人杯"全国大学生英语词汇大赛特等奖、"中国教育电视台·外研社杯"职场英语挑战赛写作和演讲比赛一等奖、第十七届"挑战杯"全国大学生课外学术科技作品竞赛红色专项一等奖、江苏省"互联网＋"大学生创新创业大赛"青年红色筑梦之旅"赛道三等奖、江苏省中华经典诵读大赛三等奖、"淮海职教杯"创业创意大赛一等奖、江苏省"鼎傲杯"高校大学生英语互联网听说大赛一等奖、全国高校大学生语言文化素养与普通话大赛团体一等奖、江苏省高校新时代心理健康会谈能力大赛二等奖等。目前，小学英语教育专业学生正积极备战国赛。学院 2022级应用英语班荣获江苏省优秀班集体称号，2021 级小学英语教育专业学生获"江苏省最美职校生标兵"荣誉称号。

自 2003 年学校第一届英语教育大专班学生毕业至今，学院为社会培养的人才已遍布各行各业：2003 届英语教育专业毕业生蒋冰已成长为县实验小学教科室主任；2012 届学前教育专业（双语方向）毕业生温红已是镇中心幼儿园园长；2015 届旅游英语专业毕业生吴晶扎根基层，2024 年获市优秀妇女工作者称号；2017 届应用英语专业毕业生刘鑫的餐饮连锁业务已拓展至江浙皖三省……还有一大批毕业生升入本科院校继续深造，有的已经取得了硕士学位。

值得称道的办学成就

学院全体教师一直积极探索专业教学改革，在教育科学改革研究方面，勇于探索、孜孜以求，教学科研成果多样化，有著作、论文发表，教材编写和课题立项。学院教师承担部级科研课题 1 项，省、厅级科研课题 15 项；发表南大、北大核心期刊论文 11 篇，ESCI 论文 1 篇；出版著作、教材 8 部。

2023 年以来，学院坚持以"党建＋人才培养"深度浸润工程项目为抓手，创新实施岗课赛证综合育人模式改革，推进专业内涵式建设，探索引领、浸润、深化和拓展课程群建设，设置校企协同育人的专业群"后续式"订单模块化课程。学院多措并举，推动高质量发展：强化师德引领,促进师德养成;加强团队建设,重视"头雁"培养;强化教学实践,提升双师素质;实施双师素质提升行动计划,外引内培,推进师资队伍优化;改善校内实践教学条件,建设国家语言智慧教育实训室,探索建设集技能培训、职业鉴定、职场体验、技术服务、短期培训、产品研发、产品生产和应用试点于一体的现代化语言文化智慧教育实训中心;访企拓岗,不断拓展校外实践教学基地。

难忘的发展瞬间

学校第一届英语教育大专班学生始终难忘,毕业学姐留在宿舍草席下的一张字条"没有白吃的苦,没有白读的书",为他们5年的幼师生活注入了一剂强心针。周含老师提起她的第一届学生,仍无比感叹,入学时他们只有初中英语水平,毕业时却创造了90%的大学英语四级通过率,个中艰辛可想而知。

胡群老师虽已退休多年,但仍深深记得2007年那个酷热难当、汗流浃背的暑假。学校为了谋求新发展,整体搬迁到经济技术开发区。英语教研组的年轻教师,无论男女,都自动加入搬运各种办公用品的队伍中。大家或手提、肩扛,或协作搬、抬,用整个暑假的挥汗如雨,换来了学校的顺利开学。同事们同甘共苦的情谊绵延至今。

语言文化学院自成立以来,学院上下无论是班子成员,抑或是教研室主任、普通任课教师,大家心往一处想,劲往一处使,多间办公室灯火通明,多组学生同时备赛,废寝忘食地争取在有限的时间内取得突破,这些都已成为推动学院发展的澎湃动能……

从外语系、外国语学院到语言文化学院,全体教职工同风雨、共命运度过14载春秋。广大同仁持续接力奋斗,呵护这株小树苗不断向下扎根,向上生长,变得枝繁叶茂。值建校40周年之际,由衷期待语言文化学院早日长成参天大树,努力谱写出教育战线、职教赛道、语言文化舞台的化"大有可为"为"大有作为"的崭新篇章,共绘学校高质量发展的锦绣图景。

美术与设计学院:与美同行四十载

魏 峰

美术系的发展可以追溯到建校初期的美术教研组,王傑老师、李玉义老师、后任副校长的滕建志老师等是美术教研组的第一批教师,教研组主要服务于学校幼教专业美术方面的教学。2011 年学校升专,成立了美术系,原美术教研组组长邵统平老师任美术系副主任,主持行政工作;邵晓凡、邵雪原两位老师负责学生工作;美术系成立了美术教育、艺术设计、动漫设计、学前美术 4 个教研室。2014 年年底褚香调任美术系任党支部副书记,主持党务及学生工作。我本人于 2015 年担任美术系副主任,主持行政工作。2021 年,美术系更名为美术与设计学院(简称"美术学院"),我任院长,李春秋同志任党支部书记。

1999 年,学校开始招收五年制初中起点美术教育(师范)专业学生。2007 年起招收五年制初中起点艺术设计专业学生。2011 年,美术系开始招收第一批三年制高中起点美术教育(师范)学生。2012 年,增加两个高职非师范专业:三年制装饰艺术设计和动漫设计与制作专业。这一年,美术系停招了五年制初中起点美术教育(师范)专业学生。2016 年,动漫设计与制作专业停招,美术教育专业招收生源从艺术类调整为文理科,装饰艺术设计专业和应用艺术设计两个专业按照教育部高职专业名录合并为艺术设计专业。2022 年,新增视觉传达设计专业。2024 年,又新增包装设计专业并招生。至此,学院招生专业共有 4

作者简介:魏峰,男,江苏沛县人,1972 年 11 月出生,中共党员,副教授。现任徐州幼儿师范高等专科学校审计处处长兼执纪审查室主任,曾任美术与设计学院院长。

个,在校生 450 人。

2016 年 5 月,我调到美术系工作,从邵统平老师手里接过接力棒,当时褚香同志任党支部书记。那时的美术系共有 28 名教职工,218 名在校生。前任领导打下良好的专业发展基础,但也面临诸多现实的问题,如教师凝聚力的问题、专业特色问题、招生面临困境,等等。这些问题是每个学院发展过程中常出现的,但学院不同、专业不同,解决的方法也不尽相同,那就一个个地来解决。

团结,凝聚奋斗力量

要想激发教师的干事热情,尊重是第一位的。在学院工作中,我尊重院系里的每一位老师,根据他们各自的专业特点、性格特点和职业发展规划安排工作,服务好每一位老师,温暖到每一位老师。学院教师有了团结一心、有你追我赶干事业的冲劲。有一年,学院组织一大批学生到婺源写生,需要几位专业老师跟班指导。美术教研室张小雷主任主动请缨,提前与很多写生基地的老板反复沟通洽谈,做好各项准备工作。他工作认真负责、心细眼勤,细到清楚每一位同学乘坐的车辆编号、住宿房间号,写生过程中关注到每一位学生,叮嘱安全,嘘寒问暖。他廉洁守正,从写生开始到结束他从不插手经费的收支,由学生组成财务小组,完成各项费用的预算和决算。家有实际困难的带队老师,能克服困难,冲在实习写生的一线,每天热心示范、细心指导、耐心讲评,坚持到最后,带领学生平安返校。

学院的未来也是大家的未来,"经师易遇,人师难遭"。在这方面,老同志做出了好榜样。我到美术学院时,严谨老师也同时进美术学院,任教务员,负责实训室、保管室和资产管理工作。人如其名,严谨老师当时已临近退休,人很和善,做事严谨,一丝不苟,办公室的一支铅笔、一块橡皮都被归拢得整整齐齐。经她手底下借出的画架、台布都不会丢失,她是我们美术学院的"大管家"。学校进行资产核查,酷热的天气,保管室没有空调,暑假里,她花费好多天重新归类存放,各类物品对照清单逐一核实贴条形码，累得腰都直不起来。她的敬业精神至今仍让我感佩，值得我们学习。

尊重也包括同事之间的相互尊重。"合则强，孤则弱"，爬坡过坎的时候，大家要心往一块想，劲儿往一处使。学院的党员特别是干部，在各方面要带个好头。我们深深地意识到，做规划做决断首先要考虑学生、学校和学院的利益，你坐在这个"位子"上，就应该谋好这个"位子"该干的和该成的事。些许小事，如果把个人得失先放到了前面，你就干不好，因为你没有了群众基础，学院就会成为一盘散沙；学院领导秉持公心，工作也就有了良好的群众基础。所以，下班后还常见褚香同志（后来是李春秋同志）在加班，从未听到过她们发出一句抱怨。党团工作密切联系美术学院的专业发展，党建团建特色活动做得风生水起。先后做教务员的王优老师和孟然老师，主动解决了我们在教学方面的各种繁杂事务，才让我们腾出更多时间考虑学院发展。

公平，激发干事热情

党政联席会议制度是促进学院工作决策的民主化的重要举措之一。学院大事需要党政沟通，重大问题上党政联席会议做出决议后才能执行。美术学院的众多改革举措，都是党政联手水到渠成地推行下去的。民主管理要表现在"公平"二字上。学院出台的办法或制度，从酝酿到颁布实施都经过多轮次讨论才可以执行。美术学院的制度，特别是关系到师生切身利益的，如评优评先、职称评定、绩效工资等，都公开全部信息。例如，学校实行绩效工资分配改革，让学院有了更多自主权，也考验分配小组是否能公平处理这项工作。如何做到公平？我和李春秋书记围绕这项工作，多次组织党政联席会议，先后出台了《绩效工资分配方案》《教学科研奖励暂行规定》《岗位津贴及补助标准暂行办法》三个草案，先将草案公开，然后逐层逐步征求全体教职工的意见再修改。直到绝大多数教职工无意见后，年初发文颁布实施，年末按照三个规定自行核算。最后，全体教职工自定义部分的量化积分明细、含单项的考核分数、绩效所有明细等全部公开。这一公开透明的管理办法赢得了老师们的支持与赞许。美术学院党政团结成了学校典范,学院先后获得"徐州市教育系统先进集体""徐州市优秀基层党组织"等荣誉称号。

合力,破解发展瓶颈

"积力之所举,则无不胜也;众智之所为,则无不成也。"美术学院是在教研组的基础上一步步发展壮大起来的,几代管理者为此付出了很多心血,但时代发展对美术学院的冲击也不可避免,学院所有专业的招生都面临着巨大挑战。2016年动漫设计与制作专业停招,一度招生从不发愁的美术教育专业,生源从艺术类调整为文理科的那一年居然颗粒无收,全系只招收了设计类专业学生28人。招生困境是一个综合性问题,不仅仅是招生问题。学院有困难时,大家合力"迎难而上",要的就是"四特"精气神。招生的困局摆在面前,需要痛定思痛,分析原因,不能坐以待毙。美术学院党政负责人和新调整的3位教研室负责人张小雷、祝慧、王丽芳主任进行了大讨论,并在全系形成共识。

首先是"全员招生",加大招生宣传力度。我们搭建三级招生工作架构:由院长书记坐镇招生一线统筹协调,并由专业带头人和各专业教师作为招生主力军,参加招生咨询会,联系本专业毕业生开办的画室进行招生宣传;由各专业优秀学生组成学生宣传小组,到自己的母校,以学长的身份现身说法;通过微信、画册、抖音宣传美术学院的专业建设和人才培养机制。

其次是各专业发展定位要精准,要与学校"幼特老艺"四大专业群合拍,学院的发展才能实现与学校发展的同频共振,才能赢得机遇。我们对美术教育专业的定位是"围绕儿童做美育",对设计类专业的定位是"围绕儿童做设计"。由此,我们调整了专业布局,停招了动漫设计与制作专业,并对各专业人才培养方案和课程标准进行了大幅度调整,把富有地方文化特色的睢宁儿童画、面塑、剪纸、布老虎等地方非物质文化遗产融入各专业人才培养之中。改革是伴随着阵痛的,原来从事油画、装饰画、中国画专业教学的老师转行到了儿童水墨、儿童装饰画等课程任教。让人感动的是,老师们面对这一调整均大力支持,配合工作。在学校领导的关怀和同事们的共同努力下,美术学院招生专业和人数也逐步扩大,2023年在院学生人数扩大到400多人,就业率一直保持在96%以上。

匠心,守望美育初心

美术学院从最初只有几个人的教研组发展到拥有几十位教师的学院,靠的是一代代人的坚守与拼搏。我是2010年才到幼师的,有的老教师虽未曾谋面,但对他们深厚的学识、精湛的技艺和匠心独具的创作早有耳闻。王傑老师擅长画牡丹,人送外号"王牡丹",后来我专门拜访了他,老先生还给美术系捐了很多自己的画册。滕建志副校长是我的老领导,对我们关爱有加,他擅长人物雕塑,多次举办个人艺术作品展,他创作的陈鹤琴塑像成了学生们教资考试"膜拜"和毕业前留影的热门打卡地。

为服务美育,促进教师专业发展,美术学院又先后成立师范美术、淮海民间玩具、幼儿园空间与环境三个研究中心,建立了儿童画、雕塑、手绘漫画、柚子原创设计、儿童绘本五个工作室。学院的党建项目、师生艺术实践、教师的教科研项目也围绕"三个中心""五个工作室"展开,研究方向更加精准,院系活动也更有特色。对外,我们邀请中国矿业大学、郑州大学、江苏师范大学的教授参与专业建设,邀请李训哲、朱永老师共建儿童美育项目。对内,我们引进培育了四位高层次人才,学院师资力量得到加强。

很多老师执着的匠心精神值得称赞。王曙光老师是一位不善言辞、工作勤恳的"老黄牛",只要交给他的任务,他都欣然接受。王老师擅长手绘漫画,学院为他建立了手绘漫画工作室,让他有了发展的平台。他的作品和他辅导的学前教育专业学生参加基本功大赛也屡屡获奖,为学校争得荣誉。张旭教授是美术学院引进的第一位高层次人才,河南口音重,专业好且创作能力强,善谈且幽默,为美术学院的发展不遗余力。他主动联谊外省的兄弟院校互相交流学习研讨,为美术学院的发展在不同场合发声,有满满的正能量。

美术学院的初心是做好美育,几十年的坚守也取得了一些成绩。学院是江苏省职业教育"双师型"教师团队沛县封侯虎(布老虎)技艺技能传承创新平台立项建设单位(2022);主编、参编多部国家职业教育"十三五""十四五"规划教材;2020 年 11 月,在江苏省教育厅首届高校美术教育专业学生基本功展示中,3 位选手获专科组团体总分第一名;两次获江苏省"紫金奖"文化创意大赛优秀作品奖;获批江苏省教育科学规划重点课题;16 件美术教学成果作品登上"学习强国"平台,服务社会。2023 年,美术教育专业在全国 118 所高职院校分专业竞争力排行榜上位列全国第二。

与我们一起坚守美育初心的还有众多优秀学子,他们耕耘在美育这片沃土上而有所建树。其中,有幼教专家张玉凤(1999 年美术教育专业),有十几年坚守美育初心、致力于美术培训的封雪(2001 级美术教育专业),有青年画家刘欢(2005 级美术教育专业),有中联夜郎幼教集团负责人张书沛(2016 级艺术设计专业),等等。

美术学院的发展,是学校发展的一个缩影,凝聚了三代人的汗水,"50 后""60 后"的前辈打下从美术教研组到建系设院的师资和专业基础。我们几位"70 后"抓住发展机遇,扩大办学规模,进行学院内涵建设。现在接力棒传到了"80 后"郭岩和王春子两位博士副院长手里,我对学院的未来充满期待。

落笔之时,欣闻暑期学校要斥资改造美术楼,又闻美术学院与南京特殊教育师范学院联办视觉传达专业并开始招收第一届本科生,这无疑是美术学院发展史上又一件大事。愿美术学院的明天越来越好,愿学校事业发展蒸蒸日上。

体育学院:江苏省幼儿体育人才培养的开拓者

刘 伟

回想体育学院,最大的感受:它是一个情义深厚、特色鲜明、充满活力的集体。多年来,学院始终深入落实立德树人根本任务,依托学校学前教育品牌,开拓创新,坚定不移走学前体教特色发展之路,成为江苏省幼儿体育人才培养的开拓者。近年来,学院先后荣获"徐州市先进基层党组织""徐州市教育系统先进集体"等荣誉称号。

据退休老教师回忆,1984 年建校时成立了舞体教研室,其中体育组承担幼儿体育教学法及公共体育教学工作。犹记得 20 年前我刚入校时,学校因发展需要设立体育教研室,那时仅有 4 位体育教师。2005 年以后职业教育大发展,尤其是学前教育受到国家的高度重视,体育教研室陆续增加了多位教师;2011 年学校成功升专后,设置基础部体育教研室;2012 年学校为拓展新专业,申报了体育教育(学前方向)专业,2013 年招收第一届学生;2014 年成立体育教育部;2018 年,体育教育部更名为体育系;2021 年,体育系更名为体育学院,我担任首任院长,现党总支书记为田国祥,院长为李海芸。

逐渐壮大的师资队伍

体育学院现有专兼职教职工 26 人,其中教授 2 人,副教授 4 人,博士(含在读)3 人,具有硕士学位 19 人,教辅人员 5 人;教育部首届幼儿足球专家委员会委员 1 人,江苏省"青蓝工程"优秀青年骨干教师 1 人,

---

作者简介:刘伟,男,江苏徐州人,1980 年 10 月出生,中共党员,教授。现任徐州幼儿师范高等专科学校人事处处长,曾任体育学院院长。

江苏省"青蓝工程"优秀青年骨干教师培养对象 2 人,江苏省高职类产业教授 1 人;江苏省职业教育"双师型"教师建设团队 1 个(幼儿体育"双师型"名师工作室),江苏省优秀教学团队培养对象 1 个(幼儿体育师资培养教学创新团队)。

独具特色的人才培养

专业建设的初心,源于 2011 年国务院印发《中国儿童发展纲要(2011—2020 年)》。该文件中提出:"提高儿童身体素质。全面实施国家学生体质健康标准。合理安排学生学习、休息和娱乐时间,保证学生睡眠时间和每天一小时校园体育活动。"国家对于儿童和体育运动越来越重视。2016 年中共中央、国务院印发《"健康中国 2030"规划纲要》,提出实施"健康儿童计划"。体育是幼儿健康促进的重要手段。2019年,国务院办公厅印发《体育强国建设纲要》,进一步明确提出了推进幼儿体育发展,完善政策和保障体系,推进幼儿体育项目和幼儿体育器材标准体系建设,引导建立幼儿体育课程体系和师资培养体系。但现实社会中急缺既"懂体育"又"懂学前"的幼儿体育人才。政策的颁布为体育学院培养幼儿体育师资提供了依据。截至 2024 年,体育学院体育教育专业毕业 9 届学生,共计 498 人,为江苏省幼儿体育的繁荣作出了重要贡献。其中,2013 级学生沈早阳毕业后自主创办新沂市"飞童凡响体智能"教育培训机构,服务于当地几十所幼儿园,《新华日报》以《90后"男阿姨",带着幼儿"动"起来》为题报道了他的事迹;2014 级学生周翔通过考试取得了南京市江宁区秣陵中心幼儿园的编制,现为幼儿园体育教研组组长;2014 级学生稽晶晶考入江阴市城中实验小学,现任体育组组长;2016 级学生顾淑娴考取上海体育大学研究生。

熠熠闪光的办学成就

在学校建校 40 周年之际,回望体育学院的 13 载发展历程,全体师生员工立足平凡的工作岗位,发挥自己应有的作用,始终以奋进之姿,驰骋逐梦征程，取得了一些成绩。一是加强内涵建设，打造品牌专业。学院设有体育教育、社会体育、体育保健与康复、运动训练 4 个专业，建有幼儿足球课程游戏化开发与应用研究中心、幼儿蹦床研究中心、幼儿动商研究中心。体育教育专业是学校品牌建设专业，也是江苏省唯一培养幼儿体育师资的专业，该专业在"中国高职院校分专业竞争力排行榜"中连续 5 年位居全国专科院校第二名。二是深耕教学实践，力促科研强院。学院积极探索应用型人才培养模式改革，获批省级教改项目 1 项、校级教改项目 4 项、省级在线开放课程建设项目 5 项，获得学校教学成果奖 4 项；教学团队荣获第二届全国高等职业院校体育教师教学技能大赛一等奖 1 项，全国高等体育职业教育教师技能大赛二等奖 2 项、三等奖 1 项，省职业教育教学能力比赛一、二等奖各 1 项，其他各类省级教学竞赛获奖 13 项；学院获批教育部社会科学基金项目 1 项，江苏省教育科学规划项目 3 项，江苏省高校哲学社会科学、徐州市社会科学研究项目等市厅级项目 20 余项；建有幼儿健康与科学运动虚拟仿真实验教学中心 1 个。三是强化校企育人，夯实产教融合。学院加强校企联动，深化产教融合，促进协同育人、产学共赢，确保毕业生高质量就业。学院在校内成立徐州幼专体育俱乐部，在校外与卓跃儿童、上海呈康体育发展有限公司等 40 多家单位建立校企合作关系，通过设置订单班培养模式，实施课程支持、技能培训、企业实习实训等，推进高水平、专业化、开放型产教融合平台建设，推动体育学院的高质量发展。四是注重创新创业，融入人才培养。学院重视学生创新能力培养，2020年和 2021 年连续两年荣获全国第十二届、第十三届"挑战杯"中国大学生创业计划竞赛铜奖，江苏省第十一届、第十二届"挑战杯"中国大学生创业计划竞赛金奖。2020 年荣获江苏省第十五届大学生职业生涯规划大赛一等奖。2023 年在第十八届"挑战杯"全国大学生课外学术科技作品竞赛江苏省选拔赛决赛中，入围"黑科技"专项赛决赛并获评行星级作品。

历历在目的奋斗缩影

事在人为，天道酬勤。体育学院发展的背后，关键有一支"特别能吃苦、特别能战斗、特别能奉献、特别能协作"的师资队伍。多年来，体育学院充分发挥党建引领作用，打造了一个凝心聚力的团队，形成"党员带头先行、教师同向同行"的协同育人机制。锲而不舍，金石可镂。体育学院不负众望，用高质量党建引领学院高质量发展，战胜一个又一个的困难，取得一个又一个的骄人的成绩。

我在担任学校体育教育部部长、体育系主任、体育学院院长期间，大力推进绩效方案改革，鼓励和引导教师们进行科研项目申报，研究成果反哺教学改革和专业建设。2015 年，我的课题"徐州大型体育场馆可持续发展研究"（项目编号：15XSZ-136）获批徐州市 2015 年度社会科学基金项目（一般资助），成为当时体育教育部获批的第一个课题，之后"3～6 岁儿童动商测评量表编制与理论模型构建研究"（批准号：17YJC890020）于 2017 年成功获批教育部人文社科研究青年项目，成为体育学院第一个也是我校第二个获批的教育部科研项目。在我的带领与积极推动下，体育学院的教师科研积极性显著提升，取得了丰硕成果。10 年来，学院获批校级各类课题 15 项、市厅级课题 28 项、省部级课题 5 项，出版专著 2 部。科研成果对体育学院的发展和人才培养起到了先导作用，学院把专业建设与课程改革引向深入，走在了全国同类院校专业建设的前列。2023 年蔡阜生、郁超然、郭盼盼、闻年富团队获得江苏省职业院校教学能力比赛一等奖，并代表教育与体育大类参加国赛遴选，创造了江苏省体育类专业课作品的最好成绩。教学能力比赛是职业院校含金量最高、难度最大的赛事，该赛项的获奖过程正是多年来体育学院全体教师为专业建设奋斗的缩影。在备赛过程中，每位团队成员都竭尽全力，联系行业企业调研行业前沿，寻求项目合作，联系兄弟院校协调数字资源，联系专家出谋划策。"熬夜加班的疲惫感，反复推倒重来的挫败感，家人的不理解带来的无力感，对身心都是沉重的打击。"蔡阜生老师回忆道。学院领导多次深入备赛现场指导并持续关注备赛进展,统筹备赛安排和服务保障,给了参赛团队极大的鼓舞。

10多年来,体育学院始终把立德树人作为教育的根本任务,凭借执着的追求、不懈的努力、坚实的步伐,谱写出属于自己的奋进篇章。展望未来,体育学院一定会再创辉煌。

国际教育学院:启航梦想 共创辉煌

花 萌

作为国际教育学院院长和国际交流与合作处处长,我有幸见证了学院和处室从无到有、从小到大的成长历程。在这个过程中,我深刻体会到了教育国际化的重要性以及它给学校带来的深远影响。

2019 年,国际教育学院(国际交流与合作处)在校党委的大力推动下正式成立,与外语系合署办公。在此之前,学校的国际交流与合作工作主要由党政办和人事处负责,两个处室统筹安排教师出国出境培训或参加国际会议、国际合作与交流等活动。国际教育学院的成立,标志着学校国际化战略的全面启动,学院肩负着加强与国际教育机构合作、引进优质教育资源、提升学校国际影响力的重要使命。

团队建设方面,建院初期,我们是一支仅有三个半人的队伍。之所以出现半个人的计算方法是源于当时的我还兼任外国语学院的院长。盛慧老师任副院长,牛丽娜老师任综合事务科工作人员,丁婉老师任教务秘书。然而,我们并没有因为人少就降低工作效能。在学院的精心组织下,我们积极加强学习借鉴,组织教研活动、参加学术研讨会、开展课题研究。我们鼓励教师参加培训和学习,更新教育观念、提升教学技能。我们注重营造互相尊重、互相学习、互相支持的工作氛围,让每位教师都能够充分发挥自己的潜能和才华。随着首批合作办学专业学生的入学,师资队伍也注入了新鲜血液。冯超老师作为专职辅导员的加入,使得师资队伍结构更加完整,能够为学生提供优质的教学和指导。

作者简介:花萌,男,江苏宜兴人,1988 年 11 月出生,中共党员,副教授。现任徐州幼儿师范高等专科学校国际教育学院院长、国际交流与合作处处长。

此外,学校有 4 位教师获得了美国南新罕布什尔大学的认证,成为具有国际化教学资质的专业教师。

人才培养方面,一方面,自 2019 年首次招收来华留学生以来,我们培养了来自 10 多个"一带一路"共建国家的 86 名语言生。留学生在线上线下学习期间,不仅掌握了专业的中文知识,还通过与中国师生和同龄人的交流,深入了解中国的文化、历史和社会。另一方面,我们注重开展中外合作办学项目,让我们的学生有机会"走出去"。2022 年 3 月,我校与美国南新罕布什尔大学在江苏省教育厅领导的牵线下,首次洽谈合作办学事宜。经过多轮商讨,学前教育合作办学项目于同年 4 月获江苏省教育厅批准并在教育部备案。2022 年 5 月,学校学前教育专业获批江苏省"十四五"高校国际化人才培养品牌专业。后经调研和协商,同年 11 月小学英语教育合作办学项目也获批准。两个项目均为"3＋0"模式,纳入国家统一招生计划,项目内学生结业后,将获得中方大专毕业证书及美方写实性学习证明。

交流合作方面,学校共签订及开展国(境)外合作协议项目 33 项,与美国、英国、俄罗斯、泰国、菲律宾等国(境)外高校实现了文化交流互访,合作开展了中长短期学术研修和国际科研合作,借此拓宽了学生出国(境)渠道,提升了教师的国际化业务水平及学校的国际影响力。值得一提的是,2022 年 10 月,学校与马来西亚思特雅大学共建的中马学前与艺术教育交流中心正式成立。这个交流中心为我们提供了一个重要的国际合作平台,让我们能够与马来西亚的教育机构开展更加深入的合作和交流。通过这个平台,我们不仅可以引进马来西亚的优质教育资源,还可以为两国的学生和教师提供更多的交流机会。

近年来,国际教育学院(国际交流与合作处)已形成两大特色发展思路:

一是以"大国交"促共融合,复合现代高校多元职能。

以彭城非遗融入本地一体化教育团队探索"国交＋文化传承创新"路径,线上开展中菲学生文化交流主题实践活动,2 名教师受聘海外高校博士生导师并参与科研活动,这些都彰显了"国交＋服务社会""国交＋科学研究"的有效融合。

二是以"微切口"促全育人,培养国际人才多元智能。

切口之一,以中外合作办学项目和留学生语言预科培养为抓手,通过"请进来""走出去"双轮驱动,实现"国交＋人才培养"的双向奔赴——注重引入优质国际教育资源并内化,以调整和优化人才培养体系,促进专业课程建设与发展,不断探索"全育人"的国际化办学模式。

切口之二,探索文化交流项目的展现形式。学院与菲律宾莱西姆大学合作举办线上中菲学生中国文化交流主题实践活动。活动以徐州博物馆探访、文化主题导介、手工艺术操作为主要模块,带领学生录制了《指尖上的中国——文化与艺术》《走进徐州博物馆》等全英文课程,两校百余名师生共同参与,产生良好社会影响,省市媒体相继报道活动情况。

切口之三,创新海外华文教育。作为江苏省华文教育基地,自2015年开始,学院协助徐州市委统战部举办海外华裔青少年"中国寻根之旅"夏令营(徐州营)活动,迄今已成功举办4年。2020年,举行海外华裔精英青少年线上中华文化体验营,面向全球100多所华文学校师生开设线上课程,相关视频点击量达5万余次;此外,面向欧美10多个国家的30余所华文学校开通了中华文化云课堂。

回首过去,感慨万千;展望未来,信心满怀。相信在全体师生的共同努力下,学院一定能够不断进步,为社会培养出更多的优秀人才。让我们一起携手,共创国际教育学院更加辉煌的未来。

人工智能学院:走好奋进第一步

王　震

　　人工智能学院于 2023 年 5 月筹建,到现在也就一年多一点的时间,她的筹建凝聚了学校领导的智慧。学校经过两年多的思考与调研,考虑学校信息网络的实际,结合学校高质量发展的需要,经过校领导班子的集体决策,成立了人工智能学院,并任命我为院长。接到任务后,我满怀激情,掂量着手里的资源,又有些惴惴不安,所幸至今都在很好地开展着工作,前景令人憧憬。

　　犹记得 20 多年前,学校电教化教学还只有录音机和投影仪的时候,电教组仅有 6 人,承担着全校的电教服务和教学工作。那时候,电教组的老师工作非常充实,整天忙得像织布梭子似的,不仅要做好录音机和投影仪的维修维护,还要给学生们上好信息技术课。他们以极大的热情投身到工作中,同时也没有忘记自己专业技术的深入学习,在徐州教育界都有些影响。曹鹏老师不久后就被徐州市电教馆调走了,现在已经在省电教馆任职。

　　信息技术的发展还是太快了,令人目不暇接。学校的信息化建设及人才培养不断提出新的要求,电教组已经有些力不从心。于是学校在 2013 年成立了信息网络中心,人员也增加到了 12 人,虽然有些捉襟见肘,但在大家齐心协力的努力下,很好地完成了学校下达的各项任务,也取得了一些让大家私下窃喜的小成绩:3 人获江苏省高等职业院

　　作者简介:王震,男,江苏徐州人,1974 年 3 月出生,中共党员,副研究员。现任徐州幼儿师范高等专科学校党委委员、统战部部长,兼机关党总支书记、信息与网络安全处处长、人工智能学院院长。

校信息化教学大赛二等奖,3人获中央电教馆全国教育教学信息化大奖赛二等奖;获批"省教育科学规划""省高校哲学社会科学""徐州市哲学社会科学"等各级各类课题25项,发表学术论文60余篇,获得横向资助经费35万元;"学前教育现代教育技术"课程被评为"十四五"江苏省职业教育首批在线精品课程;指导学生参加江苏省大学生计算机设计大赛,获得一等奖5项、三等奖4项;在"淮海职教杯"创新创业大赛中,学生更是荣获徐州市一等奖;与徐州市尚勤虚拟仿真与智能应用工程技术研究中心、江苏好用健康科技有限公司、雷奥生物科技有限公司、徐州智编信息科技有限公司以及徐州幼专附属幼儿园等企业机构开展合作,设有人工智能研究中心1个。这些成绩的背后,我深切地感到中心成员们对教育事业的无限热爱和不懈追求,更感受到他们对学生的无私关爱和殷切期望。

我于2022年10月融入这个团队。成立人工智能学院的时候,有教职工12人,其中正高级职称教师1人,副高级职称教师8人。在我们的教师队伍中,双师型教师占比超过了90%,具有硕士及以上学位的教师占总数的88%。他们的专业背景和教学经验,为学院的教育教学和科研工作奠定了坚实的基础。对于这些,我想这是我可以开展工作的底气。他们的热忱,是我无法懈怠的理由。

第一个任务是专业申报。面对"徐州幼儿师范高等专科学校"的校名,评审的领导专家对我们的"人工智能技术应用"专业申报材料大概是戴起有色眼镜看的,因为这是一个理工类院校申报的工科专业。据说2022年申报这个专业的时候,专家们就表示了这个想法,以支撑不够、底蕴不足的理由没有给予通过。可是如果没有专业支撑,人工智能学院的发展也就只是纸上谈兵,草草了事了。这需要我们鼓足勇气,去实现一个从0到1的迈进。老师们没有气馁,也没有怨天尤人,学校领导也多次鼓励打气,一如既往地支持帮助。大家坐下来重新梳理申报材料,搞清楚申报材料中的逻辑关系,在充分性和必要性方面下足了功夫,多次完善人才培养方案,咬紧牙关一定要走好第一步,打破从无到有的桎梏。机会总会眷顾有准备的人，2023年我们终于顺利通过了专业申报，为2024年的招生打下了基础。

成功申报了专业，大家欣欣鼓舞，这可是真的要甩开膀子加油干了。制定一个科学的人才培养方案是摆在面前的又一个任务。在自身和校内专家的多次研讨后，我们又邀请省内的专家进行了论证，经过针对性的修订，目前来看人才培养方案是非常可行的。为了实施这个人才培养方案，学校给予了非常大的支持，2024年拿出100多万元用于教学仪器设备的购置。

现在，身处人工智能学院的我们是幸福的，因为她牵动着学校发展的弦；我们是努力的，因为她需要我们走好第一步，才能走好千万步。我们已经走出了第一步，面对师资尚有短缺、实训条件正在起步、招生还不乐观的情况，奋进就在当下，因为这是在为学校高质量发展添砖加瓦，这是在为国家人工智能的发展贡献自己微薄的心力，更是我们这一代人工智能学院全体人员秉持初心、赓续教育情怀的使命。我相信，在全体师生的共同努力下，我们的学院一定会充满生机和活力，一定能够不断进步，为社会培养出更多的优秀人才，人工智能学院的未来也会更加辉煌。

马克思主义学院：
上好走"新"入"心"的思政课

刘　静

　　马克思主义学院（简称"马院"）的前身是 1984 年成立的政史地教研组，主要职责是实施政治、历史、地理 3 个学科的教学工作。当时教研组的教师主要由徐州市第八中学、第一职业中学的政史地 3 科教师组成。鉴于教师队伍年龄结构和学历结构亟须改善，学校从南京师范大学、徐州师范学院专门引进了部分本科学历青年教师，以老带新，共同承担 3 个学科的教学任务。其中 3 位正值青春年华，且学识丰厚、幽默风趣、教学风格各具特色的青年男教师成为承载校友们美好回忆的幼专"政史地三剑客"：他们是普通话徐州话随时切换、歇后语脱口而出的政治老师孙志敏，人脑如电脑、教学如数宝、外表木讷实则幽默风趣的地理老师杨兴亚，还有手执纸扇、口若悬河、开朗帅气的历史老师胡其伟。随着学校的不断发展、招生规模的逐步扩大，20 世纪 90 年代政史地教研组陆续引进了一批本科和研究生学历（硕士学位）教师，教师队伍逐渐蓬勃壮大。

　　2010 年始，学校实施院系机构调整。2010 年 8 月成立基础部，下设政治教研室，曹清老师任教研室主任。2011 年 4 月，学校成功升格，跨入发展新阶段，老师们也迈上了教师职业生涯的新台阶。身份转换的兴奋之余，思政课老师们开始思考和探索：高职思政课和中职政治课的根本区别是什么？如何实现角色转变？高校教师应该如何

作者简介：刘静，女，江苏徐州人，1984 年 6 月出生，中共党员，讲师，法学博士。现任徐州幼儿师范高等专科学校马克思主义学院副院长、党支部副书记。

上课？高校思政课应该怎么上？……一系列问题萦绕在每一位教师的心头。

要"走出去"开阔视野，也要"请进来"深入探讨。教研组多次组织老师们到兄弟高校学习借鉴，邀请专家到校专题指导，逐步推进思政课建设探索与实践。2014年5月学校再次进行机构调整，政治教研室从公共基础课教学部分离出来，单独设立思想政治理论课教学研究部（简称"思政部"），曹清老师任思政部副主任。

教师队伍是发挥高校思政课"铸魂育人"功能、提升思政课教学实效性的根本所在。思政部的独立设置对思政课教师队伍建设有着很大的促进作用。思政部积极推进"强师计划"，加大外引内培的力度，持续优化教师学历职称结构，先后引进2位教授，支持3位教师攻读博士学位，派出1位青年教师到本科院校访学；加大对骨干教师的培养，提升教师"教研相长"的意识与能力，支持教师开展科研项目研究，以科研项目为引领，不断探究和改革思政课铸魂育人的理论逻辑和实践逻辑，有效激发了马院老师进一步追求专业精进、持续学习提升的内在动力。在江苏高校"青蓝工程"培养对象选拔中先后有3位青年教师获批优秀青年骨干教师，2位教师获批中青年学术带头人。

集体备课和学习交流是思政部开展的日常教研活动，也是老师们不断强化理论学习、推进教学改革、深化课题研究的有效途径。思政部开展"提升思政课教学实效性"专题研讨会，让老师们在每一次活动中坦诚交流、研究反思、激发共鸣，不断探究高校思政课的特点，反思教学实践，优化教学设计；多次召开师生座谈会，了解学生对思政课的时代需求，持续开展"教学质量月"活动，积极推进课堂教学改革。在"思想道德修养与法律基础"课程教学中，采用情境式、探究式教学方法，开展"人生拍卖会""我为青春呐喊""如果我是当事人"等课堂教学实践活动；在"毛泽东思想和中国特色社会主义理论体系概论"课程的课堂教学中，引导学生代入历史角色，开展"历史洪流中的中国共产党为何如此选择"等专题研讨课堂活动。通过不懈努力与探索，案例教学、体验式教学、研究式教学等教学方法打破了大家对思政课的固有印象,很多人感叹"原来思政课还可以这样上"。我校思政课的感染力和亲和力不断提升。2017年,时任学前教育系主任刘祥海在巡课时随机询问学生最喜欢上什么课,学生回答"最喜欢上思政课"。答案出乎思政课老师的预料,更强化了他们努力实施教学改革、提高教学水平的信心和决心。

习近平总书记指出,思政课是落实立德树人根本任务的关键课程,对加强学校思政课建设作出一系列重要部署。时不我待,只争朝夕。校党委迅速行动,一方面召开思政课教师座谈会,传达有关精神,激励思政课教师以习近平总书记要求为引领做新时代"六有"好老师,同时开展调研,探究破解思政课建设存在短板的应对策略。另一方面快速落实政策要求,于2020年5月成立马克思主义学院,曹利群副校长和宣传部孙力部长先后兼任马院院长,我担任副院长,自此马院发展进入了新阶段。

马院建设和思政课建设面临着新要求新机遇。新时代如何讲好讲透思政课?当前思政课教学中存在的问题是什么,如何破解?如何做到让思政课真正入脑入心?信息化时代的挑战如何应对?一系列问题摆在了每一位思政课教师面前。破而后立,晓喻新生,必须打破原有的条条框框,坚定不移地推进教学改革与创新,才能不断提升思政课教育教学质量,发挥好关键课程的育人功能。

不谋全局者,不足谋一域。改革需要顶层设计和保障支持。马克思主义学院成立后,学校将学院建设纳入学校发展建设总体布局:校党委深入持续开展现场调研,听取思政课老师们对马克思主义学院建设的思考和要求;校领导班子成员高密度参加思想政治理论课集体备课、深入思政课课堂听课;学校先后出台了《深化思想政治理论课改革创新的实施意见》《深化新时代思想政治理论课改革创新实施办法》等文件,在资源配置、条件保障等方面给予马院大力支持。

学校的政策支持给马院老师们带来了更强的动力和干劲。但我们也清醒地认识到,每一项改革都是"脱胎换骨",需要"跋山涉水",克服重重困难。唯勇于担当者进,唯攻坚克难者强。面对新时代、新问题、新挑战,全体马院教师继承和发扬了"特别能吃苦、特别能战斗、特别能奉献、特别能协作"的徐州幼专"四特精神",开始了马院内涵式发展的探索之路。什么是内涵式发展?需要在哪些方面进行改革创新?改革的路径是什么?围绕这些关键问题,我们不断开展研讨和调研,邀请多名专家学者来校指导,组织骨干教师团队前往马克思主义学院示范点学习先进经验。在学习和交流中,我们逐步形成了统一认识,进一步明晰了新时代背景下马克思主义学院建设和改革的目标与思路。

实践是检验真理的唯一标准。面对百年未有之大变局,我们开启了思政课新一轮改革创新之路。改革必须坚持守正创新,必须讲好思政课,才能守好马克思主义理论教育教学的主阵地。在此认识基础上,我们首先改革课堂教学,将教学内容以专题形式进行精准设计研究,实现从教材体系向教学体系的有效转化;以"大班授课、小组讨论"为教学组织,采用"问题链—启发式""情境—陶冶"教学策略,开展理论引导、团队探究、独立研学,探索精准(高效)教学。在教学资源建设上,我们将"四史"(党史、新中国史、改革开放史、社会主义发展史)、社会热点、中华优秀传统文化等教育资源融入课程中:根据理论难点搜集社会热点案例,开展"问题链"教学,拓展生动现实性资源供给;运用"四史"资源设计教学案例,拓展深厚历史性资源供给;将中华优秀传统文化融入课堂,开发"思政＋学前教育(教育家精神)""思政＋艺术(传承文化)"等多个示范课堂,拓展丰富文化性资源供给。在资源库建设上,我们建设理论教学和实践教学资源库,实现了案例、教案、热点解析、习题试题、多媒体素材等资源的电子化和共享化。在教学路径上,我们构建了课内课外、校内校外、线上线下"三结合"全时空领域思政课教学路径;围绕教学专题设置活动主题,开展"社会主义核心价值观与大学生活""模拟法庭""民族魂讲堂"等课外思政第二课堂;重点联结"线上＋线下",推进混合式教学模式改革。在实践教学上,我们以学校平台为依托,构建"学生志愿服务体验"为社区课堂、"校企合作单位实践"为职业课堂、"爱国主义教育基地"为党史课堂的三课堂联动实践教学体系。与学校各部门联动,建立思政工作协同机制,主要参与"信仰公开课""铸魂讲堂""涵养师德 成就未来"等活动,被"学习强国"平台、《人民日报》《新华日报》等重要媒体报道。近年来,学院获得江苏省第十七届哲学社会科学优秀成果奖二等奖,获批立项教育部高校思政工作精品项目、江苏省社科基金项目、江苏省高校哲学社会科学研究重大项目,参与校党建课题项目发表的论文被人民网理论栏目全文转载;获得省高校微课教学比赛一等奖,以及江苏省教师教学大赛二、三等奖等一系列奖项。

办好思政课关键在教师。作为高校思政课教师是辛苦的,不仅仅是因为教材体系的不断变化、教学内容的不断更新,更因为讲好思政课不容易,让学生真正入脑入心入行更是难上加难。教学有路勤为径,教研无涯苦作舟。拼搏努力、学习提升、交流探索,马院的老师们一直没有停止前进的步伐。近年来马院共有 5 位老师取得博士学位,4 位老师晋升教授。工作在马院的团队中又是幸福的,因为老师们团结协作、自律利他、温暖敦厚。为了学生、学院和学校,他们不计较个人得失,自觉敬业奉献。2020—2022 年疫情防控期间,许多老师主动承担党员志愿服务工作,驻守校园,服务学生。2010 年起学校承担了内地西藏中职班培养任务,老师们满怀着爱与责任,承担了西藏班班主任和学生导师的工作,给西藏学子送去了物质上的帮助、学业上的帮扶、心理上的关怀,成为他们的"徐州妈妈"。2014 年以来,多名思政课教师获"优秀班主任""优秀导师""师德先进个人"等称号和省级辅导员工作优秀案例奖等多项荣誉。马院获评"彭城恩师"建设先进集体、市"教育系统先进基层党组织"、市"教育系统先进集体"等荣誉称号。

三寸粉笔,三尺讲台系国运;一颗丹心,一生秉烛铸民魂。沉甸甸的建设成果背后有一群可亲、可信、可敬,乐为、敢为、有为,有爱、善爱、互爱的思政人。从政史地教研组到马克思主义学院,我们一路走来栉风沐雨,薪火相传,坚守了初心不改,迎来了春华秋实。老师们以坚定信念、进取精神、担当意识、改革韧劲和育人情怀，诠释着思政课教师的责任与荣光。站在新的历史起点回望过去，叙就学院令人骄傲的过往，也将开启我们生生不息的未来。

守望格桑花儿的十五年

陈　繁

2010年,我校积极响应党中央"教育援藏"的战略决策,开始承担内地西藏中职班(简称"西藏班")学生的教育培养任务,成为全国首批开设学前教育专业西藏中职班的内地高校。迄今为止,我校已经连续15年累计为西藏自治区培养了900余名学前教育专业人才,也成为培养内地西藏中职班学生时间最长、规模最大的一所高职院校。作为一名长期从事学生工作的管理人员,我有幸参与了14届西藏班学生的教育培养工作,见证了900余名西藏学子的成长历程。

全校喜迎"格桑花儿"

为了认真履行党和国家赋予我们的政治任务和光荣使命,教育和培养好内地西藏中职班学生,学校领导高度重视,时任校长张祥华亲自筹划部署各项工作。在我的工作日志中,清晰地记录着一些重要的日子和事件。

2010年8月28日上午,学校召开了迎接首届内地西藏中职班筹备会议,校领导班子以及各处室、各系部主要负责人参加此次会议。会上,张校长部署了迎接首届内地西藏中职班的工作任务和具体安排。8月31日下午,学校又进行了西藏中职班教育教学管理暨班主任工作校本培训。张校长莅临会场,强调务必做好西藏班的教育教学、服务与管理、学习与生活等各项工作,要求全体人员本着高度负责的精神,精心

作者简介:陈繁,女,重庆云阳人,1979年12月出生,中共党员,副教授。现任徐州幼儿师范高等专科学校学生工作处处长。

安排西藏学子的衣食住行,确保他们能够在学校感受到家的温暖。在全校上下的精心筹备下,9 月 6 日,我们终于迎来了首届西藏中职班的 79 名学生。"凡事预则立,不预则废"。从拉萨方向开往徐州的列车一般是 6 点左右到,考虑第一次接站,担心列车会提前到站,凌晨 4:45 左右,我们一行人就在老火车站的贵宾室内开始等候了。接站的队伍非常强大,市教育局副巡视员张建勋到现场全程指导接站工作,张祥华校长亲自带队,时任副校长马玲、李克军,学工处处长曹利群,还有党政办、保卫处、团委、电教组、医务室等部门的同志和西藏班班主任、学生志愿者均参与了接站工作。当时,我作为学前教育系副书记,也有幸见证了这一难忘的历史时刻。

那天,天下着蒙蒙细雨,5:55 分左右,列车缓缓靠站。首批西藏中职班 79 位同学在第一任西藏班管理老师次仁多布杰(简称"次多老师")的带领下走下列车。学生志愿者们拉起欢迎横幅,张校长代表学校为次多老师献上鲜花,各部门领导和老师们协作联动,迅速组织好到站的同学们。志愿者们为学生贴好行李标签,认真清点学生人数,站台上秩序井然。人数清点完毕后,同学们在班主任丰娴静、毛敏老师的带领下通过绿色通道到达停车场,乘坐大巴车前往学校。说到绿色通道,这里要特别感谢徐州火车站给予的大力支持。西藏班办学 15 年来,每一年从返藏购票到送站、接站、迎新,徐州火车站均为西藏班的学生提供专门窗口、贵宾厅、绿色通道等专项服务,为我校西藏班的送站、接站工作提供了极大的便利。

西藏班的同学们乘坐大巴车到达学校后,考虑到同学们旅途劳累和醉氧反应等因素,学工处会同后勤处、学前教育系等单位,为同学们提供了无微不至的呵护和服务。后勤处为西藏班师生准备了可口的营养早餐;宿舍老师带着学生志愿者打扫干净学生宿舍,被褥也晾晒好并提前铺好,开水壶里的水也已经打好。学生到校后,用完早餐可以直接入住宿舍休息。休息期间,班主任和校医全天候值班巡查。学生一旦出现身体上的不适,校医第一时间到现场看护。学校将这些细致入微的暖心举措一直延续至今,15年如一日精心守护着这些来自雪域高原的孩子们。

精心培育"格桑花儿"

西藏班学生入校后,学校加强顶层设计,进行了多项教育教学改革的探索和尝试。在教学方面,学校专门制定了西藏班人才培养方案,组织骨干教师进行西藏班校本教材编写,并制定配套的课后复习方案;在人才培养方面,学校逐步确立了"一般+特殊"的培养目标,形成了思想政治素质和专业素质能力两翼并重的培养思路;在教育管理方面,学校基于"全员、全程、全方位"育人理念,构建了"党委—处室(学工、教务、统战、宣传)—院系—教师(辅导员、班主任、导师、任课教师)"四级纵向工作体系,形成由统战部、宣传部、二级党组织、学团、教务处及各院系参与的多方协同横向服务体系。

为了让西藏班学生尽快适应内地的学习生活,学校自2010年起开始实施了"全员导师制"和"伙伴制"的探索实践。围绕导师和伙伴的选拔、双方见面、活动安排等工作,学生工作处与学前教育系从制度、举措等方面进行了精心设计。学生从入校至毕业,导师从思想、学业、心理健康、职业规划等各方面对学生进行全方位指导,汉族小伙伴们也利用课余时间帮助藏族同学练习普通话,陪伴他们进行文化知识和专业技能的学习。我校在西藏班导师制、伙伴制活动中积累了丰富的实践经验。2012年,导师制开始面向全校同学实施,目前已经成为我校思政教育工作的一项特色品牌。2019年,《中国教育报》分别以《西藏班学前教育专业师范生在排练藏族特色舞蹈》《央纽:导师与伙伴陪伴我成长》为题,报道了我校内地西藏生培养的典型事迹。2022年,校党委副书记曹利群主持撰写的案例《铸牢中华民族共同体意识 培养西藏幼教人才——西藏中职班德育模式的"徐州样本"》《两代师表共育 师生双向赋能——立体化浸润式"全员导师制"的探索与实践》先后荣获全国西藏班新疆班创新案例、全国高校思想政治工作优秀案例征集活动一等奖。

在西藏班学生的培养工作中,老师们也在不断摸索中成长。大家主动了解西藏民族文化,了解他们的风俗习惯和性格特征。西藏班孩子们身上有很多优点,他们热情、懂礼貌。校园里,见到老师他们会大声地主动问好;走过身边时,他们又会主动说"老师再见!""来有迎声,走有送声"的礼仪在他们身上充分体现出来。他们淳朴、善良、热情好客。记得有一年冬天的夜晚,我因值班在一个宿舍和同学们同住。晚上,她们为我铺好床,担心我冷,还拿出自己的小毛毯给我铺在床单上,一边铺,一边告诉我,这东西铺在床上可暖和了。和同学们共住的那一晚令我记忆犹新,很感动,很温暖。

这温暖蔓延到每一个崭新的日子。藏族学生来到学校后,每年的农历新年和藏历新年都是在学校度过的。为了让他们在新春佳节之时能够感受到第二故乡的温暖,学校每年都为他们做了非常细致、充分的准备。每年的这两个节日,校领导以及学工处、后勤处、院系负责人和老师们都会来到同学们中间,和同学们一起吃团圆饭,为同学们送上礼包和红包。印象特别深刻的是学生在学校度过的第一个藏历新年。按照西藏的习俗,在藏历的腊月二十九晚上,要吃"古突"以示除旧迎新。我们第一次听说"古突"这种食物,所有的管理人员包括食堂的师傅对这种食物都非常陌生。我们试图从管理老师次多那里找到答案,但是次多老师并不擅长厨艺,对于"古突"的做法和食材也不能给出准确的答案。于是我们又找来了同学们,让他们说说"古突"到底是啥样的。同学们你一句我一句地为我们提供线索,面粉、羊肉、羊毛、纸条、木炭、硬币……由于他们的汉语水平非常有限,在和同学们的交流中,我们依然无法找到答案。面粉、羊肉、纸条、木炭……这些看似完全不相干的材料,如何才能做成同学们口中的"古突"呢?这着实让我们陷入了谜团。最终,结合老师和同学们的叙述,通过网上查找资料,我们终于梳理出来了"古突"的做法。原来"古突"就是面团,西藏那边叫突巴团,用羊肉汤煮熟后,面团和汤一起食用。同学们说的纸条、木炭、硬币等这些材料是要揉进部分面团中的,含有不同材料的面团代表不同的寓意。在大家的共同努力下,西藏班同学终于在藏历腊月二十九日晚上吃上了心心念念的"古突"。

众心守望"格桑花开"

西藏班的孩子们来到内地求学,因受环境、文化、语言等诸多因素的影响,遇到了很多的困难和挑战,老师、汉族小伙伴和同学们始终站在他们身边,给予无微不至的关心和帮助。西藏班的孩子们在大家的帮助下不断突破自我,实现了一次又一次成长的蜕变。小拉(化名)来自偏远的牧区,她的文化基础非常薄弱,不会汉语拼音,不识字,听不懂汉语,无法与汉族老师和同学进行正常交流,更不要提听课学习了。小拉入校后,丝毫没有因为自己的文化基础差而自卑、气馁,在老师、汉族小伙伴及同学们的帮助和鼓励下,她抓住一切时间和机会学习汉语。她把拼音卡片贴在课桌上、宿舍床铺的墙壁上,无时无刻不在练习语音、识字。一段时间后,小拉在高强度、高密度的练习下,逐渐能够认识一些常用的汉字,也能听懂一些简单的汉语了。小拉特别注重专业技能的练习,文化知识薄弱的她清楚地认识到,一定要苦练专业技能,用专业技能去弥补自己文化知识的短板。通过3年不懈努力,在师生们的帮助下,小拉的汉语水平突飞猛进,专业技能日渐精进,最终她顺利拿到了毕业证书。学生尕松德喜从小患眼疾,她的母亲是第一批享受国家教育援藏政策到内地学习的师范专业学生。德喜入校后,学校安排了导师全方位帮扶她。她在老师的鼓励下克服疾病的困扰,刻苦学习,积极投身社会实践,努力用一己之力为学校和家乡发展作贡献。2021年,德喜积极响应共青团中央"传承红色基因,践行初心使命"的号召,带领团队广泛走访内地西藏班师范毕业生,挖掘、宣传他们投身教育事业的感人事迹,向同龄人、向广大在校生宣讲国家教育援藏的好政策和在藏区奉献青春、甘愿清贫的教师们。德喜负责的项目获得了国家级三等奖和省级一等奖的骄人成绩。

当然，在西藏班学生的培养过程中我们也遇到了很多挑战，如学生因不适应内地环境出现皮肤、肺部感染等症状，学生因心理问题出现危机事件等。每次事件发生时，校领导亲自指挥，各部门、学院以及西藏班的班主任、管理老师相互配合、团结协作。众人拾柴火焰高，遇到问题大家不怕事、勇担事、敢干事，在一次次危机处理中积累经验、提升水平，在一次次化解问题中促进学生成长成才。

　　15 年的培养工作中，学校积累了丰富的教育管理经验，在机制建设、教育管理、人才培养方面取得了丰硕成果。学校先后获得徐州市民族团结进步教育基地和徐州市民族团结进步模范集体荣誉称号，并作为唯一高校代表在全市民族团结大会上做交流发言。历届西藏学生在学校教育培养和师生们的关爱下成长发展，取得了可喜可贺的成绩。他们先后获得了"挑战杯"国赛三等奖、省赛一等奖；获"中国大学生自强之星""江苏省大学生年度人物""江苏省最美职校生"等称号，近半数的学生升入了高职或本科院校继续深造。还有很多优秀的学生学成返藏后扎根基层，成为西藏地区幼儿园骨干老师。这些来自雪域高原的雏鹰在母校的培育下成长成才，带着母校的期望和嘱托躬耕教坛、潜心育人，为西藏地区学前教育的发展贡献了自己的青春力量。

我与学校高质量发展同向而行

栾文娣

自 2007 年参加工作以来,我从专任教师到教研室主任、学前与特殊教育学院副院长、教务处副处长、质量管理与评估处处长,经历了多个工作岗位的历练。我参与了学前教育专业建设项目申报、人才培养方案制定、教学评估及专业认证、教学成果奖申报材料撰写、国家教学标准研制等多项工作。在这一过程中,我亲历着学校的发展,个人也在不断成长进步。

职业从这里起步

与徐州幼师结缘,始于读研期间的一次校招。当时江苏不少学校到南师大招聘教师,徐州幼师张祥华校长亲自带队到学校宣传,她笑容可掬、和蔼可亲,热情地回应我们的关切,给我留下了深刻的印象。我研究生毕业时,首选幼师投了简历,很幸运被学校录取了,从此开启了我的职业生涯。

徐州幼师当时有多处办学点,我被分配到了原九中校区的教政史地教研组。作为新入职的教师,得到了组内老教师的热情帮助和指导。在工作的前两年,我被推荐参加市评优课大赛、省高师教育理论协作组示范课等教学活动。这些活动虽然对于工作经验不足的我是大挑战,但也是机遇,让我的职业生涯能在充满挑战的实践中起步。我在幼师教政史地组陆兰、唐雪梅等老师的帮助下快速成长,取得了优异成绩,

---

作者简介:栾文娣,女,江苏扬州人,1980 年 8 月出生,中共党员,副教授。现任徐州幼儿师范高等专科学校质量管理与评估处处长。

展现了学校的教学实力与水平。

共研共建促专业提升

2011年,学校正式升格为专科学校,内涵发展的重点是专业建设。学前教育专业是学校的龙头专业,正处于黄金发展时期。学校领导抢抓机遇,扶持优势、突出强势,加快推进学前教育专业发展。学前教育系年轻教师占比大,干劲足,乐奉献,对专业建设都有极强的责任感。我作为参与者之一,见证了专业发展爬坡过坎的过程。

学校升格后,申报的第一个大项目是中央财政支持的"高等职业学校提升专业服务产业发展能力项目重点建设专业"。刚进入高专平台,大家缺乏专业申报经验,校领导、系主任带着申报组研究大量职教文件,学习其他学校的建设经验,加班加点反复修改申报材料,最终项目成功获批,为后期专业发展奠定了良好基础。也正是参与了申报过程,让大家初步熟悉了职业教育政策,在学校转型之时实现个人的转型发展。

2012年,学校全面启动人才培养方案修订工作。在《关于大力推进教师教育课程改革的意见》《幼儿园教师专业标准(试行)》《中小学和幼儿园教师资格考试标准(试行)》等文件颁布的宏观背景下,我校学前教育专业本着"减少理论课时,增加实践教学课时;减少必修课时,增加选修课时;调整课堂教学课时,增加课外自主学习课时"的指导思想,整合和重构了原有的课程体系。课程学时学分的调整,虽然遇到了一定的阻力,但是经过多次的沟通、交流,各院系达成了一致意见,即以重视学生的保教能力培养为核心设置课程。在这一版人才培养方案中,根据不同学生的特长、兴趣以及社会需求,创新性开设了7个选修模块,每个模块包括6门课程;同时,加大了见习实习比例。人才培养方案得到了省内外专家的认可,其中丁海东教授评价:"你们的方案,反映了国家对专业人才培养的要求,非常规范。拓展类的课程,让学生根据自己的兴趣和个人能力优势来选择,很有特色!"

2014年,学校"卓越男幼儿园教师培养模式改革与实践"以总分第四名的成绩被列入教育部卓越教师培养计划改革项目,为全国20个幼儿园卓越教师培养计划改革项目之一,这是专业建设的大突破、内涵建设的里程碑。我当时所在的申报小组主要负责写建设方案的相关内容,通过知网查阅大量国内外文献,访问高校网站了解专业动态。在此基础上,我们确立标杆院校,学习先进经验,深入研究"三位一体协同培养""'走园'实践教学模式""学习共同体"等理念和经验,打开了专业建设的新思路。项目的立项建设,为卓越男幼儿园教师培养,以及后来学校人才培养模式改革、实践教学模式改革、课堂教学改革等明晰了路径。

2014年年底,学前与特殊教育学院成立。2015年,江苏省开启高校品牌专业建设工程一期项目建设工作,这是高等教育领域启动的又一重点工程。有了前期项目申报经验,大家快速进入状态,按照"顶天立地,特色发展,分类建设,示范引领"的原则,加班加点梳理4年来专业发展成效,撰写专业建设方案。印象深刻的是答辩材料的准备,因为准备时间较紧,接到通知后,我和刘曲回家拿了个人物品就直接封闭到宾馆不分昼夜写汇报材料,那几天基本断绝了和外界的联系。答辩组李克军副校长、学特院刘祥海书记、徐州幼师幼教集团徐剑媚园长和智库组老师一起反复模拟答辩过程。成功垂青有准备且有实力的人。最终我校学前教育专业成功获批品牌专业A类立项,全省只有南京师范大学和我校学前教育专业获此立项。

2015年的4月19—22日,以苏州经贸职业技术学院党委书记陆建洪教授为组长的专家组一行9人对学校进行人才培养工作现场评估。学前教育专业、特殊教育专业需要进行专业建设剖析,"特殊儿童早期干预""学前儿童发展心理学"等5门课程被抽中说课,"幼儿教师口语""儿童文学""0~3岁婴幼儿心理发展"等6门课程被随堂听课。学特院作为人才培养评估的核心单位,压力大责任重。学院领导班子组建迎评组,发动学院所有教职员工共同参与,整理73盒材料,完成5个专业"人才培养方案"论证、55门课程标准制定,开展5轮专业剖析、4轮全员说课、2轮深度访谈的抽测等重要准备工作。我主要负责学前教育专业剖析,和小组成员一起搜集整理专业发展情况,撰写汇报稿、制作 PPT、整理专业剖析支撑材料等。现场评估时,专家组成员听取了学前教育专业剖析和相关课程说课、课堂教学后,对我院学前教育专业给出了"特色鲜明、成果显著"的高度评价。

2017 年,教育部启动第二轮高等职业学校专业教学标准研制工作,我校牵头研制学前教育专业标准,这是对我校专业办学的高度认可。接到此项工作后,学校组建研究团队:蔡飞校长带着大家学习政策文件,制订具体工作计划和调研方案,做好调研筹备工作;李飞教授负责前期的统筹安排;王清风院长带着学院团队负责调研报告、教学标准的撰写。我们调研了 721 个用人单位、22 个院校、5 272 名毕业生、2 822 名家长,召开研讨会 24 次,参研人员 402 人次,形成了 5 个分报告和 1 个总报告。2019 年形成教学标准初稿,2022 年提交终稿,整个标准研制持续了 5 年之久。从刚开始标准起草撰写到后来的标准完善,我全程参与了研制过程,感受到了同事们严谨求实的工作作风和齐心协力做工作的精神。标准的研制大大提升了学校的美誉度和知名度,国内多所学校慕名前来交流人才培养经验。

学校提出"凡有项目必争,凡有奖项必得"的要求,大家鼓足干劲做专业,专业建设成果频出,呈现"马太效应"。学前教育专业在全省乃至全国处于领先地位,享有"全国幼专看徐州"的盛誉。

踔厉奋发促学校高质量发展

2019 年年底,我轮岗到了教务处。无论是省级各类大赛的统筹组织、教学成果奖的深度参与、教学改革项目的谋划和落实等,我都学习在先,行动在后,为学校的高质量发展贡献了绵薄之力。

2021 年,江苏省启动了教学成果奖申报和中国特色高水平高职学校申报两大项工作。王宁处长带着教务处同仁,协调各二级学院全力参与。两个项目对学校发展意义重大,校外专家讲座指导、校内论证磨稿,从大方向的确定到文字的细致分析、反复推敲,大家不放过任何一个细节。申报中国特色高水平高职学校的材料上交后,申报江苏省教学成果奖的材料紧接着要上报,工作到晚上 10 点后离开办公室是常态,周六保证不休息,周日休息不保证。功夫不负有心人,作为唯一一所师范类专科学校,徐州幼专顺利立项江苏省中国特色高水平高职学校建设单位,教学成果奖获得了 3 个省级二等奖。

2023 年,学校成立了质量管理与评估处,负责双高校建设的统筹组织和教学质量管理。在工作过程中,我更加深入地了解了学校高质量发展的成就。学校在硬件和软件上同步发力,高水平教师队伍建设和专业建设取得显著成果,教师的工作环境和学生的生活配套设施持续改善,师生的幸福感大幅提升。

在全面建设社会主义现代化国家新征程中,职业教育前途广阔、大有可为。在学校高质量发展的快车道中,我们将继续以"功成不必在我"的精神境界,"功成必定有我"的历史担当,脚踏实地,知重负重勇向前!

精品课程诞生记

刘 军

儿童的世界是五彩斑斓的，像我们小时候看过的万花筒；儿童的世界是稚嫩的，像四月将开的花蕊；儿童的世界是澄澈的，像青海湖蓝蓝的水；儿童的世界也是神秘的，像你从未踏入的圣地美景。

看着幼儿明亮的黑葡萄似的眼睛，你会想重新回到美好的童年，你会想捉迷藏，会想丢手绢，你会想到海尔兄弟、黑猫警长、葫芦娃，你会想到《木偶奇遇记》中的匹诺曹、《海的女儿》中的人鱼公主、《白雪公主》中的七个小矮人……儿童的世界是充满幻想充满童真的世界，儿童是以好奇、探寻的眼光去看世界的，那是新奇的充满着魅力的世界。

中国著名的幼儿教育家陈鹤琴先生曾说过："教育应该顺应儿童的身心发展规律，注重个性差异。"儿童身心的健康发展是学前教育追求的目标。能写出一本有关学前儿童心理学方面的好教材是我以及我们学前教育专业所有教师的夙愿。孟子曰："故天将降大任于是人也，必先苦其心志，劳其筋骨，饿其体肤，空乏其身，行拂乱其所为"。为了实现这个目标我们课程组全体教师锲而不舍，勇往直前。精品教材的诞生过程艰辛曲折，功夫不负有心人，成果是可喜可贺的。

那是 2018 年年底的一天，瑞雪纷飞，喜报传来。前任校长蔡飞在幼专微信群发信息："2018 年国家精品在线开放课程"已公示，我校刘军教授负责的"学前儿童心理学"获得立项，这是我校在该领域的历史性突破，也是我校教学改革中的标志性成果。听闻这一消息，我眼含热

作者简介：刘军，女，河南许昌人，1965 年 6 月出生，中共党员，教授，徐州幼儿师范高等专科学校学前与特殊教育学院教师。

泪,思绪纷飞。我们课程组的全体教师激动万分,击掌欢呼,奔走相告。这份激动不仅仅是大家感叹于我们长期的努力没有白费,对自己的全力以赴有了交代,更是因为我们没有辜负领导的期望和同事们的支持,为我校争得了荣誉,为教学改革的成果增添了新的注脚。

回想这几年的奋斗历程,感慨万千,有辛苦、有迷茫、有泪水、有汗水,但更多的是信念、责任、团结、鼓励、支持、互助、奉献……全体课程组成员心往一处想,劲往一处使,那艰苦奋战的一幕幕让我们难以忘怀。2017年8月,暑假还没有结束,我们就接到学校教务处通知我们积极申报江苏省在线开放课程的任务。时间紧任务重,又是第一次接触在线开放课程,可以说大家都是摸着石头过河。常言道:万事开头难! 课程建设的每个环节都举步维艰! 我们边学习边操练,从研磨教学设计到撰写脚本,从拍摄教学视频到制作课件,课程组全体老师经常加班加点到深夜却毫无怨言。终于,有志者事竟成,百二秦关终属楚。在我校报送省教育厅的7门课程中,"学前儿童心理学"成功立项。

在申报立项期间我们课程组的所有成员充分体现了徐幼人特别能吃苦、特别能战斗、特别能奉献、特别能协作的"四特"精神。拿下这一项目后,我们没有停下脚步,而是继续完善和建设该课程,并于2018年成功立项国家精品在线开放课程,成为全国高职院校同类课程中唯一获批立项的课程。

"学如逆水行舟,不进则退。"这句话时刻激励着我们课程组的所有教师。终身学习的理念已经深深融入教师的血液之中,持续学习新理念新知识新技术,已经成为我们日常工作的一种常态。不懂就问,不会就学,出现新的操作软件、新的技术,我们就学习练习直至熟练掌握。老师们乐此不疲,饮水如甘澧。

"学前儿童心理学"立项为国家精品在线开放课程后,我们课程组依托课程建设,开始了"三教"(教学、教法、教材)改革的大胆实践。首先是学习资源建设。根据职业教育要求,我们重构课程体系,初步形成了视频、案例集、试题库、拓展学习包、国家教师资格证考试与测评系统等课程资源,编写并出版《学前儿童发展心理学》教材及配套练习册。该教材经过二版的修订,于 2018 年获江苏省高等学校重点教材立项,2022 年成为"十四五"国家规划教材,2023 年被省教育厅推荐参加全国职业教育优质教材的评选。其次是教学方法改革。为了提高学生实践能力,达到能学会用的教学效果,该课程在中国大学 MOOC(慕课)上线后,我们同步开展校内 SPOC(小规模限制性在线课程)建设,探索线上线下混合式教学模式。2019 年,课程获校级混合式教学立项,为学生提供个性化学习服务;同时,我们注重课程思政理念的贯通,浸入课程思政元素,涵养学生"三观三爱"的教育情怀,该课程于 2022 年成功立项为江苏省职业教育课程思政示范课程。

时光一晃到了 2022 年 8 月,我们又接到将该课程继续申报为"十四五"职业教育国家精品在线开放课程的复核任务。本次的复核要求与以往不同,所有的申报材料和申报环节与新申报项目完全一样,且对建设不合格的课程予以撤项。团队老师的心理压力空前,压力不仅来源于复核工作的复杂与艰辛,更重要的是担心如果复核没有通过,会丢掉学校已经获批的国家精品在线课程。于是,新一轮的奋战就此展开:申报书字斟句酌,宣传片一帧帧修改,支撑材料细致把关……正所谓世上无难事,只要肯登攀!2022 年年底,好消息再次传来,教育部官方网站公示评选结果,"学前儿童心理学"通过审核,成为"十四五"职业教育国家精品在线开放课程。

伴随着课程建设的步伐,课程组教师也迅速地成长起来,身心都得到了一番历练。"不是一番寒彻骨,怎得梅花扑鼻香。"年轻教师青涩的脸庞也变得成熟了,轻快的脚步也变得踏实稳健了,昂首挺胸,走路带风,脸上洋溢着自信自豪的笑容。看着年轻老师意气风发的精神状态,我欣慰地笑了,我总想着长江后浪推前浪,青出于蓝而胜于蓝,我给自己的职业生涯交出了一份完美圆满的答案。我的心是安宁平静的,也是激情澎湃的,更是自豪骄傲的。我与年轻一代的教师血脉相连,我们一起奋斗过,一起走过艰苦的创作创新创造的长征路。无论何时何地,我总会骄傲地回答,我是徐州幼专学前与特殊教育学院的一分子。细细数来,课程组教师有的由讲师晋升为副教授,有的成为首批国家职业教育教学创新团队的核心成员,有的成为思政教学名师,有的参与撰写教育部高等职业学校学前教育专业教学标准,有的撰写案例入选教育部国培十年优秀典型工作案例,更有多名教师指导学生参加各类大赛取得优异成绩等等,整个课程组成员都取得了很大进步和显著成绩。

夏风送爽,荷叶飘香。我坐在窗前,温暖的灯光斜照在一本崭新的《学前儿童心理学》封面上。我抚摸着带着墨香的光滑的页面,心情久久不能平静。时光的银梭挑染了我的鬓发,点亮了我的眼眸,也击中了我一颗热爱教育事业的炽热的心。现在"学前儿童心理学"课程日臻成熟,成为我校优质课程,并且已经在中国大学 MOOC(慕课)爱课程平台顺利运行了 14 个学期,累计在线学习人员已超过 10 万人次。我们深知,课程建设是提高教学质量的关键。"路漫漫其修远兮,吾将上下而求索",课程改革的探索是无止境的,我们课程组将再接再厉,在探索学前教育事业高质量发展的路上,做个坚守初心、砥砺奋进的徐幼人。

一本好的教材是学生学习路上不可缺少的好帮手,是一个好的助推器。有了好的教材,教师能尽快了解儿童的心理,更容易走进儿童的纯真世界,了解儿童丰富多彩的内心情感;能成功地引领儿童健康成长,给儿童稚嫩的心灵插上梦想的翅膀,让他们扶摇直上九万里,直冲云霄,任逍遥。儿童的心灵有多大,舞台就有多深远。让我们成为给儿童的心灵插上翅膀的精神导师,助祖国的未来生力军长成参天大树!值徐州幼专 40 年华诞之际,衷心祝愿学校蓬勃发展、前途辉煌;祝愿祖国的未来光明灿烂!

音乐党课:在艺术熏陶中铸魂育人

孙玉柱

在最美的芳菲四月,传来了音乐舞蹈学院第一党支部(简称"第一党支部")成功入选"全国党建工作样板支部"培育创建单位的喜讯。当时,听闻这个消息的我不禁眼眶湿润,脑海中立刻浮现出一个个辛勤耕耘的身影、一帧帧奋斗拼搏的画面,因为,成绩的取得浸润着第一党支部全体党员的汗水,凝聚着音乐舞蹈学院全体教师的智慧,饱含着校党委的关怀,更承载着幼专人的厚望。

原来党课可以这样上

2019 年,我被选举为音乐舞蹈学院第一党支部书记。我深知,高校基层党支部联结着一线教师和学生,是服务师生、促进事业发展的战斗堡垒,必须发挥好作用。恰逢校党委向各学院党总支提出发挥党建育人、组织育人的功能,创新党建工作方式,形成党建育人工作品牌的要求,我们党支部班子成员在研讨实践中不断凝聚共识,创新工作思路,决定以党史学习教育为契机创新开展音乐党课,结合声乐专业的特点用音乐的形式传唱党的光辉历程,讴歌党的丰功伟绩。于是,"唱支山歌给党听"主题系列音乐党课在徐州幼专蓬勃开展,并在社区企业、行政机关传播开来。

当时恰逢全校上下正在开展党史学习教育,而中国共产党的百年光辉历程均可以在不同时期的音乐作品中得到集中体现。于是我和第

作者简介:孙玉柱,男,河南商丘人,1966 年 3 月出生,中共党员,教授,徐州幼儿师范高等专科学校音乐舞蹈学院教师。

一党支部的党员老师们一起精心挑选了各个时期最经典的音乐作品，紧扣党的历史进程和伟大成就，亲自讲解，现场演唱，集讲述与弹唱于一体，用歌声再现党的百年伟业，为音舞学院师生上了第一堂"唱支山歌给党听"主题音乐党课，得到了师生的欢迎和肯定。老师们兴奋地说："原来党课还可以这样上！"

2021年6月，徐州市委党史学习教育第十一督导组莅临我校督导党史学习教育工作，在学校党委的推荐下，他们现场观看了我们的音乐党课。我们精心挑选了歌曲《洪湖水浪打浪》《我的祖国》《不忘初心》等不同时代的红色经典歌曲，党员老师的倾情演唱和支部书记的深情讲解感动了在场的所有同志。最后结束时，市委督导组成员和大家一起高唱《没有共产党就没有新中国》，音乐党课在阵阵热烈的掌声中圆满结束。市委督导组领导激动地说："这是我听过的最好的党课之一。"

成为新生入学第一课

音乐党课主题鲜明，内涵丰富，讲唱有特色，形式灵活多样。主讲教授、老师声情并茂的演唱和讲解，给听众讲好讲透音乐背后的感人故事，寓教于乐，并给人一种美的艺术享受。学院党总支认为，以音乐的形式讲党课是一种创新，应该大力推广并宣传，确定音乐党课作为每年新生入学第一课，让新入校学生在音乐的熏陶中上好大学阶段的第一堂思政课。

2021年9月，音乐舞蹈学院第一党支部为全院入学新生开设的开学第一课开讲了。一首首经典红歌拉开了音乐党课的帷幕。第一党支部乃至学院的老师和学生站在音乐厅的舞台上，或唱、或讲、或舞、或奏，老师们的深情讲解和精彩演唱深深地打动了广大新生。从观众席上学生们的表情可以看出，这一堂思政课上得走心用情、入脑入心。党课结束时，全校师生共同高歌《我的祖国》，广大师生沉浸在这美好而温暖的氛围中久久不愿离去。

音舞学院新生入学第一课在全校引起广泛影响。于是各学院纷纷邀请音乐舞蹈学院第一党支部的党员老师走进各个学院开展音乐党课宣讲活动,该活动深受广大师生的喜爱。比如在为学特院的师生讲授音乐党课的时候,党员老师邀请学特院的教授现场演唱《唱支山歌给党听》,优美的歌声伴随着那感人的故事引起了在场师生的强烈共鸣。师生们聆听着一首又一首优美的旋律,领会着一个又一个感人动人的音乐故事,反响非常热烈。

别开生面的音乐党课得到了上级部门的高度重视和支持,得到了社会各界的一致好评,被"学习强国"平台、《新华日报》等媒体广泛报道和宣传,创立了我校党建工作的新品牌,为学校的党建工作进行了新的探索和尝试。第一党支部被评为首批江苏省党建工作样板支部培育建设单位,"唱支山歌给党听"音乐党课作为我校开学第一课荣获江苏省主题党日优胜奖。我很荣幸地被授予"江苏省优秀党务工作者"称号。

音乐党课创新持续

第一党支部的音乐党课经过了多年的实践和发展,已经成为我校的党建工作品牌之一,是集体智慧的结晶。党的二十大的胜利召开对高校党建工作提出了更高的要求,指明了新的方向。学校党委对第一党支部提出了创建全国标杆党支部的目标要求。第一党支部在学院党总支的带领下开展党建活动创新实践活动,结合学校高质量发展工作的需要,与时俱进地推动音乐党课创新开展,并始终坚持把"思政元素"融入教育教学全过程,培养学生的爱党爱国精神;在教学过程中注重歌曲的选择,以红色经典作品作为学生学习的必备曲目,用红色音乐讲述中国故事,弘扬中国共产党人的伟大精神。同时,第一党支部创新内容和形式,更新音乐党课教学手段。音乐党课在以声乐曲目为主要形式的基础上增加了器乐演奏和歌舞艺术形式,丰富了音乐党课的内涵挖掘和艺术表达,构建了"再唱山歌给党听"系列音乐党课。

为了达到更好的教育效果,第一党支部的全体党员同志共同参与,分工协作,相互配合,从曲目的选择和编排到歌曲的主题及演唱都有非常详尽的安排和分工。第一党支部的党员老师根据专业课程的教学特点和曲目,结合音乐党课的实际需要精心编排了几套不同的音乐党课,有主题教育的音乐党课,有党史教育的音乐党课,有廉洁奉公的音乐党课。在"再唱山歌给党听"音乐党课系列讲座中有单项讲座,如"把一切献给党""不忘初心""聆听红色经典,筑牢理想信念"等根据不同的听众和不同的单位,在教学内容、教学手段等各个方面均有专门的设计方案。

记得校党委举办年轻干部培训班期间,要求我们第一党支部以"忠诚担当,廉洁奉公"为主题为我校纪检干部和新提拔的年轻干部上音乐党课。音乐党课从歌曲《三大纪律八项注意》开始讲起,重点介绍了长征时期红军在极其艰苦的环境中如何发扬"一不怕苦,二不怕死"的革命精神,如何战胜恶劣的环境和国民党的围追堵截,胜利抵达陕北,迎来了中国革命新的高潮的故事。第一党支部的主讲老师深情演唱了《过雪山草地》。当唱到"风雨侵衣骨更硬,野菜充饥志越坚,官兵一致同甘苦,革命理想高于天"的时候,全场青年干部掌声雷动。音乐党课深受广大青年干部和党员的喜爱。我作为主讲教师,获得了学校纪委颁发的廉洁文化月宣传活动特殊贡献奖。

音乐党课走出校园

牢记使命在心,第一党支部音乐党课逐步形成了主题鲜明、内容丰富、形式创新、艺术精湛的系列专题党课。之后,学院党总支决定进一步扩大辐射影响,让音乐党课走向街道和社区,把党的光辉历程和党的方针政策宣传下去,开展了音乐党课进社区、进厂矿、进政府机关等活动。

2023年9月,第一党支部在学院党总支的带领下深入企业开展音乐党课讲座。讲座在学生唢呐演奏《东方红》乐曲声中徐徐拉开,钢琴弹奏和唢呐吹奏震撼了整个现场,广大党员听得热血沸腾,激情澎湃。音乐党课在一首首红色经典歌曲中呈现出强烈的时代特征。此外,编排的舞蹈、合唱等多种艺术形式,从不同角度表现了党走过的艰难曲折的征程、取得的彪炳千秋的成就。现场党员干部和全体音乐党课讲授老师共同高唱《没有共产党就没有新中国》,台上台下党旗飘扬,台上台下都沉浸在澎湃激昂、歌唱祖国的热烈氛围中。"再唱山歌给党听"系列音乐党课坚持赓续红色经典,传播红色文化,加强课程思政与专业教学的深度融合,更加适应新时代的发展潮流。

第一党支部以"把一切献给党"为主题,为商丘市睢阳区古城街道社区干部和群众举办了音乐党课,深刻地讲述了党中央领导全国各族人民团结奋斗,在社会主义建设中取得的辉煌成就。音乐党课的影响与日俱增,我本人受邀为商丘市政府办公室讲音乐党课,受到了广大干部群众的热烈欢迎,被《商丘日报》、商丘广播电视台等新闻媒体专题报道。音乐党课已经成为我校党建创新工作的一张亮丽名片。

第一党支部的音乐党课从初露萌芽到日渐成熟,凝聚着广大党员的心血和汗水,更得到了学校各个部门的大力扶持和帮助。校党委在主题教育中让第一党支部为全校党员干部上音乐党课,为我们提供了广阔的舞台。党委组织部精心组织,对音乐党课的曲目进行调整完善,支持我们以器乐、声乐、舞蹈以及学院自创作品等多种形式为载体,为全校党员师生开展音乐党课讲座。更要感谢的是全院师生员工们,正是有了他们的团结协作、勠力同心,才会有人间最美四月天的捷报传来!

荣誉和自豪属于徐州幼专,属于每一位光荣的徐幼人!

咬定青山,培养卓越幼儿园教师

刘 曲

2014 年 12 月,学校申报的"卓越男幼儿园教师培养模式改革与实践"项目获教育部卓越教师培养计划改革项目(简称"卓培"项目)立项,成为全国 20 个卓越幼儿园教师培养改革项目之一。我校是入选该项目的全国 4 所专科学校之一,也是江苏省唯一入选的专科学校。2015年,在学校领导班子的直接指导和参与下,学前教育专业全面启动了卓越男幼儿园教师培养计划改革项目,并与随后立项的江苏省品牌专业建设项目任务有机整合,多措并举,开展了一系列扎实深入的人才培养模式改革。

一是知行合一,构建立体化师德养成体系。开设"幼教名师成长""幼教名师教育教学思想""学前教育改革与发展"三大系列讲座,立项以来共开设 90 余场讲座;开展"我身边的师德故事"演讲比赛、经典教育电影赏析、教育名著诵读及撰写读书笔记等系列活动,组织指导学生编写《师德箴言录》并编辑成册,持续组织西部支教;深入"课程思政"探索,寓师德教育于课程教学、系列活动与实践教学之中;实施全员导师制,全体校领导班子成员、优秀中层干部和教师担任男幼师生导师,从品德、专业学习和生活等方面全方位引导学生。二是凸显特色,完善卓越男幼儿园教师课程体系。一方面强化"平台+模块"课程体系,促进学生全面发展;另一方面增设特色课程,满足男生个性发展。根据男生热爱运动、动手能力强的特点,开设轮滑、跆拳道、武术操和足球等特色

作者简介:刘曲,女,黑龙江海林人,1984 年 1 月出生,中共党员,副教授。现任徐州幼儿师范高等专科学校学前与特殊教育学院副院长。

选修课程。三是实践取向,创新实践教学体系。实施"三岗三化"实践教学模式,实施学生每周半日入园制度,增设男幼师生特色实践教学项目,开展西部实习支教计划,立项以来100余名男幼师生分别赴贵州、青海开展支教活动5次,培养了男幼师生吃苦、合作、奉献的精神;拓展境内外研学活动,组织男幼师生赴我国上海和台湾等地,以及韩国的幼儿园开展研学活动,开阔其专业视野。

作为项目的亲历者,从申报书的撰写,到日常工作的推进,再到中期考核以及最后的迎检,我都深度参与其中。在"卓培"项目建设过程中,我深深感受到了幼师人身上那股"特别能吃苦、特别能战斗、特别能奉献、特别能协作"的精神。我也为自己是徐幼人感到自豪和骄傲。

依然清晰地记得项目申报时,在时任教务处处长李桂萍和学前教育系主任刘祥海的带领下,我们撰写小组不眠不休连续加班一个月,交出一份完美申报书的艰苦;记得当时的张祥华校长,带着稿子几次到教育部去请教我们学校男幼儿园教师培养特色的执着;记得项目拿下来那一刻,大家欢呼着"徐幼的春天来了"的雀跃。

本以为项目拿下来后大家会松一口气,没想到真正的考验才刚刚开始。卓越教师培养计划改革项目是一个为期10年的人才培养模式改革工程,教育部和省教育厅都高度重视,省教育厅要求立项单位每年都要提交年终总结和第二年的年度计划,年底组织集中现场汇报来展示一年的建设成果。为了顺利完成项目建设任务,学校专门成立了"卓培"项目工作组,由学特院的院长作为组长,分管项目建设的副院长作为副组长,"卓培"班的班主任及学院的几位骨干教师作为核心成员。10年来,工作组尽心尽力地完成着各项任务:召开每年一次的"三位一体"协同培养卓越男幼儿园教师工作布置会;邀请高校和幼儿园知名专家、优秀毕业生等为"卓培"项目学生开设讲座;多次带领学生去西部幼儿园支教实习,赴发达地区研学和进行专业实践等。每一次活动的背后都意味着大量的筹备工作,都凝结着工作组老师的心血。项目建设期间,蔡飞校长、孙卫芳校长、王宁副校长、王清风院长等领导,先后多次代表项目组在全省做汇报,受到省教育厅的高度认可。10年来,无论是校领导还是工作组教师,都对该项目投入了极大的精力和热情,确保"卓培"项目顺利推进。

10年耕耘,成果丰硕。我校以"卓培"项目为主体的人才培养改革实践荣获教学成果奖国家级奖1项、省级奖3项。卓越男幼师生获职业院校技能大赛全国二等奖1项、省一等奖1项,省教学基本功大赛二等奖2项、三等奖1项。卓越男生团队获"挑战杯"大赛国奖2项、省奖4项。卓越男生刘厂发明的玩具"儿童仿真挖掘机"获国家专利。卓越男生团支部获徐州市"十佳活力"团支部,2位男生获徐州市"励志奉献少年"荣誉称号。"卓培"项目教学团队成员获批教育部课程思政示范课程1门,国家级"十四五"精品在线开放课程2门,省级职业教育课程思政示范课程2门,省级精品在线开放课程5门,"十四五"国家规划教材6部,国家级课题3项。《中国教育报》、中国教育电视台等30余家媒体对"卓培"项目教育教学成果进行报道。

在卓越男幼师生培养基础上,学校也乘势而上,又将其典型做法推广到全体幼师生的培养上,形成了全校层面"咬定青山,培养卓越幼儿园教师"的教育信念。为期10年建设的教育部卓越教师培养计划改革项目,成为学前教育专业乃至整个学校人才培养质量提升的最强有力推手,也成为徐州幼专人才培养一张亮丽的"名片"。

潜心筑梦:技能大赛二三事

宋琛琛

2024 年 1 月 29 日打开微信时,一则喜讯映入眼帘,是吴雅琪,"老师,我来报喜了,我上岸啦!""多亏了你们,比赛让我更加进步和有底气!"原来是 2022 年全国职业院校技能大赛(高职组)"学前教育专业教育技能"赛项获奖选手考上编制了。作为老师,骄傲和自豪感油然而生。过去的点滴、昔日的辉煌,再次清晰地浮现在眼前……是的,吴雅琪口中的"你们",正是一群"特别能吃苦、特别能战斗、特别能奉献、特别能协作"的辅导老师,这里有学生经常挂在嘴边的"王妈妈"(王清风院长)、"刘妈妈"(刘军教授)等。学生们的亲切称呼,饱含的正是大家拼搏在一起日日夜夜累积的深情。

这个能吃苦能奉献的辅导教师团队,是从学前与特殊教育学院、音乐舞蹈学院、美术与设计学院专任教师中遴选优秀骨干教师,精选幼儿园一线骨干教师组建而成的。团队成员跨园所、跨学院、跨专业,他们年龄上完美组合,性格上互相弥补,课堂上风格各异,教研中各有所长。乐于探索、勇于实践的辅导教师们,兼收并蓄、取长补短,用智慧与激情谱写了一曲曲华美的乐章,用勤奋和汗水镌刻成一幅幅难忘的画面。

清晰记得备赛初期,大家深入研读讨论赛项规程,每位教师会第一时间拿出辅导计划与内容。安排辅导课务时,大家从不推诿,听到最多的话语是"我哪个时间段上课都可以""还有什么需要我改进的""我不累,跟学生一起训练,我很有获得感""这个团队太有凝聚力了!"……最

作者简介:宋琛琛,女,江苏徐州人,1985 年 3 月出生,中共党员,副教授。现任徐州幼儿师范高等专科学校教务处副处长。

难忘的是 2022 年,江苏省师范生基本功大赛、全国学前教育专业职业技能大赛及省级大赛选拔,面对时间紧、任务重的现实状况,辅导教师克服天气炎热、疫情影响等困难,精心安排课程内容并进行个性化辅导。一拉就响已经成为大家的工作习惯,企业微信群内不管课时再多,不管上课多晚,最多的回复,就是"好的""没问题"。两个月的备赛期,辅导教师团队通过线上会议仔细研读赛项规程,通力协作;依据比赛内容及评分标准,精磨赛题内容;根据选手的备赛情况,通过线上指导、线下陪伴等形式,有针对性地开展分阶段系统训练。选手们更是每天 16个小时高强度训练,勤学苦练、永不言弃,一套又一套线上职业素养测评模拟测试,一遍又一遍片段教学模拟和说课展示,一幅又一幅命题画作品训练,一个又一个课件制作,一份又一份保教活动分析……全体辅导教师从未缺席,每周五下午通过线上线下相结合的方式,组织诊断性模考与指导。教师从儿童观、教育观方面帮助学生树立专业理念;从幼儿教师职业素养测评、幼儿园保教活动分析、命题画、片段教学、幼儿园教育活动设计等赛项指导中,助力学生夯实专业基础,提升专业技能;从语言表达、时间把控、应变能力等方面,全面提升学生的专业素养。

还记得进行模拟授课和说课专项打磨时,在洞山校区 10 平方米左右的微格教室里,王清风院长、刘军教授、罗秋英教授、李秀敏副院长和我,带领参赛选手反复练习,每天一练就是四五个小时,从学生的上场下场、语言表达到手势动作都进行精细的指导。其间因为说课逻辑的不通畅,说课稿修改了 8 稿,学生一遍又一遍地说,内容一遍又一遍地改,这里承载了学生太多的泪水与汗水,更承载着老师们无数次的思想交锋与智慧碰撞。并肩作战的日子里,大家没有叫过苦,更没有说过累,用"只争朝夕、舍我其谁"的精神,用"舍小家、为大家"的行动,诠释着幼师人的锐意进取、无私奉献的精神。

除了对选手进行专业训练外,对选手个性化特点的把握尤为重要,这是李秀敏副院长的拿手活。选手黎秋玥爱哭并且自信不足,张靖晗备赛后心理波动大，吴玥容易激动语速快，听完李秀敏副院长娓娓道来，学生们笑逐颜开。还有，各位辅导老师无微不至地全方位关怀学生：刘军教授及时安抚学生，罗秋英教授为学生打气鼓劲，王雨楠为学生带来零食，梁珊为学生购买止咳良药，李秀敏带学生跑了 3 个商场挑选备赛服装……每一年，每一位老师，都用自己的方式支持着学生的成长发展，而选手们也用自己的感恩之心、良好成绩、持续发展回报着老师和学校。我校师范生大赛选手专业基础扎实、专业技能突出，多位学生考取本科院校、考取编制。2011 级万金正在攻读博士学位，杨恩典、邓莉莎、赵婧、王立群、黎秋玥等同学均已获得硕士学位。2010 级王诗柔硕士毕业后回母校任教，与她的老师们一起，在技能大赛的第一线并肩战斗。

　　全国职业院校技能大赛是推进"岗课赛证融通"综合育人，以赛促教、以赛促学、以赛促练、以赛促改，积极发挥对教学引领示范作用的重要赛事。学前教育专业教育技能赛项对接幼儿园教师典型工作任务与职业岗位的需求，全面考查学生的师德素养、专业知识、职业素养、综合育人能力。我校曾多次代表江苏省出战国赛。选手们以沉着的心态、稳健的状态，认真答题，现场表现落落大方，应对自如，展现了扎实的理论功底和娴熟的专业技能，先后获得国赛一等奖、二等奖共 3 项，省赛一等奖、二等奖共 5 项。

　　优异成绩的背后，是年长教师们的示范与引领，是青年教师们的进取与拼搏，更是幼师人的责任和担当。历数珍贵美好的过往，怀揣教书育人的梦想，这一群幼师人定会携手并肩，一往无前，乘风破浪，再创辉煌！

勠力同心迎"挑战"

蒋 越

回首过去,我校的"挑战杯"之路充满了智慧与勇气的光芒。每一次参赛,都是对团队智慧与能力的考验;每一项荣誉,都是对团队勇气与毅力的认可。在这条"挑战"之路上,我们唯有不断探索、挑战创新,方能奋楫扬帆、破浪笃行!

2016年4月8日的上午,阳光照在洞山校区综合楼408团委办公室的桌前。与以往不同的是,桌上多了一份邮寄到徐州幼专的档案袋,这是一份来自团省委的文件——《关于做好2016年"挑战杯——彩虹人生"江苏省职业学校创新创效创业大赛作品申报的通知》。团委孟晓慧书记仔细阅读着文件内容,她知道,这份文件将开启我校"挑战杯"迎战之路。

这一年,我校团委"挑战杯"备赛工作正式启动。我校团委组织开展学校第一届"挑战杯——彩虹人生"校级选拔赛,在全校范围内遴选优秀项目,包括"汉文化创意纪念品开发与应用""创新型幼儿木质玩教具的制作与开发"等8个项目进入"创青春"和"彩虹人生"大赛校级初选名单。经过层层选拔,我们推报了由刘军、李飞和肖楠楠3位老师指导的项目"徐州市男幼儿教师创课现状调查研究"参加江苏省决赛。2017年5月,学校发布《关于成立"挑战杯"全国竞赛江苏省选拔决赛徐州幼专筹备工作领导小组的通知》,在校党委的指导下,成立决赛筹备工作领导小组,其中组长为曹利群,副组长为孟晓慧、曾思其,成员有王清风、王冠、刘军、李飞、肖楠楠、戴笑笑,并下设组织组、PPT及视频

作者简介:蒋越,男,江苏徐州人,1993年12月出生,中共党员,讲师。现任徐州幼儿师范高等专科学校团委副书记。

组、材料组 3 个工作组,全方位做好"挑战杯"备赛工作。组织组负责决赛答辩学生的选拔,统筹"挑战杯"全国竞赛江苏省决赛各项具体工作,负责校内外专家的联系工作;PPT 及视频组负责视频与 PPT 的设计与制作;材料组主要负责完善与打磨作品申报书、调研报告,以及学生答辩自述材料的撰写、修改。

这期间,时任副校长曹利群多次对参赛工作进行部署指导,并全程参与比赛训练,指导参赛工作,为参赛代表加油鼓劲。二级学院大力支持,指导老师倾力指导,学生积极参与,刻苦钻研,团结奋进,共同投身到"挑战杯"竞赛之中。校团委以实现"挑战杯"新突破为目标,多次组织召开工作推进会,抓实重点项目培育,邀请专家专题指导,着力提升参赛作品质量。

历经数月打磨,在第十五届中南谷江苏省大学生课外学术科技作品竞赛暨"挑战杯"全国竞赛江苏省选拔赛中,"徐州市男幼儿教师创课现状调查研究"荣获特等奖。我校首次参与"挑战杯"相关赛事,就荣获了省级竞赛的最高奖项,令我们激动不已,信心倍增。这一优异成绩的取得,离不开校党政的高度重视、各部门各院系的通力协作,凝聚了参赛师生的智慧与汗水。通过大赛,学校的专业建设得到了有效促进,学生的综合素养得到了有效提升,真正实现了以赛促学、以赛促教、学赛结合。

2017 年 11 月,我校发布《徐州幼儿师范高等专科学校"挑战杯""创青春""彩虹人生"竞赛参赛管理办法(试行)》,成立了由校长任组长、分管学生工作的校领导任副组长,组织人事处、教务处、科研处、学生工作处、财务处、团委等部门的负责人为成员的参赛工作领导小组,负责参赛作品遴选、参赛学生选拔、参赛指导教师和学生奖励、参赛经费和基础工作经费落实、参赛队伍外出比赛等工作的组织、宣传、管理和决策。由我校在大学生科技创新领域具有较高水平的专家,在科研和指导学生竞赛方面富有经验的教授、博士和骨干教师,以及学工处、团委负责人组成参赛工作指导委员会,负责我校竞赛项目的指导、评定与选送;建立、健全大学生科技创新协会(以下简称"大学生科协")职能。大学生科协作为全校性的学生科技创新组织,负责以赛事为核心组织科普活动,筹办校级赛事,参与大赛训练,营造全校科技创新创业的浓郁氛围。大学生科协每年换届一次,按照校级学生组织的管理方式进行成员选拔和主席团竞聘,设立专项经费予以资助,并建立竞赛项目培育机制。

一直以来,学校党委、行政高度重视以"挑战杯""创青春"等高水平竞赛为平台的科创育人工作,在顶层设计和统筹规划等方面给予大力引导和支持。崔成前书记、蔡飞校长、曹利群副书记、刘芳铭副校长多次听取备赛工作汇报,指导备赛工作。校团委、各学院及相关部门密切合作、整合资源,构建了以科创竞赛为抓手的产学协同育人体系,为竞赛最终成绩的取得奠定基础。在"挑战杯"主赛道上,2018年在"挑战杯——彩虹人生"全国职业学校创新创效创业大赛上,我校项目首次入选国赛,"木育童心——幼儿园木工课程体系创建"项目获特等奖,"共享书香:亲子悦读行为养成的优化实施"项目获二等奖;2023年,在第十三届"挑战杯"中国大学生创业计划竞赛上,我校"'家+'互助社区托育中心"项目获国赛银奖,实现我校"挑战杯"竞赛新突破。在"挑战杯"其他赛道上,2021年,我校"教育援藏显成效 学子反哺建家乡"项目在第十七届"挑战杯"全国大学生课外学术科技作品竞赛红色专项活动中,首次获红色专项活动三等奖;2023年11月,在第十八届"挑战杯"全国大学生课外学术科技作品竞赛"黑科技"展示活动江苏省选拔赛上,我校"基于深度学习的脊柱侧弯筛查识别系统"项目获行星级奖项,实现在"黑科技"专项赛中的新突破。

自2017年以来,我校"挑战杯"竞赛累计获得国家级荣誉4项,省级荣誉28项,连续3次获江苏省优秀组织奖、2年蝉联省级"优胜杯",荣誉的背后凝聚着徐幼人的坚守与担当。未来,我校将继续推进培养创新型人才战略,不断完善创新型人才培养模式和激励机制,引导和鼓励徐州幼专学子培养科学精神和科学态度,积极学习科学知识和科学方法,踊跃投身创新驱动发展战略,为促进科技自立自强、加快建设科技强国贡献青春力量。

"悦"读越想读："坚果故事屋"社团成长记

肖 阳

"坚果故事屋，一起来玩书，从小爱阅读，长大不糊涂。你扮大坚果，我演小松鼠，花样百变出，越读越想读。"每次听到同学们用这首儿歌开场"坚果故事屋"的公益阅读活动时，我的脑海中就不禁涌现出"坚果故事屋"绘本阅读与指导青年志愿者服务社团萌芽、发展、成长、壮大的一幕幕感人画面。

绘本阅读 坚果萌芽

著名幼儿教育家陈鹤琴先生曾说过："教育需要不断创新，以适应时代的发展和社会的需求。""要鼓励教师积极探索新的教育方法和手段，提高教育质量。"寓教于乐，让学生在快乐中学习、在游戏中成长，让学生热爱学习、热爱生活，让学生的身心得到全面的发展、健康的发展，是我一直以来的教育理想。

2015年，我接手了2013级五年制学前教育15班的班主任工作，同时教授这个班的儿童文学课程。开学初我了解班级情况时，团支书李鑫、班长蒋苏港说，因为我们班班主任换得频繁，同学们心散，另外与同年级其他班相比，也没有班级特色，所以同学们集体荣誉感不强，没有努力的方向，活动积极性不高。作为班主任，我想着该用什么方法调动同学们的积极性与凝聚力。我结合儿童文学的学科特点和同学们的专长，9月份成立了"坚果故事屋"绘本阅读与指导青年志愿者服务社，

作者简介：肖阳，女，江苏徐州人，1982年4月出生，中共党员，副教授，徐州幼儿师范高等专科学校学前与特殊教育学院教师。

希望通过社会公益活动,激发学生们学习的积极性,帮助学生们找到前进的动力。我精心为社团取名为"坚果故事屋",旨在通过志愿者们的故事领读公益活动,让幼儿与志愿者们如坚果果仁般芳香又充满智慧,如果壳般有果敢坚强的意志。

"坚果故事屋"起初只是一个以班级为单位的小社团,每周的任务,就是每天按照计划由 5 位同学到我的办公室练习讲故事。经过两周的指导和训练,学生们讲故事的热情高涨,水平也提升很多。我就发动班级干部,联系校外机构或单位,进行绘本讲述公益活动。同学们很快联系到了博库书城,并约定好每周六下午 2 点去给书城看书的小朋友们讲故事。

同学们第一次走出学校真正地参与到社会服务工作中,是兴奋和紧张的。为了调动同学们参与此项活动的积极性,能更加自信地讲故事,我在班级中组织同学进行讲故事比赛竞争上岗,优秀的同学才能外派到书城给小朋友们讲故事。直接面对幼儿和家长开展志愿服务,对同学们来说既是挑战,也是激励。活动结束后同学们更加积极探讨、设计活动方案和活动策略,希望能获得最佳的公益阅读指导效果。

剧目表演　坚果成长

陈鹤琴先生曾说过:"教育理论应当与实践相结合,不断总结经验教训,提高教育效果。"2015 年 11 月,我结合儿童文学课程教学内容,提出了一个新的设想——为书城小朋友们表演绘本剧,从而把课堂教学延展到课外活动,把课堂表演搬到志愿服务场所,实现从校园内走到校园外、从书本走向实际生活的跨越,做到教学理论和教学实践相结合,真正践行陶行知先生所提倡的"教学做合一"。这个想法得到了同学们的赞同,同学们开始紧锣密鼓地策划与排练。每天一到课余时间,我的办公室里就挤满了学生。正常的工作时间已经不能满足排练的需要,舍小家为学生,我投入了大量精力。每个周末我都会带着年幼的孩子来学校指导同学们排练,为同学们购买卡通演出服,指导同学们做道具，增加同学们参加志愿服务的自信心、积极性和成就感。

室外白雪飘飘，室内温暖如春。2015 年 12 月 12 日，绘本剧演出拉开帷幕，一天两场。与以往不同，第一场演出并不是在博库书城。我想扩大一下演出的范围和影响，就为同学们联系了儿童医院，演出地点最后就定在了市儿童医院旁的万福街儿童乐园，来看演出的更多的是儿童医院里住院的孩子们。当天下午，我们又在博库书城演出了第二场。这次公益演出让同学们感受到了社会公益活动的力量与意义。就这样，绘本剧演出成为"坚果故事屋"众多活动的亮点之一，受书城邀请，每两周一次，每次都有新剧目。书城还专门为"坚果故事屋"制作了展板用来宣传。

花样百变　坚果壮大

"坚果故事屋"的名气越来越大，愿意听故事、想看绘本剧的幼儿及家庭也越来越多，正像我们开场儿歌念的一样，来看"坚果故事屋"，绘本"越读越想读"。

"坚果故事屋"的演出活动需求量变大，面临新的问题和新的挑战，我们对公益活动安排必须做出优化和调整：第一，社团规模扩大，公益演出人员增加。社团原来以我们本班同学为主，后来逐渐发展成全校同学甚至是全市有同样志向的人士自愿参与的志愿者服务社团。第二，管理规范化。为使公益演出更加有条理，社团内部分层管理，成立秘书处、宣传部、表演部、后勤部等，做到计划适宜、任务明确、责任到人。同时作为指导老师，我投入更多的教学之余的时间来处理公益活动的相关工作。我不仅要在专业活动内容上把关，还要处理学生处理不了的人事、外部宣传、长远规划等各种问题。第三，演出时间范围和形式花样百变。"坚果故事屋"成立之初志愿者们坚持每周固定时间、固定地点开展公益活动，后来随着规模的扩大，不仅活动地点由书城扩大到医院、幼儿园、社区、福利院等场所，活动形式也由绘本故事领读发展到坚果剧场、小小坚果故事会、坚果家长课堂、坚果训练营等多种形式。为了社团的专业化发展,我邀请李媛、孙菲老师加入社团活动指导,让更多的人走进推动幼儿阅读的公益服务中。

除了市内的阅读推广活动外,我组织县区的社团成员,利用暑期进行"关注留守儿童,推动全民阅读"的社会实践;利用"卓培"项目、苏北支教等活动带领学生走进青海、贵州等帮扶共建幼儿园开展故事讲述、绘本剧展演等活动,为更多的孩子带去书香的浸润。事实证明,"坚果故事屋"公益活动不仅使同学们的实践能力得到了提升,而且让儿童文学的种子在更多的小朋友心中开花结果,浸润心灵。

亮丽名片　坚果成熟

由于"坚果故事屋"社团活动突出,影响深远,意义重大,《彭城晚报》对社团做过多期专访,同时社团活动被《中国劳动保障报》《中国社会保障》等国家级媒体多次报道,社团获评江苏省青年公益项目大赛三等奖、徐州市十佳社团,成为学校公益活动的亮丽名片。

2018年,我与李媛等老师带领社团成员李鑫等同学以"坚果故事屋"推动全民阅读的成果,指导学生做创业项目,获得"创青春"江苏省大学生创业大赛金奖的好成绩。这是当时学校在省级"小挑"大赛上获得的第一个金奖,也是最高奖项。我们作为高职高专院校和本科高校同台竞技获得如此成绩实属不易。同年,我与李媛老师又指导李鑫团队以"宝贝悦读计划"的创业计划,获得"挑战杯——彩虹人生"全国职业学校创新创效创业大赛二等奖。

回顾数年的努力,我们从一个稚嫩的青年志愿者服务社团成长为一个活动与服务全面升级的绘本阅读引领先锋团体:绘本阅读指导小老师从15人增加到百余人;活动每周至少1次,共计举办600余场次;受惠受影响的幼儿与家长从最初的20余人,到现在的近8万人,足迹遍布学校、幼儿园、书店、医院、乡镇、社区等场所,数万家庭因此而获益。著名儿童文学作家梅子涵先生在《我们都是点灯人》一文里这样说:"童年在童话的故事里,长大之后才会按童话故事的理想和秩序来设计来建设,世界是这样美丽起来的,中国也非得这样走去。"

　　坚如果壳,香如花蕊。勇于担当,不忘初心。当年"坚果故事屋"培养的志愿者,不仅在幼教岗位上游刃有余,而且有些同学比如杨传威(山羊哥哥)、李鑫(小鑫哥哥)等已经成为荔枝、喜马拉雅等绘本阅读平台的著名主播,他们利用业余时间上传绘本音频故事数千条,点击量破亿,影响更多的幼儿和家庭。点亮幼儿心中的明灯、让幼儿喜欢阅读是我们的初心,推动了全民阅读是我们作为幼师人的自豪。我们将继续做好做实我们的事业,让"坚果故事屋"公益活动真正做到"花样百变出,越读越想读",让"坚果故事屋"发出的光和热点亮儿童稚嫩的心灵,点亮美好的世界。

第三章

教学相长：

共谱师生之歌

不一样的徐州幼师

孙 力

与徐州幼师的缘分似乎天定。35 年前,在一众初中老师让大家填报离家较近的运河师范的时候,我不走寻常路填报了徐州幼师。其实,当时 16 岁的我从未到过徐州,最远只到过当地的县城,是谁在冥冥之中指引?幼师 3 年,南师 4 年,继而毕业回到母校工作,倏忽间,岁月的年轮已过 50。偶然回首,默然沉思,幼师 3 年是我一生中难忘的 3 年、闪亮的 3 年,这 3 年营养了我的一生。而后在母校工作的这 28 年,幼师独有的精神浸润着我,幼师美丽的校园滋养着我,幼师盈盈的笑脸愉悦着我。幼师与我,我与幼师,早已无法割舍。

如今,母校办学已 40 载。40 年间,她培养的莘莘学子早已如蒲公英般扎根在各地的城市与乡村,他们在各自的工作岗位上正无私地奉献着光和热。幼师的毕业生早些年在就业市场中是非常受欢迎的,有些毕业生甚至直接到小学、中学任教了。经常听到用人单位反馈:"幼师培养出的学生自信、能干、责任心强,就是不一样。"我常想,正是不一样的徐州幼师才培养出了不一样的学生。幼师究竟是怎样在每一个学子身上打上"不一样"的烙印的?

校园师表文化的浸润

至今仍清晰地记得奎河边老校区一进大门见到的船帆形状的文化

作者简介:孙力,女,江苏睢宁人,1973 年 1 月出生,中共党员,教授,江苏省徐州幼儿师范学校 1992 届毕业生。现任徐州幼儿师范高等专科学校党委委员、宣传部部长。

墙上镶嵌的"为人师表,率先垂范"8个鎏金大字。我想这肯定是许多幼师学子脑中挥之不去的记忆。于我,这8个字早已融入血脉。类似的文化标语在老校区校园中随处可见,如"师范无小事,事事是教育;教师无小节,处处做楷模""明日教师,今日做起""两代师表,一起塑造"等等,校园师表文化早已成为幼师校园的特色。一届届幼师学子就是浸润在这样的氛围中得到了灵魂的滋养和思想的提升,从而坚定了将来做一名优秀教师的志愿。如今,幼师校园虽历经多次迁建,但校园师表文化始终一脉相承,生生不息。这是幼师独有的特色,更是幼师的根与魂。

幼师的领导、老师是我一生中遇到的最好的人生楷模。一个当初怯生生的农村丫头能成长为一名优秀的高校教师,我觉得我一生的好运气都用在了遇见他们这件事上。从某种意义上说,没有他们,就没有今天的我。幼师的领导们凡事身体力行,率先垂范。至今仍记得当初刚入学不久,有人指着一个穿着沾满泥污的工作服、正带领几个人平整操场、工人模样的人说,这是我们的朱校长。当时的我双目瞪圆,简直难以置信,继而被深深地震撼并感动到……慢慢地,我们知道了认真勤勉的李书记、干练亲和的张校长、谦谦儒雅的任校长、敬业温婉的马书记……每一位领导都让人肃然起敬。幼师的老师们更像是家人一样的存在,他们不仅在课堂上谆谆教诲,更是在课下与学生们平等交流、答疑解惑,让当时只能一个学期回家一次的我感受到了家人一般的关心与温暖。幼师的领导和老师们在用他们的实际行动诠释着"师表校园"的文化精神。他们的言和行无声地教育了一届又一届的幼师学子,让他们在岁月长河中依然能够点亮心中的明灯,守住初心,奋力前行。心理学大师荣格曾说过:"一切文化都会沉淀为人格。"可以说,幼师的师表文化早已沉淀为幼师人的集体人格,凝聚为幼师的灵魂,让每一个幼师学子成为"不一样"的教育者。

丰富实践活动的历练

幼师的各类校园活动是丰富的,而且师范特色鲜明,有强化师德的思想教育类活动,有提升师能的专业技能类活动。我记得在校 3 年除了常规的主题班会、各类讲座、讲故事比赛及值周等,每年还有成系列的活动,如金秋艺术节、游戏运动会、文明礼貌月活动等。其中的金秋艺术节活动,其实是由一系列单项活动组成的,这些单项活动几乎囊括了语言、音乐、舞蹈、器乐等方面的比赛。每个班级参与的学生非常多,特别是"一二·九"大合唱比赛,当时要求全班学生都参加,没有旁观者。平时只能坐在台下艳羡高年级舞蹈队学姐翩翩起舞的我,终于趁此机会第一次站上了大礼堂舞台,尽管只是班级大合唱。实在是感谢当时政教处领导的这一硬性规定,让普通羞怯刚入学的我有了第一次的历练机会,从此开始了量变的积累……

让我印象特别深刻的是周末晚会活动。当时学校为强化学生的专业思想,特地安排二、三年级的班级轮流举办周末晚会,一个班负责一台晚会,从主持、节目排练、舞台催场、观众组织等都由一个班的学生来完成。这可是一项大工程,全班同学要合理分工、齐心协力才能完成,特别考验班主任的统筹调度能力、学生干部的组织协调能力、普通同学的沟通配合能力。各班开学初即提前报备举办时间,然后全班就开始紧锣密鼓地准备。过程是很累很辛苦的,但当时学生们累并兴奋着,积极性特别高,因为班级与班级之间有比较,大家都不甘落后,都想在大礼堂的舞台上呈现出最好的效果。作为普师班的我们没有承办过周末晚会,但是每周都能有一场精彩的周末晚会看,让我们太高兴了。至今难忘的是当时幼师三(4)班的周末晚会,每一个节目都非常精彩,班主任曹老师居然也参与了舞蹈节目的表演,更是让台下观众兴奋得尖叫!台上学生得到全方位的锻炼,台下学生明确了学习目标,不得不说幼师的领导在学生的教育管理上是有绝招的。

还有不得不说的是幼师的卫生扫除活动。有人可能会觉得奇怪,打扫卫生有什么可说的?有!因为当时幼师的卫生扫除不一样!当时学校规定"每日一小扫,每周一大扫",所有校园区域卫生都分到班级,每天早晨轮到值日的同学要提前到教室或者校园的包干区域打扫卫生,要求非常高,要"四净八无"。打扫结束后,卫生室李大夫要带领学生干部挨个班级检查打分。当时我是班级的卫生委员,每天早上我要在检查组来检查前先把班级卫生检查一遍,唯恐班级被扣了分。当时只道是寻常,后来想学校此举大有深意,"一屋不扫,何以扫天下?"学校正是通过这项活动锻炼了学生的动手能力,培养了学生的劳动卫生习惯,增强了学生的责任心和集体荣誉感。真是一举多得!

幼师的校园青春飞扬、活力满满,这份活力更多源于校园活动的丰富多彩。正是这些丰富多彩的活动强化了学生的专业思想,提高了他们的专业技能水平,从而让每一位学生在见习实习及就业岗位上自然而然地展现出了不一样的自己。

美丽校园环境的熏染

幼师的老校区面积不大,只有 22 亩左右,可以说是当时江苏中师里校园面积最小的学校。但幼师的领导们却善于在"螺蛳壳里做道场",想"让一切美好从徐州幼师出发",硬是把微型校园打造成了"苏北师范一枝花",让全体学生浸润在花一样美好的校园环境中拔节生长,只想成为更好的自己。至今难忘老校区的木香长廊。长廊在艺术楼北侧,横贯东西,白色水泥柱搭成的长廊两边种着木香花。记得初入校时木香花还小,看起来也不出众,到毕业时已爬满了长廊顶部,一到春天,争相怒放,香气袭人,惊艳众人!木香长廊是许多幼师学子晨读之处,也是毕业拍照的打卡地。如今老校区虽然不在了,但木香长廊却永远留在了幼师人的记忆深处……2007 年迁建金山桥校区时,校领导体念大家对木香长廊的喜爱,把多株木香花移栽到了现在的洞山校区,也有了木香长廊一景。但我仍固执地认为还是老校区的木香长廊更美,花香更浓郁。

幼师校园的雕塑是不得不说的特色景致。一处是办公楼前的白色大型人物雕塑,从校门即可远远看到,那是幼师标志性的一景。一个年轻女子体态优雅,翩然起舞,向前伸出的右手中高举一颗小小的嫩芽。

这尊雕塑用无声的语言点出了幼师办学的初衷，为党育人，为国育才，要培养优秀学前师资来呵护教育祖国的花朵。在这尊雕塑的后面是半圆形的橱窗墙，黄色琉璃瓦顶，古色古香，和前面的雕塑相得益彰，占据着校园的"C 位"。另一处雕塑是在食堂门前的荷池里，两只白色的天鹅屹立于水中，一只引吭高歌，一只低头戏水，还有一只天鹅宝宝陪伴一侧，和后面的假山、竹林一起组成了一幅生动的微缩景观图，让面积不大的校园着实增色不少。值得一提的是两处雕塑都是当时刚从中央美院进修回校的滕建志老师亲手制作的（后来他成为我们的滕校长）。当时学校办学经费非常紧张，但校领导又想美化校园，滕校长主动请缨，辛苦了好几个月才完成，为学校节省了一大笔经费。幼师校园美的何止是景色呢？

记得当初每日置身于校园，身心都是愉悦的、充盈的，亦感到唯有时时像艺术楼前笔直矗立的水杉树那样脚踏实地，奋力向上，才能与这校园美美与共。我想，这也是所有幼师学子的内心所愿吧。与美同行，向美而生，幼师学子是不一样的。

如今，幼师迁建到碧螺、洞山校区已经十余年了，老校园早已渐行渐远。站在洞山之巅，有时会有一种错觉，这似乎不是我的幼师，但当再次闻到木香花那久违的幽香，感受到幼师人熟悉的精气神，我知道，这就是我的幼师。其实她始终没有改变过，一如从前，宛若初见。

幼师回想:那些人 那些事

郑少华

岁月的长河中,每一粒尘沙都承载着时代变迁和历史前进的印记。

1986年,大学毕业,我到位于故黄河西侧的江苏省徐州幼儿师范学校报到,没有想象中屋舍俨然、书香四溢的现代校园景象,入门所见皆是泥沙裸露、凹凸不平的操场,整个校园破败凌乱、水渍斑驳。后来得知暑期大雨,故黄河倒灌,导致校园被淹。那是江苏省徐州幼儿师范学校成立的第三年。校园狭小简陋,黄土裸露的地面,晴天一身土,雨天两脚泥,似乎到了一所乡村中学。

今天想来,很多记忆已经变得模糊而断续,但一些印象深刻的人和事却深深镌刻在心底:甫一入校,我时常就某一问题向身宽体胖、知识渊博的曹延康老师请教。在我发表出自以为是、浅薄偏颇的意见时,他常常宽怀一笑,然后引古论今,侃侃而谈,使我受益匪浅;语文组长杨治平老师对我们刚入校的教学小白从备课到教学设计、课堂教学都进行悉心指导;顾君玺、康正娣、王振民、夏淑琴、谷炳珍等老师不仅在教学上,更是从生活上关心指导,使我如沐春风,感受到家庭般的温暖;朱广福校长每天挥舞着一把大大的扫帚清扫校园,那质朴的劳作形象常常让我发自内心地感动。

建校之初,一项常规而重要的工作是组织教师、学生进行卫生扫除,清理死角。大家肩扛手提,甚至动用推车运送垃圾。每逢假期,学

作者简介:郑少华,女,江苏徐州人,1964年3月出生,九三学社社员,高级讲师。曾任江苏省徐州幼儿师范学校语文组教师、徐州教科院《徐州教育科研》杂志编辑部主任。

校必然要进行基础建设改造,后勤主任吴建顺日日流连在基建工地,开学后一些令人惊喜的变化就呈现在大家面前。几年之后,校园里处处花草遍布、石路蜿蜒,再也没有之前的垃圾、死角。

那时候大部分学生都来自乡村,没有养成良好的生活习惯,有些人甚至连抽水马桶都不会用。学校对学生的卫生工作要求尤其严格:学生宿舍里班主任带着学生们一起擦拭门窗桌椅,用洗衣粉和刷子清洗地面;所有的牙刷必须刷头在上、朝着一个方向;物品的摆放、被褥的整理如部队一样严格;室内气味要保持清新,即使冬天离开寝室时也一定要打开窗子通风换气;政教处老师和学生干部戴着白手套拂拭窗棂门框进行卫生检查。天生慵懒的我对这种严苛刻板的要求难免腹诽几句,但转身之后还是会一本正经地带着学生严格按照学校规定去做。现在想来,那时的我实在见识浅薄。卫生习惯、生活礼仪的养成是文明社会最基本的教养,作为未来的幼儿教师,如果不具备这样的个人修为、良好素养,又何以去培育幼小的儿童呢?

在边吐槽边热切行动的治理中,校园一点点变得明亮光洁、玲珑雅致。操场道路铺设整饬,新、旧教学楼间的连廊如长虹飞龙,陈鹤琴塑像迎门矗立,办公楼前一方小小的水塘里一只仙鹤独立水中引颈高歌,旁边碑碣上书"泉清水冽"。路边垂柳下方几小凳,常有学生在此读书小憩。袖珍的幼师校园里四季植被、次第花开,弦歌不绝、书声琅琅,幼师成为有口皆碑、极富艺术美感的花园学校。

江苏省徐州幼儿师范学校立校不久,随着毕业生的输出,声名鹊起。毕业生们多才多艺、素养优良,很快成为各单位的骨干栋梁。一则因为当时录取的学生都是应届毕业生中排名前端的优秀生,个人素质优良;再则是学校以培养优秀幼儿教育工作者为目标,重视幼师生专业素养培育,不断优化专业结构,形成独具特色的课程体系;三则是学校极其重视学生综合素养的培育,注重理论与实践相结合,有针对性地进行课程设计和应用训练,广布实习基地,让她们在校期间就能积累丰富的实践经验。这在当时是非常新锐先进的教育理念和做法。十几年后,2001年第八次基础教育课程改革,教育部才发布文件,正式提出培养学生综合素质和创新能力、注重学生综合素养和个性发展的指导意见。

记得那时候学校各种活动不断,有音乐舞蹈表演,美术大赛,讲故事、演讲比赛,社会实践活动,劳动教育等。又帅又飒的女子军乐队在任昌华校长的训练指挥下,每有大型活动便闪亮登场,成为幼师校园一道靓丽的风景线。大型艺术体操热烈奔放、昂扬向上、青春飞扬,振奋和感染了在场的所有人,完全不逊于后来张艺谋主导的奥运会开幕式。嘉宾来访,皆由学生接待引领解说,使得她们在社会活动中习得与人交往的基本能力,养成从容应对的大方气质。每次的值周活动,学生们深入学校各个办公室,适度承担一些行政工作,有效培养了她们的社会适应力。

幼师自建校以来,一直敏锐捕捉社会发展和幼儿教育的新变化、新需求,及时调整课程设置,从罗春珍校长到朱广福校长一直如此。张祥华校长倡导增设的早期教育、特殊教育、康养服务等专业方向,也是应时代发展需求而设立的。

幼师对年轻教师的培训不吝成本。1994—1997年间,语文、数学、教育心理学科的青年教师悉数参加了省教育厅教师工作处组织的研究生课程进修班的学习。这3年间,我们要定时定期前往南京师范大学进行集中培训,每次大约1周时间,牵扯到大量的人力、物力,学校尽心竭力保证了培训的顺利完成,青年教师的专业水平获得长足进步。1999年暑假之后,我有幸作为访问学者被派往南京大学学习,1年时间的浸染使我获得脱胎换骨般的成长与改变。

遥想当年,幼师具有一种难能可贵、自由民主的宽松氛围。一些充满表达欲的年轻教师经常自发聚集在宽敞的连廊上切磋交流,吐槽着学校的管理,言说着自我的教育理解。有时包容深刻,有时严苛偏狭,随心惬意地交流着你读的一本书、我上的一堂课、刚看过的电影、新流行的风尚,从诗词歌赋到人生哲学,无所不谈。时时紧皱光洁的眉头以显出深沉的模样，心思单纯却总喜欢表现得深刻练达，说到高兴时又忘乎所以本色毕露，相互揭短逗趣引起笑声一片。身处其中的我获益良多，许多教育观念因此而改变，许多教学智慧由此而生发，像极了十几年后基础教育改革中特别倡导的教育叙事、教育论坛的教师培训方式。或许正是在这种不自觉的自我教育中，这群人迅速成长，成为幼师教育教学中的栋梁。这群人中走出了毕业于数学系的著名翻译家、朦胧诗人张炽恒，江苏师大音乐系教授于忠民，中国矿业大学文博中心研究室主任胡其伟，雕塑领域知名的滕建志，艺术功底深厚的陈华、薛黔星，幽默风趣深受学生欢迎的杨兴亚、孙志敏、王北斗、王杰、张延伟、任敏敏、赵春雷……他们各具特色，充满创新精神，深受学生喜爱，潜移默化、影响濡染了一届届学生。

每个人都揣着热情、挟着微笑，真实热切地尽着自己的努力，做着自己的工作。在这一点点力量的聚合中，学校改变了，学生成长了，很多来自农村、满口乡音的学生们入校一两年就发生了巨大变化，成为自信优雅、多才多艺的幼师女孩。不久前毕业30年的幼师学生们聚会，无不骄傲自豪地回顾幼师生活带给自己的成就与辉煌："我们县里每次举行活动，都是我们幼师毕业的学生普通话最好、音乐舞蹈水平最高、综合能力最强、活动最富有新意，在每次比赛里都是佼佼者。""我们那儿也是这样。""我们也是！"……幼师成为她们生命基因中的闪亮印记。

随着时代的发展，徐州幼师从狭小的老校区搬到了面积数倍于原址的金山桥校区，极大拓展了办学空间，提升了办学条件。那时，我已经调到徐州教科所工作了，然而浓浓的幼师情结让我时时关注着这所承载我整个青春时代的学校。

没有目睹，但时有耳闻。搬入新的校园，犹如上了新的战场，徐州幼师经历了新一轮的大建设、大发展。当时高校大量扩张，中专学校严重萎缩。在徐州4所师范学校中成立时间最短、资历最浅的徐州幼师面临着严峻的发展态势：升格发展还是消泯衰亡！在张祥华校长的带领下，学校领导班子做出了艰难的选择：浴火重生，幼师升专！这是多么艰难的一条路啊！从朋友和同事那里听到一个个含笑带泪的故事：在那段难以忘怀的日子里，从校长到校工、从教师到学生，上下一股劲儿，齐心协力，一处处雕镂，一点点积累。上下班的分别没有了，假期的概念消失了，白天黑夜的界线模糊了，一些人累病累倒在自己的岗位上……终于，徐州幼师于 2011 年华丽转身，升格为市属高校——徐州幼儿师范高等专科学校。几乎同时，另一所建校 50 余年、底蕴深厚的师范学校被分流解体。我不禁暗暗喟叹：如果没有幼师人的拼命付出和努力，也许被解体的就不是那所学校了！

回望幼师，40 载春华秋实，星辰璀璨；40 载江河不息，桃李芬芳！衷心祝愿徐州幼儿师范高等专科学校再创辉煌！

幼师，实现人生蜕变的地方

王 静

于我而言，幼师三年的求学经历，是一段不一样的人生体验，说不上特别在哪里，却又实实在在有所不同。

我出生成长在乡镇。初三毕业那年，在班主任的动员下，我报考了徐州幼师。面试那天，有种刘姥姥进大观园的感觉，心里纳闷怎么有那么多漂亮的女生，她们的穿着好时髦，她们的才艺好丰富，女老师们的气质好优雅。望着这些美好的身影，我的眼中流露出浓浓的艳羡和淡淡的失落。让我惊喜的是，我竟然被录取了，而且还是我们县区文化成绩的第一名！就这样，我进入了美丽的幼师校园，开启了影响我一生的全新生活。

那是我人生中第一次独自离开家门，既紧张又兴奋。不得不说，进入幼师之初有过孤单、寂寞、想家的情绪，但老师们温暖的笑容和亲切的话语慢慢抚平了我忐忑的心，同学之间的欢声笑语和真情陪伴让我渐渐忘记了乡愁。

可爱师长引领精彩人生之路

幼师的老师是博学的、专业的，也是可爱的。女老师优雅，男老师潇洒，这评价和长相无关，和喜爱有关。他们各具特色，与众不同。在学生的心里，每位老师都是一座风向标，都是我们的精神依靠。介绍几

作者简介：王静，女，江苏徐州人，1975 年 10 月出生，中共党员，江苏省徐州幼儿师范学校学前教育专业 1993 届毕业生。现任徐州市教育局人事处处长，曾任徐州幼儿师范高等专科学校党政办主任。

位我印象特别深刻的老师：

孙志敏老师是我的政治老师，他长着一张特别真诚朴素的脸，平时话不多，看起来很腼腆。也许是因为学校都是女学生的原因，他在课堂上的表情较为单一，上课时他的目光总会驻留于教室后面黑板报的上方，或是停驻于教室窗外的某个地方。我尝试顺着孙老师目光的方向向外看，并未发现什么特别之处，想想真叫人忍俊不禁。看似枯燥乏味的政治课，我却从中体味出不一样的味道，总觉得马克思、恩格斯、毛泽东等伟人形象如此高大，逐渐对政治经济学等理论产生了兴趣，甚至体悟到了一些辩证法等哲学原理的奥秘，这为我后来进入大学学习思想政治专业奠定了良好的基础。

历史老师一直都是胡其伟老师。那时的他风华正茂，年轻帅气，虽然脸上有看起来痞痞的笑，但其实骨子里是个无比正直的人。一年四季一把纸扇不离手，总是于扇面一开一合之间展示着潇洒魅力。他在冬天经常身着一袭黑色长风衣，脖子上挂着一条鲜艳无比的红色长围巾，怎一个"帅"字了得。看似风流倜傥的外表下隐藏着博学有趣的灵魂，课堂上他用引人入胜的语言将我们带入某个特定的历史时期，与鲜活的历史人物隔空对话，感受历史文化的魅力。至今，我对历史还保有一种独特的喜爱，一直爱看历史题材的书籍、纪录片，喜欢阅读人物传记，这个习惯让我的人生阅历积累更加丰富而厚重。

地理老师杨兴亚也是一个极为特别的存在。他长得瘦瘦高高，穿着极为朴素，相貌着实算不上出众，但却有着超强的记忆力，像有特异功能一样。他总是可以清楚地记得所讲内容在课本的第几页甚至第几行，且经过我们"火眼金睛"的检验，差错率为零。在他的课堂上，我们能够领略祖国的大好河山，了解各地的风土人情，感受国家的繁荣强大。他精彩绝伦的演绎让十几岁的我们生发出对祖国的无限热爱，让我们用广博的眼界看世界、看人生。

教育学老师是李燕老师。那时的她年轻貌美、娇俏可人，她的小虎牙分外可爱，迷倒了我们这些女学生。课堂上，她从不灌输枯燥的理论，而是用深入浅出的例子让我们发现生活中原来处处皆教育。

班主任陈华老师，是一位身材娇小、底气十足的声乐老师。生活中的她始终带着淡淡的笑容，是我们的知心大姐姐；舞台上的她则以精彩的表演诠释着对艺术的热爱，是我们崇拜的偶像。

直到现在，这些老师的谆谆教导依然是那样清晰，他们高尚的师德、高雅的品位，他们在生活中的一言一行深深影响着我们这些"野丫头"。毕业后大家纷纷在各自的岗位上崭露头角，承担越来越重要的岗位职责，路越走越宽，舞台越来越大，人生也越来越精彩。

内外兼修培养独特品性特长

幼师的校园算不上大，只有 22 亩，可在我们学生的眼中，她是那样精致而美好。位于奎河边的校门，是传统的淡黄色铁门，十分淡雅，于门口处向里看，亭台楼榭、长廊花木错落有致，静谧而优雅。首先映入眼帘的是一座小巧的校风校训碑，"两代师表，一起塑造"的金属质地艺术字跃然于上。左手处是一条长廊，冬暖夏凉，攀爬着各种绿色植物，丁香花与桂花的香气在不同季节里长久萦绕，入鼻后甚是惬意，令人不禁闭上眼睛，感受这份独特的幽香。

长廊的左边是艺术楼，琴房、音乐教室、舞蹈房等都分布在这幢楼中，每天这里总能传出悠扬的琴声和同学们视唱、练耳的歌声。舞蹈房里，练功的同学们在镜子前压腿、压背，苦练基本功，反复练习舞蹈课上老师新授的舞蹈。挥汗如雨的我们，常常忘记了时间。

长廊的尽头左手处，一幢二层小楼悄然出现，虽其貌不扬，却凝聚了幼师年轻老师的青春记忆。这是幢单身教师宿舍楼。学校考虑到刚参加工作的很多年轻单身教师家不在徐州，没有房子，所以建了这样一个"小二楼"，为年轻单身教师提供生活便利。住在这里的年轻老师关系十分融洽，下班后或周末着实热闹。一起吃饭，一起聊天，一起打牌，男女老师打成一片，总是充满欢声笑语。不少学生因为学习及班级的事务也会偶尔出没，祥和无比。

校风校训碑的右手处是学校办公区域的主干道,是一条水泥路,通向办公楼。路左边有碎大理石砌成的小石阶,右边是食堂,食堂楼通过教师阅览室、大礼堂与办公楼相连,可以说是充分利用了空间。食堂承载着我们在幼师三年的味蕾体验,这里油光可鉴的肉包子至今想起来还让人流口水。厨房师傅们打饭时头上清一色戴着干净的帽子,再辛苦脸上也挂着友善的笑容。办公楼是校领导办公的地方,同时还有一些处室及功能教室,比如校办、财务处、电教室等。细心观察会发现,校领导办公室的灯都关得很晚,但第二天他们总是又很早地出现在校园里。

校园主干道尽头是一个小广场,不大的一个活动空间,老师们会在这里集合、做操等。一面扇形的橱窗造型将小广场的一侧包裹,橱窗前面矗立着一位女生手心向上托举青苗的雕塑。看到这充满张力的雕塑,我们总能感受到幼师蓬勃的生机与活力,就像这座年轻的校园。最难能可贵的是,这座雕塑居然是我们学校的美术老师滕建志亲自完成的,身为学生的我们真是无比骄傲。后来这位优秀的老师一步步成长为学校的副校长。每次站在雕塑前,一股敬意油然而生,也深深体会到学校领导老师对我们这些学子的殷切期望,我们也暗下决心绝不能辜负这份沉甸甸的期望。

教学楼则是我们每天固定的学习场所。老师们的办公室和教学楼相连,二楼处有连廊,形成天然的师生联系的纽带。站在二楼连廊上可以清楚地看到校园中心操场上的所有区域。每天课间操时,体育老师总是手持话筒,中气十足地精准指挥着同学们列队与做操。在悠扬振奋的音乐声中,同学们精神饱满,动作整齐优美,确是不一样的校园、不一样的体验。幼师的课间操一直是徐州市教育系统一道靓丽的风景线。我们经常会迎接来自全国范围内各行各业的领导老师前来参观学习,而课间操又是必有的亮点展示。前来参观学习的领导老师也是站在教学楼二楼连廊上,从他们的目光中,我们能够感受到欣赏与惊艳。

幼师精神凝聚学子奋斗力量

　　我们徜徉在可爱的校园里，感觉赏心悦目，令人陶醉。在这里，我们浸润于浓浓的书香，感悟独特的艺术氛围；在这里，我们苦练师范生基本技能，为成为合格的人民教师打下坚实基础；在这里，领导和蔼，老师亲切，同学友爱，融汇着浓浓的师生同学情。这些美好而纯粹的回忆，令人终生难忘。虽然原来的校园已经拆除，但记忆中的一草一木、一颦一笑，仍然让人回味无穷。

　　三年时光，弹指一挥间。相遇犹在昨日，转眼我们已经是奋战在第一线的教育工作者。昔日的同窗姐妹们，在母校积蓄了满满的能量，在奔赴各自工作岗位后激情迸发，纷纷展示出良好的师德素养与极强的业务能力，在各自领域独领风骚。幼师的毕业生，有在行政岗位上做得风生水起的公务员，有专业精进的高校教师，有毕业后一直在小学、初中工作的学科教师，还有始终在幼教岗位上深耕的幼儿园教师……一名名校长（园长）脱颖而出，一位位名教师声名鹊起，还有一批批业界精英独占鳌头。

　　这一切都源于母校的精心培养，源于老师的谆谆教导，源于良好校风的传承，源于师范教育的浸润。从幼师出发的学子，比同龄人有更加明晰的奋斗目标，有更加优秀的精神品质。他们更加能够适应岗位、适应社会的需求，更加能够生生不息。

　　努力过，奋斗过，人生会更从容，这是母校幼师送给我们这些学子最为贵重的礼物。

绕不开的幼师情结　忘不了的幼师精神

曹　鹏

2024年3月14日,全省教育系统传达学习贯彻全国两会精神会议召开。在轮播的视频会议画面上,我在看到徐州幼儿师范高等专科学校的画面时,忍不住拍了照片,发给幼专的一位领导。领导告诉我,徐州幼专即将迎来40岁生日了! 时光如梭啊,都已经离开徐州幼师20多年了! 一时间,在徐州幼师工作的点点滴滴又浮现在眼前。

创办幼师校园电视台

每次回到幼师校园,有熟悉的老同事会戏称我为"曹台长",那是因为我在校工作期间创办了"徐州幼师校园电视台"。

1995年8月,我大学毕业分配到江苏省徐州幼儿师范学校,承担师范类电化教育课程教学及学校电教工作。学校领导对电教工作非常重视,我工作的头三个月,就在教务处、团委等部门的组织下,为青年教师开展了电脑使用培训、幻灯投影片制作培训等活动,促进教师信息素养水平的提升。有一次朱广福校长、任昌华副校长、王鹤义副校长到省幼师、溧水师范等几个学校考察,还专门带上我,一同去考察他们的电教工作,并在回来后迅速添置了电视编辑线、字幕机等电视制作专业设备。学校电教工作迎来发展的黄金期。

分管学生工作的张祥华副校长非常重视电教手段在学生管理工作

作者简介:曹鹏,男,江苏邳州人,1970年12月出生,中共党员,中小学高级教师,教育硕士。现任职于江苏省电化教育馆,曾任江苏省徐州幼儿师范学校电教组教师。

中的运用,经常到电视编辑室指导工作,好多专题片的摄制都是在她的关心下顺利完成的。为了赶进度,她曾经在电视编辑室和我们一起熬过好几个通宵。幼师校园电视台就是在她的鼓励下成立的。当时,电教组面向全体学生发布了招聘电视记者和主持人的公告,同学们踊跃报名,一大批优秀的学生进入校园电视台,成为活跃在校园的"电视工作者",王彬、刘剑眉、吴艳梅、张薇、范恒妹、高原、丁松等同学是其中的杰出代表。有了学生记者和主持人后,学校校园电视节目变得丰富多彩,逐渐形成了每月制作播出一期校园电视新闻的惯例。

虽然每月只有一期,但《幼师校园新闻》成了学生最喜欢的电视节目。播出当天的19:00,同学们齐聚教室,聚精会神,统一收看,宛如当年电视连续剧《渴望》的播出盛况,很多走读的同学也会坚持到看完节目再回家。

幼师校园电视台是展示校园活动的窗口,也是学生实践锻炼的舞台,很多参与的同学后来都成为各自行业的骨干。刘剑眉同学保送到南京师范大学,现在是江苏师范大学的幼教学科带头人;王彬同学毕业后在中央电视台工作;张薇同学现在是徐州市风化街小学的校长……

幼师校园电视台的创办,不仅为学生提供了锻炼的舞台,也为学校后期开设"播音与主持"专业打下了一定的专业基础,我也曾为该专业开设过"影视制作技巧"课程。2006年,徐州市教育局依托徐州教育网开展中考宣传活动,那是徐州教育历史上最早的网络直播,当时担任主播的就是我邀请来实践的徐州幼师播音与主持专业的学生。一个月的时间,他们在我的指导下,顺利完成了直播主持活动,受到参加直播宣传的各学校领导的表扬。当年徐州幼师来参加直播宣传的是学校党总支书记张祥华,她一见到我就笑着说:"你了解学校,又了解教育,熟悉流程,就你给我主持吧。"于是,我开始了人生第一场网络直播主持,并得到了张书记的连声赞扬。那场直播也是此次活动中参与人数最多的一场。虽然后来我还为一些中小学以及中专校的招生宣传主持过,但都没有幼师的这一场效果好。

担任唯一一届幼教大专班班主任

2000年7月,完成一年教育硕士的脱产学习后,我回到学校继续工作。8月,校领导找我谈话,请我担任幼教大专班班主任。此前,我虽然实际在学校工作时间只有4年,却已经带过3个班到毕业(这个比例,在幼师好像还没有被突破)。

2000年,徐州幼师招收了唯一一届二年制幼教大专班(后面就是五年制了),共招收学生18名,实际报到并完成学业的是16名。学校老师都说,这是一个研究生班级规模的大专班啊!既然如此,那就让它名副其实吧。因此,虽然只有16名同学,学校却配备了最强的师资,政治学科的老师由张祥华副校长担任,语文学科是郑少华掌舵,胡其伟教历史,教育学科则是李燕教授,舞蹈学科由吴雪梅负责,音乐学科由尤阳老师统管,都是学校各个学科组最优秀的教师。为了培养学生们的科研习惯,学校专门在用房紧张的图书馆为她们设立了阅览研修室。

正常教学之外,任课教师们也真的是以研究生的培养方式在组织教学。张校长带着同学们在阅览研修室读书谈心,巩固同学们的专业思想;胡其伟老师带大家去学溜冰,历史学得一点都不枯燥;郑少华老师教她们去网吧学上网、查资料……班级人数最少的她们,享受到了学校最优质的资源。

一个学期很快就要过完了。对于这个首届也是唯一一届幼教大专班的建设,学校领导、任课教师以及16位同学,都有一些想法,而此时我已经确定下个学期就要离开学校到新单位上班了。为了安排好接下来一年半的学习与生活,我向学校领导提出举办"幼教大专班发展座谈会"的想法,得到了学校领导的大力支持。校领导专门指示在学校大会议室举办座谈会,杜军勇同志还给书写了会标,办公室的同事进行了精心的会议准备。

学校领导亲自参会,教务处、总务处、政教处负责同志都到场,各科任课教师也来了,大家就幼教大专班的建设提出了非常好的建议,也听取了同学们的意见。在中国高校的办学发展史上，由学校为一个班级的建设举办座谈会，这是不是唯一的一次？

让我自豪又感动的掌声

工作近 30 年来，我先后经历过 3 个单位，每次工作单位的变动，都离不开"老东家"的关怀和支持，尤其是离开徐州幼师那次经历，至今回忆起来，依然是满满的自豪和感动！

2000 年年末，徐州市教育局面向直属学校招聘事业单位工作人员。学校按照文件精神进行了传达和动员，鼓励符合条件的教师报名。看着徐州市电化教育馆的招聘岗位，朋友和同事们都劝我报名。我有些心动，但同时又想，一年多以前，学校刚刚支持我报考了教育硕士，领导还这么重视电教工作，关心我个人的发展，幼师的电教工作刚有一些起色，如果报名的话，是不是有点不太讲究？

张祥华副校长了解到我的思想动态后，专门找到我说，学校充分尊重和支持每个教师的专业发展，学校领导也支持每一位符合报名条件的同志报名，只要心里装着幼师，到哪里都能够为学校服务！如此大格局的话语顿时卸下了我的思想包袱，也让我在感动之余，开始认真准备接下来的招聘考试，并顺利完成了前 4 轮的各项考试，进入面试环节。

在面试环节，我再次感受到了做一名幼师人的自豪，再次领略到了徐州幼师领导的大气、格局。

面试在当时的徐州市市级机关北院市教育局前五楼举行。进入面试的人员一起在准备室等候，大家在一起交流着、谈笑着，都很放松。然而，当上一位面试的同志进入面试现场，我独自一人进入候考室后，想着几分钟之后就要上场，心里就一下子紧张起来。尤其是在工作人员通知进入考场的时候，心里更是忐忑不安，不知要面对什么样的复杂情况。然而，就在我推开考场门进入考场的一瞬间，还没来得及看清有几位评委的时候，就听到考场后面传来一阵热烈的掌声。我放眼望去，原来是张祥华副校长带着学校年轻干部来观摩面试，是她带领大家为我鼓掌加油呢！紧张的心情瞬间放松下来。我顺利完成了面试，并在次年 3 月调到徐州市电化教育馆工作。

离开工作了 5 年半的徐州幼师，我对学校的感情不仅没有变淡，反而更浓了，幼师老领导激励的话语也时时萦绕在心头。后来我调到了江苏省电化教育馆工作，虽然离学校和原来的同事们更远了，但一直关注学校的发展，为学校的不断发展壮大感到开心和自豪。

像爱护自己的眼睛一样爱学校，像爱护自己的孩子一样爱学生！始终满怀信心，始终斗志昂扬，胸怀全局，积极谋划，奋勇争先！——虽然离开徐州幼师 20 多年了，但每每提起徐州幼师，还是这样的印象！

抹不去的记忆

张　旭

时光荏苒,岁月如梭,转眼间我已在徐州幼儿师范高等专科学校度过了 6 个春秋。回首过往,那些生动的细节、深厚的情感,如同昨日之事,历历在目。

最初,"徐幼"这个名字于我,只是遥远而陌生的存在。那时的我,满心期待着能调入武汉的一所本科院校,追求更高的学术境界和更广阔的天地。然而,命运有时却会开一些玩笑,让我与"徐幼"这所学校结下了不解之缘。当时的我,抱着试一试的心态,将简历投到了徐州幼专。未曾想到,这一投,便投出了一段不平凡的人生旅程。

国庆节的余温尚未散去,空气中还弥漫着节日中喜庆与祥和的气息。10 月 8 日的那一天,我应邀来到这所学校考察。一路上,心中既有期待也有忐忑,不知这所学校会给我留下怎样的印象。然而,当我踏入校园的那一刻,所有的疑虑都烟消云散了。各级领导的热情招待,让我感受到了家的温暖。他们详细地向我介绍了这所年轻学校的发展历程,讲述着"徐幼人"凭借着"三特"精神创造的奇迹。听着他们的讲述,我仿佛看到了一个个鲜活的身影,在这片热土上挥洒汗水,铸就辉煌。

经过一番深思熟虑,我决定留下来,与这所美丽的学校共同成长,尽我所能为它添砖加瓦。我清楚地记得,刚来到时,美术系那支充满活力、团结一心的教师队伍给我留下了深刻的印象。他们用满腔热忱投入教学和工作中,这种正能量感染着我,让我觉得自己能够成为这个大

作者简介:张旭,男,河南鹿邑人,1969 年 12 月出生,无党派人士,教授,徐州幼儿师范高等专科学校美术与设计学院教师。

家庭的一员,是多么幸运的一件事。

2018年春节前,我正式办理了调动工作的手续。那一刻,我心中既有不舍也有期待。不舍的是原单位的同事和熟悉的环境,期待的是新单位带来的挑战和机遇。春节后的3月5日,我满怀期待地来到新单位——徐州幼专美术系报到。人事处的李慧副处长多次打电话嘱咐我路上的注意事项和安全事宜,她的细心和关怀让我倍感温暖。当我再次走进校园时,迎接我的是一张张热情洋溢的笑脸。校、系两级领导为我举行了简短的欢迎仪式,他们的热情和真诚让我倍感荣幸。在仪式上,领导们对我表示热烈欢迎,并对我未来的工作寄予了厚望。他们的关怀和厚爱,更加坚定了我与同志们一起干事创业的决心。

在美术系的日子里,我与同仁们一起默默无闻地工作着,为美术系的各项事业尽心尽力。其间,有几件小事,虽微不足道,却在我心中留下了深深的烙印,成为我前行路上的温暖动力。

那是2018年春的第二学期,我初到徐幼工作,家仍远在郑州,爱人独自在我故乡鹿邑县的聋哑学校执教,儿子则独自在郑州求学,正面临着高考的重要关口。然而,在这关键时刻,他却不幸生病了,家中又无亲人照料,这让我陷入了深深的忧虑之中,心中五味杂陈。美术系的魏峰主任在得知我的困境后,表现出了深深的理解和人文关怀。他特意为我调整了课程安排,让我得以在五一假期后留在家中陪伴孩子学习,直至高考结束。这份关爱与支持,如同春日的暖阳,无疑给了我巨大的精神力量。回到郑州后,我全心全意地照顾着孩子,最终在当年竞争激烈的高考中,他成功考上了理想的大学。这一成就不仅让我心中的忧虑烟消云散,更让我感到由衷的欣慰与自豪。而魏峰主任这种人性化的理解和对待教师的态度,在我心中泛起阵阵暖流,让我感动不已。他的举动让我明白,在美术系这个大家庭中,我们不仅是同事,更是彼此扶持、相互关爱的家人。这份情谊和温暖,将成为我职业生涯中宝贵的财富。

更为感动的是2021年12月14日的那一天。那天,阳光透过窗椤,洒在我的书桌上,温暖而明亮。更为特别的是,那天恰好是我的生日。我出生于豫东的农村,家境贫寒,童年的记忆里,从未有过庆祝生日的欢愉与热闹,因此,对于自己的生日,我总是抱着一种淡然的态度,从未有过太多的期待。更何况,我素来是那种"马虎"的人,生活中总是过得稀里糊涂,甚至连自己的生日也从未刻意去记住。然而,就在那个上午,魏主任突然来电,亲切地说:"张教授,近期大家工作繁忙,难得今天稍有空闲,我们聚一聚吧。"我当时并未多想,只是随口答应了下来。等到晚上吃饭时,我发现桌子上竟然还摆有生日蛋糕。魏主任微笑着调侃道:"今天我们自查一下,看看是谁的生日?"我心头一惊,猛然意识到今天是自己的生日。那一刻,我激动得说不出话来,心中充满了无尽的感激之情。

在徐幼的日子里,这样的感动时刻并不鲜见,另一份感动来自两年后的另一场生日宴请。2023年12月14日,在生日这一天,我意外地收到了张小兵教授的邀约。那一天,正当我沉浸在工作中时,张小兵教授突然打来电话:"张教授,我们晚上小聚一下。"听到这个邀请,我微微一愣。那天,我确实已有其他安排,但张小兵教授接下来的话却让我动摇了:"您克服一下,我爱人樊莉老师今晚也来。"我心想,很少有机会与樊老师一起吃饭,于是便答应了。当我按时赴约时,眼前的场景让我愣住了。只见樊老师已经提前为我订好了生日蛋糕,上面还写着"生日快乐"的字样。我完全没想到今天是我的生日,更没想到会有这样一个惊喜。张教授夫妇的细心和体贴,让我心中涌起一股暖流。我们围坐在一起,品尝着美味的蛋糕,聊着工作和生活的点滴。那一刻,我仿佛置身于一个温暖的大家庭中,感受到了家人般的关爱与陪伴。我深深地感到,能够和这样一个群体在一起工作,是我莫大的福气。

人们常说:"文人相轻"。在徐幼工作的日子里,同事之间的互相尊重、互相学习、互相帮助成为永恒的主题。领导们的关怀和厚爱,同事们的帮助和支持,都让我倍感温暖和幸福。而在我的教学生涯中,也发生了许多让人心生暖意的故事。

记得2020年春天,那个疫情肆虐的第二学期,我们积极响应国家号召,开展"停课不停学"的线上教学活动。作为一名老教师,我对于线上教学并不擅长,内心难免有些忐忑。然而,在给学生们上网课的过程中,我收到了许多来自学生的关心和鼓励。其中,一个叫张馨铭的同学给我发了私信,她写道:"老师,您讲课其实不用那么大声,我们都听得很清楚。您要注意多喝水,多休息。"这简短的话语,却让我感受到远隔千山万水的温暖和关怀,让我感动不已。

　　时光飞逝,转瞬间便迈入了2022年的门槛。那一年,我们美术与设计学院(美术系已于2021年更名为美术与设计学院)的美术教育专业首次对外省招生,吸引了众多有绘画专业基础的学生。在我执教的2022级美术教育一班中,有一位名叫乔雨的同学,他来自安徽亳州,专业基础扎实但性格内向。通过和他的交流,我了解到他是班里唯一的亳州籍学生,没有熟悉的同学相伴,更察觉到他在异乡求学的不安与孤独。得知这一情况后,我决定主动与他拉近距离,通过增进彼此的了解与熟悉来稳定他的情绪。因为我老家位于豫东的鹿邑县,而他来自皖西的亳州市,两地相隔仅15公里,这份地缘的亲近让我可以利用老乡的身份来接近他。慢慢地,我们熟络了起来。我鼓励他:"你的绘画天赋出众,只要努力学习,不仅有机会通过专升本考试,未来还可以继续深造,攻读硕士博士,让自己的人生更加精彩。不要满足于只当一名幼儿园教师,要树立远大的志向,这样才能在激烈的竞争中脱颖而出。"

　　在我的多次鼓励和专业辅导下,乔雨同学的美术作品在2023年的江苏省"大艺展"中荣获奖项。他在得知这一消息时,激动得热泪盈眶。我也深感欣慰,自己的努力得到了回报。春节时,他给我发来祝福短信,让我感受到了满满的成就感。更让我感动的是,春季开学后的第一周周三下午,他来到我的工作室,给我带来了一包"中药茶"。我疑惑地问他缘由,他回答道:"老师,我发现您上课时嗓门很大,长时间下来声音可能会变得嘶哑。我爷爷是中医,寒假期间我让他帮您配制了几袋保护嗓子的中药茶。"听完他的话,我深受感动,感激地对他说:"谢谢你爷爷,也谢谢你。"这一刻,我深刻体会到了学生们的善良和体贴,他们如此关心教师的辛苦,如此懂事。这也让我更加坚定地认识到,教师这份职业是光荣而神圣的,我们在社会中扮演着举足轻重的角色。

岁月匆匆,不觉间,我来到徐州已经 6 年了。在这里,我经历了许多不经意的"小感动",正是这些感动让我更加珍惜在这里的时光。

师者如光 护花而生

马 丽

我在东北老家从事了 30 年的教育工作,原本以为生活就这样平淡而规律地继续下去。但,2018 年 6 月的一次调研,却像一股激流,悄然改变了我的人生轨迹。

初识与坚守:陌生校园的绚烂启幕

起初,我对这次调研充满了矛盾和犹豫。一想到要远离家人和朋友,来到一个陌生的地方工作和生活,心里便涌起一股不安。然而,当 10 月份应邀来到徐州幼专考察时,我的疑虑和不安瞬间烟消云散。

刚到校门口,一群素昧平生的学生热情地向我问好,他们的笑容如同阳光般温暖。走在校园的林荫道上,我看见一群群充满朝气的学生正急匆匆地赶往上课的教室,他们的青春活力感染着我,让我对这个陌生的学校产生了好感。突然,一个小女生路过,她轻轻地把草丛边一个歪了的牌子正了正;一个男生则捡起掉在垃圾箱外面的矿泉水瓶,重新放回垃圾箱。这些小小的举动,让我感受到了这所学校深厚的文化底蕴和学生们良好的素质修养。

在接下来的几天里,我更加深刻地感受到来自校领导和院系领导的关怀和理解。他们的热情和真诚让我感动不已,也让我下定决心来到这个温暖的大家庭,准备把自己的余生都贡献给这所充满活力、团结奋进的学校。

作者简介:马丽,女,辽宁锦州人,1968 年 6 月出生,民盟盟员,教授,徐州幼儿师范高等专科学校学前与特殊教育学院教师。

从 2019 年 3 月到现在，已经 5 年多了。在这段时光里，无论是和同事还是和学生相处，我都感受到了满满的爱和温馨。同事们之间的默契和合作让我感受到了团队的力量，学生们的热情和纯真则让我感受到了教育的意义和价值。

摇动与唤醒：调皮男孩的成长之旅

德国著名哲学家雅思贝尔斯曾说：教育就是"一棵树摇动另一棵树，一朵云推动另一朵云，一个灵魂唤醒另一个灵魂"。在徐州幼专，每一位教师都深知教育的真谛。他们不仅传授知识，更关注学生的心灵成长。他们用心血和精力准备每一节课，用知识和耐心灌溉每一位学生的心田。他们深知每个孩子都是独特的个体，需要用爱心、童心、感恩之心和火热之心去引导他们，让他们在成长的道路上绽放出最耀眼的光芒。

记得有一次，学院安排我给五年制班级的学生上课。这个班级的学生年龄普遍在 16 岁左右，男生占一半以上，非常调皮。其中有个"问题男孩"，他的"英雄事迹"在班里传得沸沸扬扬。

面对这样的学生，我并没有放弃。我利用课余时间经常找他聊天，了解他的家庭情况、爱好和性格特点。在相处的过程中，我发现他其实也有可爱的一面：他爱干净，主动去打扫班级卫生；他很仗义，替被欺负的同学说话；他很喜欢研究汽车，对各种牌子的汽车性能都了如指掌。于是，我经常找机会表扬他，让他在课堂上分享自己感兴趣的话题——关于汽车的知识。这不仅让他找回了自信，也让他赢得了同学们的掌声。

经过一段时间的努力，这个男生有了很大的改变，学习成绩提升得很快。直到毕业之后，我们还保持着联系。这个经历让我深刻体会到，作为教师，不要轻易否定学生，要用关爱的目光去发现他们的优点，做一个有温度的引路人。

倾听与理解：女生寝室的友情重建

在徐州幼专的校园里，女生们的身影总是那么引人注目。由于我们专业的特殊性，女生的比例相对较高，她们如同花园中绽放的花朵，各自拥有独特的色彩和香气。她们来自五湖四海，家庭背景各不相同，性格也千差万别。有时，这些如花般的女生们会因为一些微不足道的小事或误解，产生矛盾和摩擦，让原本和谐的校园氛围变得微妙起来。作为教育者，我深知自己的责任重大。好在学生们总是愿意向我敞开心扉，她们乐于将自己的喜怒哀乐倾诉给我。

那是一个寂静的夜晚，微风轻拂着窗帘，我突然收到一条微信，来自一个平时学习优秀、聪明伶俐的女生。她的文字中透露出一种幽深的悲伤："老师，我真的好难过，找不到人倾诉。您能帮帮我吗？"看到这条消息，我的心头一紧，立刻拨通了她的电话。电话那头，她的声音带着颤抖和哽咽，向我倾诉着寝室里的遭遇。她告诉我，寝室里的其他五个女生突然联合起来孤立她，甚至对她进行冷嘲热讽。那些曾经与她同进同出、亲密无间的朋友，现在却对她冷漠如冰，这让她感到痛苦和无助。

经过深入了解，我逐渐厘清了事情的原委。原来，这个女生家境殷实，自小在优渥的环境中成长，学习成绩一直名列前茅，外表更是出众。她自带的这种光芒，让她在不经意间流露出一种优越感，或许连她自己都没有察觉。而她在与同学交流时，往往直截了当，这种直率虽然真诚，但有时却可能无意间触碰到他人的敏感点，伤害了同学们的自尊，从而引发了他人的反感和疏离。

我明白，每个人都有自己的成长环境和性格特点，这个女生也不例外。她并非有意要伤害他人，只是她的方式和态度需要一些调整。于是，我耐心地与她谈心，指出她在与人相处时需要注意的地方，帮助她认识到自己的不足，并提醒她要注意自己的言行举止，避免无意中伤害到他人。接下来，我与她的室友们进行了多次沟通。我告诉她们，每个人都有自己的个性和习惯，我们应该学会尊重和理解彼此。当面对矛盾时，我们应该学会换位思考，用真诚和善意去化解误会和矛盾。只有这样，我们才能共同创造一个和谐、温馨的宿舍氛围。

为了让她能够更好地融入集体，我还建议她主动找大家真诚道歉，并在日常生活中默默地为同学们付出，比如打水、打扫寝室等小事，虽然看似微不足道，但却能够用真诚打动人心。同时，我也在课堂上为她们创造了一起讨论问题的机会，她在学习上的优势得到了充分发挥，她为寝室的同学们赢得了荣誉，也赢得了她们的尊重和友谊。

随着时间的推移，她的努力逐渐得到了回报，与室友们的关系逐渐缓和。室友们开始理解她、接纳她，并最终与她重归于好。每当看到她与室友们手牵手上学、一起吃饭、欢声笑语的时候，我的内心都充满了满足和欣慰。

温暖与守护：西藏学生的成长见证

在徐州幼专，还有一个特殊的群体——西藏学生。学院派我连续几年给他们上"学前教育学"的课。刚开始上课时，我发现他们的学习劲头并不高。通过谈心，我了解到他们面临着生活节奏快、学习压力大、上课听不懂等困难。为了帮助他们克服这些困难，我经常约他们一起吃饭、谈心，有时候还会买一些小礼物和零食送给他们，为他们营造家的感觉。

其中有一名个子娇小、肤色黝黑的女生，如同藏区的一颗明珠，深深吸引了我的注意。每次上课，她似乎总是因为座位问题和同学纠缠不清，甚至发展到动手的地步，这使得课堂秩序一度陷入混乱。刚开始，我内心充满了愤怒，几乎想要狠狠地批评她一番，然而，当我看到她眼中闪烁的泪光，以及那些如断线的珠子般噼里啪啦掉落的泪滴时，我瞬间冷静了下来。

我示意她先平复情绪，待她稍稍平静后，我耐心地询问事情的原委。她低着头，双手紧握在一起，似乎在回忆那些不愿提及的过往。过了好一会儿,她终于鼓起勇气,向我倾诉了她的心声。原来,在原先的学校,她曾是一名班干部,学习成绩优异,深受老师和同学们的喜爱。然而,来到我们学校后,由于语言和文化差异,她发现老师讲的内容她几乎都听不懂,这导致她的成绩一落千丈,从名列前茅变成了班级倒数。这种巨大的落差让她感到迷茫和无助,甚至产生了转学回家的念头。

听到这里,我的内心一阵感慨。我知道,对于来自雪域高原的孩子们来说,适应新的学习环境和文化是一个巨大的挑战。于是,我决定尽我所能去帮助她。我找到专业老师,针对她的实际情况,为她制订了提高汉语口语水平的计划。在每次上课时,我也尽量给予她更多的关注和发言机会,鼓励她多说、多练,锻炼她的汉语口语表达能力。经过不懈坚持和反复磨砺,她逐渐克服了语言障碍,学习成绩也有了明显的提升。现在,她已经能够用流利的汉语与老师交流,甚至在课堂上主动发言,分享自己的见解。在她的脸上,我再也看不到之前的迷茫和无助,取而代之的是自信、阳光的笑容。

面对这些来自雪域高原的孩子,我深感民族教育工作的特殊性和艰巨性。我要像爱自己的孩子一样爱他们,引导他们适应本阶段的学习和生活,从而健全人格、健康成长。

在徐州幼专的日子里,我深刻体会到了"教书育人"的初心和"立德树人"的使命。我和学生们建立了深厚的友谊和信任,他们信任我、依赖我,我也尽我所能去关心他们、帮助他们。我们一起度过了许多欢乐和难忘的时光,这些时光成为我人生中最宝贵的财富。

追风赶月莫停留,平芜尽处是春山。在徐州幼专这个温暖的大家庭里,我将继续用我的热情和智慧去照亮学生们的心灵成长之路,做一个有温度、有情怀的引路人。师者如泽如炬,护花而生,我愿用我全部的热情和力量去呵护这些美丽的花朵,让他们在成长的道路上绽放出最绚烂的光彩。

春秋无悔筑梦人

罗秋英

岁月如歌,回忆如诗。自从 2020 年 1 月我来到徐州幼专工作,短短 4 年的时间,我的人生经历了一次新的飞跃。回忆往事,那些与同仁、学生共同度过的日子,如同一幅幅生动的画卷,缓缓展开在我的眼前。此时此刻,我将重新拾起那些记忆的碎片,以笔墨为舟,驶向爱与梦想,与你们一同分享那些无悔的岁月,感受筑梦人的执着与坚守。

潜心育人,三尺讲台写春秋

来到徐幼,"崇师、尚美、立人"的校训让我对教育的追求有了新的感悟。我深切地体会到,虽然我只是一名普普通通的人民教师,但"苔花如米小,也学牡丹开",我也能用自己的肩膀,给予学生以奋进的力量。

几年前的元旦前夜,我正与家人围坐一起包饺子,辞旧迎新。突然,手机收到一条令人心颤的短信:"老师,我在五楼顶上,脚下漆黑一片,也许明天一切都结束了,就再也不会痛苦了。"我瞬间紧张起来,心跳加速。我深知,此刻的每一秒都至关重要。我迅速回复信息,恳切地劝慰她,告诉她新的一年即将开始,还有许多美好的事情值得期待。经过苦口婆心的短信交流,她终于从楼顶下来,回到了寝室。我们约定以书信的方式继续交流,她告诉我她的痛苦和困惑,我则倾听她的心声,给予她关怀和建议。就这样,我们通过 206 封信的往来,逐渐建立了深

作者简介:罗秋英,女,黑龙江牡丹江人,1968 年 7 月出生,中共党员,教授,徐州幼儿师范高等专科学校学前与特殊教育学院教师。

厚的信任和情感纽带。

在通信的过程中,我了解到她生活在一个充满压抑和恐惧的家庭环境中。她的母亲有着严重的偏执心理,重男轻女思想严重,无论她如何努力,都得不到母亲的认可,心灵备受折磨。我在通信中,认真倾听她的心声,理解她的痛苦,教她如何排解不良情绪、走出心灵的阴影。她的情绪逐渐稳定下来,内心也变得越来越强大。

毕业前的一天,一位身材高挑、面目清秀的女孩走进我的办公室,朝我深深鞠了一躬。她看着我,眼中闪烁着感激的光芒,问道:"老师,您知道我是谁吗?"我看着她的眼睛,笑着说:"知道啊。"她惊讶地问:"您怎么知道的呢?"我指了指心脏的位置说:"心灵啊!我们是心意相通的啊!"虽然按照约定,我们不能正面接触,虽然我也不是她的班主任,但透过课堂上她那追随的目光,我早就锁定了她,也悄悄做了许多帮助她成长的工作。短暂的惊讶过后,她递给了我一份特别的礼物——一个台历。上面密密麻麻地记载着我们的点滴交往:"罗来了;罗看到我了;罗对我笑了;今天没看到罗……"这些简单的文字,却充满了她对我的信任和依恋。我接过这份沉甸甸的礼物,然后轻轻搂住她,祝贺她走出了阴影,迎来了新的生活。她眼含热泪,激动地说:"老师,我可以叫您妈妈吗?"从此,我在学生中间又多了一个温暖的称呼——"罗妈妈"。

每当回想起这些与学生相处的时光,我都感到无比幸福和满足。我深知,作为一名教师,我不仅要传授知识,更要用心去关爱每一个学生,帮助他们成长、成才。我会继续坚守在三尺讲台上,用爱和智慧书写属于我的教育春秋。

丹心一片,团结协作创辉煌

其实,在徐幼的校园里,我是一颗不起眼的螺丝钉,但在这片热土上,我与无数的张老师、李老师并肩作战,共同播撒师爱的种子。我们,都是这片沃土上辛勤耕耘的园丁。

学特院院长王清风,不仅是我们的领导,更是学生心中的楷模。她以细致入微的观察,守护着每一个需要关爱的学生。每当学生思乡情切,她总会亲手包饺子送去温暖;面对家庭经济困难的学生,她积极联系勤工俭学岗位,助力他们成长。学生们都亲切地称她为"院长妈妈",更决心像她一样,做一名师爱传承的榜样。在她的带领下,学院师生屡创佳绩,荣获全国各类奖励 30 余项,书写了辉煌的篇章。

2021 年,疫情肆虐,原定于 10 月举行的职业技能大赛一再延期。寒假将至,而选手们仍在学校备战。疫情限制了他们的自由,他们只能在指定的教室里度过漫长的时光。面对选手们的焦躁情绪和成绩波动,辅导老师们心急如焚。王院长毅然放弃回家探亲的机会,与大家共进退。她组织召开会议,为师生加油打气;自掏腰包,给学生发压岁钱,传递着浓浓的关爱。刘军教授送上暖宝宝,温暖着学生的心田。我则赠予他们牛年吉祥物,鼓励他们如老黄牛般坚韧不拔。宋琛琛老师每天早早离家,陪伴学生共进早餐。刘曲副院长一边攻读博士学位,一边指导学生,即便腰疼难忍,仍坚持为学生修改比赛方案。梁珊老师更是想方设法为学生改善伙食,甚至请来医生为学生处理伤口,避免了去医院被隔离的风险。在这个团结的辅导团队中,爱的接力棒在每个人手中默默传递,汇聚成一股强大的力量。

在师生们的共同努力下,选手们不仅荣获省赛第一名的佳绩,更代表江苏省冲刺国赛的舞台。虽然最终仅以 0.02 分之差未能摘得桂冠,但徐州幼专"特别能吃苦、特别能战斗、特别能奉献、特别能协作"的精神在这支队伍中得到了充分展现。参赛选手中有两人直接被本科院校录取深造,两人顺利通过编制考试成为幼儿园教师。一名学生在报喜信中写道:"感谢罗妈妈,感谢幼专的各位老师,是你们的教诲让我眼中有光明、心中有理想、脚下有方向。在徐幼的校园里,我看到了希望、获得了成长;从老师们身上,我汲取了无尽的力量,你们永远是我学习的榜样!"

春风化雨,桃李满园自芬芳

2024年,毕业生饶奕皓将远赴德国攻读音乐博士学位,他说:"徐州幼专就好像是一个大花园,不同的种子撒在这里,会开出五颜六色的花。我就是一颗音乐的种子。是老师和学校不断给我们浇水施肥,让我这颗音乐的种子在这里生根发芽。"

青年路小学青年教师张松,是徐州市小学信息技术领域的唯一一位特级教师。在不长的从教时间里,她先后获得江苏省特级教师、江苏师范大学硕士生导师、江苏省教科研先进个人、江苏省网络名师工作室领衔人、江苏省优秀科技辅导员、徐州市领军名师等一系列荣誉。对于一位幼师毕业生,从事专业性最强的信息技术教育教学工作,难度超乎想象,而她却完美地做到了,从信息技术专业本科生甚至研究人才济济的教师队伍里脱颖而出。她说:"之所以能有今天的成绩,是因为我的身上镌刻着徐幼的精神,是因为徐幼的老师用身体力行告诉我'孜孜不倦、滴水石穿'的道理,是因为徐幼的校园涵养着我'顽强拼搏,奋发图强'的品质。"

在连云港市学前教育"青蓝课程"展示活动中,官河中心幼儿园韩宇老师创设"守鸡舍"的游戏情境,将孩子们带入了民间体育游戏"斗鸡"的魅力世界,收到了"行动有痕,润物无声"的效果,深受领导、同行的好评。韩宇是位年轻的幼儿教育工作者,然而她却在短短五年的时间里,实现了"幼教新兵""骨干教师""青蓝工程'培养对象""连云港市官河中心幼儿园园长""江西科技师范大学在读研究生"等多个人生角色的转换。她说:"徐幼的课堂有温度、有亮度、有厚度、有长度。"在她喜爱的李秀敏老师的课堂上,她说自己学到的不仅仅是知识,更有爱:"李老师的课彰显的是人性的光辉:挚爱,平等,对话,鼓励……"这看似平平凡凡、普普通通的每一节课,实现了"随风潜入夜,润物细无声"的效果,不仅滋润了她求知若渴的心田,而且激励她在人生的道路上奋发进取,不断向前。在同一年里李秀敏老师考上了博士,而她拿到了硕士研究生的录取通知书。

30多年来,我和我的同事们虽身处高职学校,却培养出了一批批优秀人才——博士、硕士、校长、园长、骨干教师……他们如同我们一样,成为筑梦人,继续培养更多的建设者和接班人。我们默默无闻地耕耘在教育的田野上,用智慧改变学生的命运,用师爱陪伴他们成长,用真心换来真心,用温暖点燃温暖。我们虽然平凡,却闪闪发光。

"令公桃李满天下,何用堂前更种花。"每逢教师节,我们都会收到数不尽的祝福,这是师生之间那份无法磨灭的深情厚谊的见证。这份感情激励着我们争做"有理想信念、有道德情操、有扎实学识、有仁爱之心"的"四有"好老师;激励我们坚守讲台,初心不改,为祖国的繁荣富强贡献自己的力量!

此心安处是吾家

蔡 艳

"此心安处是吾家，只生欢喜不生愁。"这句话最能表达我此刻的心情。回首在徐幼度过的 4 年多时光，仿佛一幅画卷缓缓展开。那些温暖的瞬间和感动的故事，如同璀璨星辰，丰富着我人生的夜空，不禁感慨人间值得。

爱在千万里

选择一座城的勇气，我是一直都有的。机缘巧合中第一次将这种勇气付诸行动，是选择从南方的长江之滨跨越千山万水来到坐落于千年古城的徐州幼儿师范高等专科学校。当我把这个决定告诉湖北的朋友们时，他们的惊奇和感慨反而让我有些不解。或许，是因为他们未曾体验过徐幼那份用"礼"小心翼翼包裹着的爱的服务吧。

初到徐幼，我便被这里的人文关怀打动。学校组织人事处细致入微的关怀让我感受到了家的温暖。李慧副处长总是面带微笑，用她的耐心和细心解答我们的疑惑；刘芳铭处长则以其智慧和远见为我们指明了前进的方向。

还记得与徐幼的第一次见面是距离动车到站还有大约 5 分钟的时候，一个陌生而亲切的电话打破了旅途的寂静，那是舞蹈教研室主任吕碧老师的声音。她的细致指引让我在出站口一眼就认出了她那作为舞蹈老师特有的、标志性的优雅身影。她身旁，一辆学校安排的专车静静

作者简介：蔡艳，女，湖北潜江人，1971 年 3 月出生，中共党员，教授，徐州幼儿师范高等专科学校音乐舞蹈学院教师。

等候。那一刻，我感受到了前所未有的受宠若惊。在吕老师这位年轻有为的"90后"舞蹈教师身上，我仿佛看到了徐幼舞蹈专业未来的璀璨星辰，也看到了学校对舞蹈艺术的坚定信念和深厚期望。

第一次有幸与校领导共进工作餐，餐厅里等候我们的不仅有校领导、组织人事处的领导，还有音乐舞蹈系韩坤主任和徐幼元老级别的舞蹈教师——校艺术中心吴雪梅主任，一份满满的归属感瞬间溢满心怀。韩坤主任热心地帮助我加入了学校的企业微信群，同事们的热情欢迎如潮水般涌来，屏幕上的每一条信息都充满了温暖与期待。而吴雪梅主任更是对我关爱有加，她亲切地邀请我前往北京参加舞蹈专业的学习。这种独特的氛围，让我们这些初来乍到的人仿佛置身于一个大家庭中，感受到了无尽的温暖和关爱。

徐幼经常使用"徐幼大家庭"这样的字眼，而这组词蕴含的形式与内容的统一，只有真正体验过的人才能深刻品味个中滋味。

2020年疫情大暴发不仅给了世界一个考验，更是我与徐幼共同成长、深刻体验其现代化教学魅力和团队凝聚力的珍贵时刻。步入徐幼工作的第一个学期恰逢疫情，滞留在湖北的我，面对5个未曾谋面的班级，肩负起了线上教学的重任。那时，虽然我对与远在千里之外的学校共抗疫情、坚守教学一线的决心和硬件准备是充分的，但是在还没有完全了解学校各方面状况的情况下，我还是替学校和自己捏了一把汗。

如何与学生联系？如何进行我的课堂管理？如何与班级辅导员沟通？如何引导学生直面疫情专注学习？如何保证我的教学质量不受疫情影响？……一系列具体问题摆在我的面前。然而，在我最迷茫的时候，素未谋面的音乐舞蹈系党总支陈繁书记如同及时雨般出现，轻松而愉悦地帮我化解了所有问题。她帮我在企业微信群里建了一个"蔡艳教授舞蹈教学群"，由我任教的5个班的班主任、舞蹈课学生代表、她和我组成。她亲切地告诉我，考虑到我和大家不熟，她会在群内常驻，有任何需要都可以随时联系她。借此链接，再加上信网中心同事们的周密培训和一对一耐心指导，我和学生们很快便搭建起了线上教学的桥梁。班主任们细致做好各项工作,为我们的教学提供了坚实的后盾。

为了更好地备课,我还需要了解不同专业的人才培养方案和课程计划。我第一时间向教务处求助,同样是素未谋面的教务处王宁处长、李文静副处长也在最短时间内给了我圆满的回应。而在学习和熟悉这些材料的过程中,我深深地被学校井然有序、完善饱满的教学管理惊叹到……疫情的到来是始料未及的,但徐幼的教学常规却是那么的"有备无患"。教学中遇到的任何困难都有求助的渠道并能得到最及时的解决,以至于抗疫几年间线上线下混合式教学模式切换自如,师生均可流畅地无缝对接。这是所有徐幼人的付出和努力,我置身其中对学校事业前景充满了信心和希望。

此心安处是吾家

《价值与评价》一书中说:"'家乡'是我们经常在创造着、认识着和评价着的东西。"令人惊奇的是,苏轼"此心安处是吾乡"的感慨,竟然如此深刻地萦绕在我的心头,让我对"家乡"有了更深的体悟。

徐幼坐落于华夏九州之一的徐州,这座拥有 6 000 多年文明史和 2 600 多年建城史的城市,散发着独特的魅力。在这里,我领略到了两汉文化的博大精深,感受到了这座城市的历史厚重和文化底蕴。工作之余,我时常漫步在徐州的街头巷尾,欣赏着这座城市的风景。从狮子山楚王陵的雄伟壮观,到汉兵马俑的栩栩如生;从汉画像石的精美绝伦,到泥塑、布艺、柳琴戏等民间艺术的丰富多彩,都让我为之倾倒。更有古老的街巷、现代的商业区,这些元素共同构成徐州独特的城市魅力,让我为之陶醉。

而在徐幼,每个个体都散发着深厚的历史文化底蕴酝酿出的人文风情。在抗击疫情期间,陈繁书记的关照一直在我左右。当时我准备做一个课堂教学延伸,引导 5 个班级的学生做一个线上舞蹈创编的拓展。起因是系里高志老师作曲的《蝶变》特别符合我所带班级学生的学习情境,所以就音乐的采选提前与高志老师进行了一些沟通交流,得到了高志老师的应允和支持。应该是高志老师的推荐吧，陈繁书记激动地联系到我，大赞创编主题的同时，表示一定要将学生制作的抗疫舞蹈视频进行推广。最终，一个原本只是任课教师计划做的教学日常工作，升华成了一次具有特殊意义的抗疫学习镜像，并用舞蹈的方式保存在网络，今天看来，于学生、于课堂依然弥足珍贵……

捷克斯洛伐克社会主义共和国哲学家弗·布罗日克说："如果我们能感受到对'家乡'需要的所有地方都能成为'家乡'，如果我们的期望能决定它的内容，那么只要有获得'家乡'的良好愿望，'家乡'也就不成为一个问题了。"这段话直击我的心灵，让我对"家乡"的理解变得更加明晰，这源于徐州、徐幼满足了我对"家乡"的所有美好期望。季羡林老先生曾提及"心安即是归处"，这句话是出自白居易"我生本无乡，心安是归处"的表达。大师和先人们用质朴的文字向世人传达了一个理念——心安即是生命的归处。在徐州、徐幼的生活里，我处处感受着这种"心安处"的营造。徐幼，已然是我心中的家。

"人才是第一资源"的重要意义在徐幼也有体现。无论是与音乐舞蹈学院的同仁们共同探讨艺术之美，还是与信网中心的同事们携手应对技术挑战，抑或是与后勤管理处的老师们合作解决工作之外的琐事，我都能体会到一份独特的校园温情。

就在我任教班级学生的舞蹈课业行将结束之际，恰逢中国共产党成立 100 周年。为了强化学生将舞蹈课堂向舞台延伸的理念，同时进行舞蹈课程思政探索，我萌生了一个大胆的想法——导演一场以"立德树人，幼有我育——献礼中国共产党成立 100 周年"为主题的舞蹈课程展演。之所以说大胆，是因为课程展演的演员以学前教育专业的学生为主体，她们大多数对舞台表演是陌生的、胆怯的、缺乏自信的，学生们不敢想，也不相信自己可以登上学校演播厅的舞台进行舞蹈表演，但又对此充满期待，跃跃欲试。

当时学校演播厅各类重要庆典活动安排密集，我们申请使用演播厅除了见缝插针以外，更多的时候只能无限期"拖延"到晚上时段。甄健康和郭强两位老师不仅无怨无悔地陪伴我们连续加班至深夜,甚至反过来不断鼓励深感愧疚的我;临近演出的关键时刻,一个灯笼道具的短缺让我们焦头烂额,碧螺校区食堂的师傅闻声将门前挂的红灯笼摘取下来赠予我们;当学生告诉我采买服装道具和打印节目单的经费出现问题时,我偶然间向校党委马玲副书记、宣传部孙力部长倾诉了我的困境,她们毫不犹豫地表示坚决支持,并承诺会帮助解决困难;最后的最后,演出那天,学校演播厅座无虚席,全体校领导和教务处、科研处、学特院、音舞学院的领导以及舞蹈教研室全体同事共同观看了学生的演出,学生们在付出汗水后收获掌声时的激动和泪水至今让我难以忘怀,蔡飞校长、邓宪亮副校长等校领导在演出结束后写给我的留言更是让我感怀……大家以耐心、关心、热心、爱心共同营造并维护着学校珍惜人才资源的氛围,使我感受到善意无处不在,如影随形。

我意识到,我对"家乡"的良好愿望是由一群徐幼人努力创造和发展的。这是一份真实存在的获得感、幸福感和安全感,而我有幸深切地体会到了它。

让我喜爱的还有这里的人们。他们热情好客、淳朴善良,让我在这个陌生的城市找到了家的感觉。徐州人享受着空气清新、绿树成荫的环境,他们对生活的态度令人印象深刻:注重生活品质、追求身体健康与家庭和谐。这种积极向上的生活态度深深地影响着我。

4年多的美好时光转瞬即逝。在徐幼的日子里,我学会了如何去创造各种形式的"家乡",如何与同事们携手合作,共同为这片土地贡献力量。这里,将是我未来岁月的归宿,也是我心灵深处永恒的港湾。在未来的日子里,我将继续为徐幼的发展贡献自己的力量,与徐幼人一起创造更加美好的"家乡"。

青春是一息木香花

李　媛

校园回廊里的木香花开了。它们从 1984 年建校就种植在老校区，后来随着学校一路搬家迁徙到新校区。新校区的长廊比老校区的长很多也宽很多，所以，它们暂时不能像在老校区一样铺满整个长廊。站在长廊下，抬头望着枝条缝隙处的天空，听到它们开花时熙熙攘攘热闹的声响，馥郁的香气，一下子把我带回到 16 岁在学校上学的日子，一生对爱、美和自由的追求伴随着这香气启程。

1996 年 8 月 31 日

潮湿、温热的夏日午后，我第一次走进校园，站在画廊前看分班发榜。这所提前录取的中师学校是全市女孩子向往的地方，市区考场面试的时候超过 4 000 人，只录取几十人。直到看榜的那天，我心里依然非常激动。

校园小小的，实在是太小了，站在校门口就把整个校园看个干干净净。我们上课、吃饭、练琴、实习、住宿都在这个小小的地方，却不知怎么的，一个个酝酿出很大的教育理想，憧憬着美好的未来。

小小的学校里，有很多爱我们、我们爱着的老师。操场、教室、走廊，无论我们在哪里遇到老师，她们都像认识我们很久一样亲切、热乎。催着我们一遍遍练习专业技能的唐雪梅班主任，总是当面批评我们，背

作者简介：李媛，女，江苏徐州人，1980 年 8 月出生，中共党员，副教授，江苏省徐州幼儿师范学校学前教育专业 1999 届毕业生。现任徐州幼儿师范高等专科学校图书馆副馆长。

后在别的老师那里把我们夸得像一朵花;学工处的杜美华主任是同学们最怕的人,戴着白手套检查卫生是流传在每一届学生中的传说;教劳技的滕建志老师,对着一讲台同学们做的40多只绒布狗合不拢嘴;教地理的杨兴亚老师是台电脑,新版的地理书两天就背下来了,我们总在试探他的记忆力中完败;美得像公主的舞蹈老师冯洁像姐姐一样,上课时装严肃,下课就赖在宿舍里跟我们玩。

那个时候学校里面没有装满零食的超市,食堂里的饭菜也非常简单。有一段时间,食堂大师傅突发奇想在大课间供应小酥饼,刚出炉的小酥饼,起酥多层,甜咸适口,点缀着香气扑鼻的芝麻,让人欲罢不能。每个班都会派人去买小酥饼,一箩筐地抬回教室,让香气弥漫整个教室。但是大师傅偶尔会有估算时间不准的时候,酥饼出炉的时间略晚了一些,箩筐抬回教室的时候,已经快要上第三节课了。我们一开始还是担心的,但是后来这担心就打消了。温文尔雅的语文老师郑少华,走进香气扑鼻的教室,看见我们眼巴巴地瞅着她,又眼巴巴地瞅瞅自己手中刚刚领到的小酥饼,笑着说:"吃吧吃吧,趁热乎吃,就着小饼,古文更香。"在一阵哄笑声之后,我们享受着这特殊的课堂。后来,在这样的时刻,郑老师会偶尔发现讲台上有一个刚出炉的酥饼。

我因为爱上语文课,所以爱上了语文。每次写完作文之后的那节课,郑老师总是抱着我那被画了很多红圈的作文本,用好听的女中音大声朗读。年少的我虽然知道自己有很多不足,但依然在那些边吃着食堂刚出炉的小酥饼,边和老师一起诵读的日子里得到了极大的慰藉。

"何处遥相见,心无一事时。"当许多年过去时,我才知道原来我是从那时起就开始学习当老师了。

2006 年 4 月 12 日

今年是我回母校工作的第三个年头,也是我带2003级播音主持班的第三年。早上多做了一碗鸡蛋羹和粥,我用保温桶带到办公室,叫孟席来吃。她牙龈发炎好几天,食堂里的饭都吃不了。这个古灵精怪的小丫头，一边吃，一边问我："老李，你想让我干啥？"这个只有28个人的播音主持班，入校成绩最低，全校嗓门最大，量化成绩年级最差，考试平均分年级最低，处分率最高。我们一起走了5年，这5年时间无比珍贵。她们抱着我说："老李，别的老师都嫌弃我们，只有你不嫌弃我们。"师生的际遇是这天底下最美妙的缘分，我们相互扶持、相互陪伴，青春才如此精彩和完整。

孟席是全班报到时进班最早的一个，她像个假小子一样飞进教室，用好看的字体在黑板上写了"梦溪笔谈"几个字，然后跟我说："老师，我的名字跟它同音。"全班像孟席一样张扬、自由、不那么守规矩的孩子非常多，我们定期开个人展示会，展示自己的长处，大家每人都写一段表扬和肯定的话，当作礼物送给展示人。有一次，我查宿的时候，发现孟席把大家送给她的这个礼物压在枕头底下，像宝贝一样放着。我想让她们对学习产生一点兴趣，培养学习的习惯。我们在语文课上一起度过了好些开心的时光。我们去戏马台读《史记·项羽本纪》，我们在秋天落叶的时节喝着茶读郁达夫，我们穿着旗袍大声诵读《琵琶行》，喜欢文学的孟席大声说："老李的课就是有味道。"我看着这一群笑得最灿烂最大声、个性鲜活、敢爱敢恨的姑娘，爱上了与她们相处的那段时间和那个自己，像宝贝一样压在我人生的枕头底下。

我陪伴着她们从一个个需要修剪枝丫的小苗，渐渐长成颜色鲜艳的花朵，盛开在自己的生命中；她们也陪着我从恋爱到结婚，度过了我人生最重要的时刻。我结婚前夕，她们背着我偷偷做着手工的花墙，每一片花瓣都是用铁丝、钳子拧成。几百朵花，我不知道她们花了多长时间。直到结婚的当天，两米见方铺满粉白相间花朵的花墙被抬到婚礼展台上时，我是那个哭得最难看的新娘子。婚礼的现场，坐得离我最近的不是我的家人和朋友，是这一群哭得跟我一样难看的姑娘们。我想她们一片一片花瓣拧得手脱皮的时候，一定跟我5年来没白没黑想的都是她们、全心爱着她们的感情是一样的吧。现在，我们从师生变成了朋友，这珍贵的情谊像木香花一般年年盛开，一直芬芳。

2020 年 6 月 9 日

疫情开始已经超过 100 天了,今年的木香花不知道开得好不好,同学们在家里也不知道好不好。

班里有患抑郁症的学生悄悄问我:"老师,我什么时候能回学校,我不想待在家里了。"我担心着她,也夜夜睡不好觉。她参加了学院的雅卓女子学堂,和老师、同学们一起学习的时候,状态还算是好的。我想着,虽然大家不能回学校,但至少我们可以在云端相会一下。于是,我们就开始云插花、云喝茶、云练普拉提、云绣花、云读书,总有一些美值得我们期待和坚守。

我从 2018 年开始担任雅卓女子学堂的辅导老师,这个在"崇师、尚美、立人"校训指导下开办的特色学堂,经过历任领导、老师的努力,成为学校一道靓丽的风景线。也是从那个时候开始,我更加努力地学习美育知识和技能,取得了高级茶艺师、茶评员、花道师、收纳师等技能证书。我和姑娘们学习着美的技能、培养美的品格,一点一点增加着感受美、理解美、创造美、传播美的能力。我们在春日习茶,在和风中绘制书签;在明媚的夏日插花,在细雨雾蒙中读诗;我们在秋天里做香膏,在中秋时节做一盘月饼;在萧瑟的冬日学习收纳,品一杯咖啡,收纳一年的零碎,也收纳自己的生活和心情。这些看似无用之事,在全国人民都困顿的那些日子里,让我们即使不能在校园里相见,也依然保有着最简单的期待,因为我们相信,最美的花一定会再开。在艺术之美、生活之美、知识之美的浸润下,我们的心啊,就像那木香花,花瓣温柔轻盈,枝干却虬韧顽强。

我生命中大部分的时光都与这木香花为伴。每当四月,木香花和着春风的慢板唱和,总让我想起自己练完琴,关上门,走出琴房楼的时候,想起和学生并肩坐在花下谈心的时候,想起我们伴着花瓣飘落烹茶读诗的时候。琴声、风声、茶香、花香,像长长岁月的影子落在身后。这悠长岁月中的美丽晨昏,在光影的木香花长廊中,伴着青春的脚步声,叫嚷着渐渐远去,香气弥漫,久久不散。

我与三尺讲台的故事

李　倩

每当走进教室,看到那静静的三尺讲台,我的思绪总能瞬间被带回到记忆中的某个时刻⋯⋯我对幼师的讲台有着别样的情愫,小小的讲台承载着我教育生涯中的难忘回忆。

承载教师梦想的三尺讲台

1996 年 9 月,14 岁的我懵懵懂懂报考了幼师,从此开启了我的师范生涯。

记得在幼师读书的时候,教室里的讲台很普通,但是使用频率却很高。平日里,各科的任课老师会在上课时间段轮番登场,现在回想起来还清晰地记得讲台上摆放的各种教具,有地理杨兴亚老师的地球仪、生理卫生学唐雪梅老师的人体骨骼模型,还有杜军勇老师的文房四宝⋯⋯讲台总能吸引住同学们充满好奇的目光。此时的讲台仿佛就是个多功能平台,成为老师们传道授业的重要载体。

幼师的讲台不仅是教师的主阵地,更是属于学生们的展示舞台。早自习,声乐课代表站在讲桌前带领同学们练声;说写课,同学们按学号轮流上去讲故事、练口语、写黑板字;班委更是讲台前的常客,课间十分钟都可以被卫生、纪律、宿管委员用来宣布通知或者布置工作,站在讲台前的她们俨然一副"小老师"的样子。

作者简介:李倩,女,江苏徐州人,1982 年 2 月出生,中共党员,教授,江苏省徐州幼儿师范学校学前教育专业 1999 届毕业生。现任徐州幼儿师范高等专科学校马克思主义学院思政课教研室主任。

那时候,我是多么渴望能够登上讲台。虽然每次站在讲台前都会紧张,有时会面红耳赤,有时会心跳加速、语无伦次,但是那里总是有一种魅力吸引着我。如今每当看到讲台前老师和同学们的身影,都能使我想到读师范时候的自己,那个憧憬着教师梦的师范生。

职业生涯起步的三尺讲台

1999 年的初夏,经学校推荐,我以优异的成绩被保送到了苏州大学政治与公共管理学院思想政治教育专业继续深造。2003 年 9 月,毕业后我选择了回到母校任教。

初为人师的我再次站在幼师的讲台上,兴奋与激动的心情难以言表。在新教师会议上,张祥华校长语重心长地告诫青年教师要做好职业规划,争取"一年入门,三年过关,五年成为骨干……"从教最初几年,站稳讲台、上好课成了我努力的方向和目标。当时,学校特别重视青年教师培养,教务处、政教处在开学不久便分别举行了青蓝教师"师徒结对子"的活动。孙志敏老师负责指导我的教学工作,曾经的班主任陆兰老师负责指导我的学生管理工作。在两位师傅的悉心指导下,我的教学与班主任工作有序展开。

那时候,教务处每学期都会组织各类教学能力比赛。虽然知道每次参加赛课都如同经历一场"磨难",但我还是主动报名参加。"艰难困苦,玉汝于成",我深知要想站稳讲台、上好课,这是一个必经环节。俗话说"台上三分钟,台下十年功",讲台前 45 分钟的课像是一场经过精心设计的"演出",从育人理念的理解到教学手段的选择,从教学活动的安排到课堂案例的筛选,都需要精心打磨。甚至仅仅为了让课堂中的一句过渡语言更准确到位,教研组的老师们能够带我一遍一遍地深耕教材,来回推敲,反复试讲。孙老师告诉我:"经验是熬出来的,好课是磨出来的。"当时,对这句话不以为然。现在回想起来,朴实的语言中蕴含着深刻的道理。

在那时,我面前的讲台就像一个竞技场,它让我在专业成长的道路上不断追求卓越。经过 3 年的积累,2006 年我获得了从教以来第一个教学类荣誉称号"教坛新秀",并作为青年教师代表在颁奖典礼上发言。

与校同行共奋进的三尺讲台

"迁建""升专""迎评"这 3 个词语在很多老幼师人的心中有着特殊的意义。在学校成立 20 周年校庆之后,这 3 项工作陆续展开。一代代幼师人,艰苦奋斗、筚路蓝缕、开拓创新,推动学校一步一个脚印地向前发展。

记得在学校搬迁动员会后,全校师生员工积极响应,每个人都为学校搬迁和新校舍新校园建设添砖加瓦,以校为家,甚至舍小家为大家,奉献是全校上下最鲜亮的主题。2007 年,我跟随所带班级 2005 级 5 班的学生,第一批来到了金山桥碧螺校区。校园虽然经过了改造,但是一些地方还是略显杂乱与无序。为了使我们的校园更温馨、更具有师范特色,学工处提出美化校园校舍、创建文明宿舍的号召。全体师生积极响应,学前教育班、美术教育班冲在最前面。画画、写字、布景、做装饰,大家集思广益、团结合作,很快学校旧貌换新颜。从教室到校园,从宿舍到食堂,从琴房到图书馆,处处焕然一新。

校舍迁建的工作很艰辛,升专更不容易。2011 年学校正式升格为高等专科学校,然而升专工作 2004 年就已经启动。在这几年里,大家积极准备着各项验收材料,教职员工、全体师生齐上阵,加班加点那是常态,为的就是努力用最好的成绩向评审专家展示。"特别能吃苦、特别能战斗、特别能奉献"的"三特精神"是对这段时间幼师精神最生动的诠释。但是升专远比我们想象的难,2009 年第一次申报没有如愿,记得张校长在总结大会上几度哽咽。当时的会场很安静,但我们内心却很坚定。一次没成功再来一次,第二年我们再次申报,然而结果依然不如人意。幼师人没有被困难吓倒,而是愈挫愈勇、迎难而上、永不言败,终于在第三次申报评审中高票通过,经过 7 年的不懈奋斗最终升专取得成功。7 年,对一所学校的发展来说可能并不算长,但始终执着于一件事情显得又是那么的漫长。从此,开启了徐州幼专新篇章。

2015年学校迎来了专科层次办学的评估验收,经过4年的内涵建设,这次我们信心满怀。在专家听课环节,思政部选派我为思政课教师代表进行说课汇报。虽然当时正处孕期,但我依然毫不犹豫地接下任务,因为我知道这个讲台的分量之重,面对它我责无旁贷。

幼师培育了我,是母校助我实现了教师梦。同时,一路走来,我也见证并亲历了学校的发展与壮大。作为见证者、参与者、塑造者,回望我们来时的路,这就是一条永不停步、不断奋斗、追求卓越的学校发展之路。

坚守初心育新人的三尺讲台

20多年光阴似箭,幼师的校址校园校舍早已今非昔比,但不管学校如何变迁,三尺讲台始终静静地伫立于教室的前方。20年韶光流转,我已经由教学新手成长为中年骨干教师,但师范初心始终如一。20年春华秋实、桃李芬芳,站在讲台前的我始终"以真理教书,以真情育人",用生命启迪智慧,用爱心滋养希望。从教至今,带过十几届学生,如今他们已经遍布祖国的大江南北。我担任过13年的班主任,拥有许多学生,每当逢年过节收到他们的祝福短信都会感动不已,享受着只有教师才能体会到的幸福与快乐。

如今,每当在教学楼走廊上路过教室时,总习惯性地往里面望上一眼,也总会看到一些年轻的面孔站在讲台前滔滔不绝地讲着什么,仿佛曾经的自己。记得一位校长曾经讲过:"教育是传承更是接力。"让学生超越自己,是每个教师心中都有的愿望。一代又一代的教师站好自己的讲台,正是在接续创造教育的未来。

在人生的道路上,我常常能够感受到某种力量推动自己不断前行,那种力量如影随形地陪伴着我,鼓励着我,鞭策着我,无论走到哪里,身处何地。推动我的这股力量是什么?它从何处来?写到这里,我的脑海中再次浮现出那张讲台、那些画面。"学高为师,身正为范""两代师表,一起塑造""明日教师,今日做起""教育无小事,事事是教育;教师无小节,处处做楷模""崇师、尚美、立人"……这些曾经挂在校园墙面上的标语,在岁月的积淀下,如今已经成为我精神世界的重要组成部分。当过往的经历一幕幕重现在脑海,我终于找到了答案。

悠悠母校情,难忘幼师恩。母校 40 年辛勤耕耘,开启稚嫩心灵;40 年花儿芬芳,绽放生命辉煌;40 年开拓创新,点亮智慧明灯;40 年声名远扬,播种绿色希望。风风雨雨,薪火传承;三尺舞台,万千精彩。祝愿母校桃李芬芳,硕果飘香,生机勃发,辉煌如画。

风景这边独好

周　荔

4月的一天，因晚上有课，去食堂用餐。甫近食堂，悠扬的歌声伴随着动感的乐曲飘入耳际。一进去，青春的气息扑面而来。食堂一角的舞台，"青春麓鸣，声耀未来"几个大字闪耀在大屏幕上，校学生会主办的校园十佳歌手初赛正紧张而热烈地进行着。

有幸，一直在校园里工作。青春的气息，它时常会感染着你，让你误会自己还年轻；但它也会时不时地提醒着你：青春，的确已与你渐行渐远……

不知不觉间，做教师已近29年了；不知不觉间，在幼师做教师已近17年了。

2007年8月，我从市内一所中学来到了徐州幼师继续从事教育工作。彼时的幼师还是一所高师校，以联合培养五年制学前教育专业的专科生为主，学生毕业证上盖的不是我们学校的独立印章。学校主校区坐落在徐州市解放路奎河西沿，面积不大，20多亩，但小而精致，亭廊、池苑、假山皆具，是一所园林式的校园。印象中，入校门偏左些最为敞亮的空地即操场与篮球场的二合一，也是学生集会、活动的主要场所。操场西面为主教学楼和办公楼，往南紧挨着的是附属幼儿园，再往南还有学生宿舍。操场北侧旁一棵高大的青松下有一帆状的石碑，上面赫然镶嵌着"为人师表，率先垂范"8个金色的大字，侧对校门与操场北侧的行政楼、会议室。校门左手有一长廊，长廊上藤蔓缠绕，花开时香飘四溢。廊

作者简介：周荔，女，江苏徐州人，1975年3月出生，中共党员，副教授，徐州幼儿师范高等专科学校语言文化学院教师。

道曲径通幽,最后通向附属幼儿园,儿子当年就在这所幼儿园就读。当时,张祥华校长时常出现在校园里。她喜欢在校门口转,与进出的教师、学生、小朋友和家长们亲切地打着招呼;喜欢去幼儿园转,与幼儿园教师、小朋友们交流着、欢笑着;喜欢在校园的角角落落里转,总在琢磨着什么。时常,她也走进课堂,听完课后再与老师们耐心交流。

　　刚到幼师时,我接手了2007级五年制学前教育2班的班主任。面对着与普通中学有着不同培养目标的学生,我在思考:教育管理应该有怎样的不同?不!不管面对怎样的班级、怎样的学生,师爱是相同的。我尽可能去关爱每一位学生,经常与她们交流、沟通,了解她们的家庭、生活、学习等多方面的情况,走进她们的内心。我鼓励学生要自信,辅导她们大胆参与活动;我为家庭困难、省钱好久才能回家的孩子买来车票;我也会到宿舍陪她们一起打扫卫生、美化宿舍环境……但,面对学前教育专业的学生,教育管理又应是不同的。我关注她们未来职业素养的培养,通过班会、集体活动、课堂等多种渠道培养她们作为未来幼儿教师的职业素养。和学生们真诚相处、以心交心的日子总是过得很快。两年后,因工作需要,我不再担任她们的班主任了。分别时,我收到了她们送我的一个音乐盒:打开开关,一个可爱的小天使会伴随着音乐声缓缓地旋转、舞动。音乐盒上附着一张纸片,上面写着:"周老师,第一节班会课上,您说:爱自己的孩子是本能,爱别人的孩子,是天使。您就是我们心中的天使……"这个音乐盒我至今收藏。

　　2009年,学校主体从奎河西沿搬迁至金山桥,我则留在九中校区工作,担任2009级自考助学班的班主任。一天夜里11点多,睡梦中接到班级学生打来的电话,得知一位学生因感情问题一时想不开,哭得快晕过去了。我一边交代周围同学好好劝慰、照顾,一边赶紧起床驱车赶到学校宿舍,后又因该生说不舒服、心里难受,便急忙开车带其到医院,挂号、看病、咨询医生、联系家长。当最终一切都稳定下来、孩子身体也无大碍时,家长才从连云港匆匆赶来。到家,已是凌晨3点多了。带这个班级的学生颇费心力,毕竟不少学生学习基础偏弱,学习主动性不足,好在严格要求、不断督促,坚持到最后,不少学生顺利拿到了自考学前教育专业的大专毕业证。若干年后,一次带领学生去市机关二幼实习,一位幼儿园教师主动地走向我,说:"周老师,还记得我吗? 我是2009级助学班的呀。"她已成为该园的一名优秀教师,备受家长的信赖。

时光总是在指缝间悄然溜走,拼搏向上、不懈追求的幼师人却在与时间赛跑。2011年,我们徐州幼师升专成功!10月15日,徐州幼儿师范高等专科学校正式揭牌!

忘不了和领导、师生们一起在洞山捡石块、除杂草的辛苦与快乐,忘不了改造图书馆大家一起搬运桌椅、图书时的汗流浃背,也忘不了与教研室、备课组同事一遍遍说课、评课、修改评审材料的同舟共济……

升专期间,为了劳逸结合,学校曾组织过一次全体教职工及家人到校游园活动。我带儿子参观了校园,看了洞山上养的孔雀、鸵鸟、山羊……还和其他老师及老师家的小朋友、大朋友们一起在后山挖红薯。还在上小学低年级的儿子忽然兴奋地站起来,说:"妈妈,你们这是学校吗? 这分明是公园! 是动物园! 是开心农场!"

记忆收束到眼前,选定一个空位坐下,边用餐边欣赏那青春的吟唱。旁边有位女生正专注地勾勒一幅荷花图,不远处一位等餐的学生在学习,书上布满了密密麻麻的笔迹……这,是食堂吗? 这,只是食堂吗?

一切,变化太快;一切,变化太大。

升专后,我们中文专业的教师先是归入基础部,与政治、物理、化学等其他文化课和体育课教师合为基础部。后来,学校开设养老专业,我们中文专业的教师大都转入健康服务与管理系,后又成立了健康服务与管理学院。2023年,我们中文教师又加入了外国语学院,外国语学院改建为语言文化学院,开辟了新的专业——中文,招收了中文专业的第一届学生。我们学校的现任领导——崔成前书记也亲自给第一届中文专业的学生授课。2024年春招第二届招生,中文专业又是爆满。一切,都让人更有奔头、更有冲劲,也更有压力与动力。

如今的幼师站在了新的发展起点，迎来了新的发展机遇。新愿景，新基建，新学院，新专业……

一切都在欣喜地改变着，而有些东西却是未曾改变的。很庆幸，我身边一直环绕着可亲可敬的同事们。张美玲老师，30多年的老教师了，她担任过内地西藏班班主任，学生们总喜欢称呼她为"张妈妈"。为了藏族学生能够顺利考取普通话证书，她时常会忘记吃午饭，一遍又一遍地耐心辅导学生发音、示范口型、纠正发音部位。那情景，令人印象深刻。魏爱玲老师，我们同年踏入这所学校，她已近知天命之年，却总让人感觉青春依旧，活力四射。2024年她又任教了一门以前未曾讲授过的课程，开学前的暑假里，她常会打电话来，和我探讨下学期的教学。在大学时期就已是"学霸级"存在的杜金玲老师，已过知天命之年，在康管学院刚起步、还缺少养老专业的教师时，她主动转型，自学了医学、养老学等专业知识。2023年，她辅导的学生获得了全国职业院校技能大赛"社区服务实务"赛项的二等奖，这也是师范类职业院校选手的最好成绩。她办公桌上放着的加班时的标配——康师傅方便面，也让人难以忘却。外语专业的吴晓玲老师，说话办事一贯干脆利落，教学能力出色，2023年就指导学生获得了国家级、省级比赛的多项奖项。2024年，她又和学院的几位优秀教师组成了团队，辅导小学英教专业的学生参加全国职业院校的技能大赛。常见她在完成繁重的教学任务之余，在山上、山下两个校区穿梭着，气喘吁吁回到办公室，还未坐下，突然想起一个设计环节，抓起手机，便跟学生交流起来。王淑香老师，平日里话语不多，性情沉静。一天下班后，办公室只剩下我们二人，她打起了电话，电话是打给暑假即将毕业的实习生的，她与学生交流着毕业论文的设计，娓娓道来、滔滔不绝……

太多的画面，太多的场景，打动着你，感染着你。一代代的幼师人，在我们看得见和看不见的地方，默默地奉献着，往往不为什么，只为着对教育事业的那份已刻入心中的热爱和坚守。一代代幼师人，一份份幼师情，便是这春日里最美的风景。

风景，这边独好……

我在徐幼的这些年

郭盼盼

在时间的长河中,有些瞬间定格成永恒。回想 9 年前的那个秋天,往事历历在目,犹在眼前。那年我刚刚参加工作,已脱稚气,但青涩尚存。站在学校的操场上,阳光有些刺眼,从阳光中走来的是一群满怀憧憬的新生,我们望着彼此,一声"老师好"开始了我的从教生涯。从教 9 年有余,过往如同放映机播放的电影,一幕幕滑过眼前,让我不禁沉浸于此。

初入教坛:激情与迷茫

那时的我还是一名初出茅庐的体育老师,刚大学毕业,那份对运动的热爱几乎占据了我所有的情感世界。每一次踏上操场,面对孩子们对运动的渴望,我都能感受到一种难以言喻的兴奋。然而,虽然对教授学生运动技能充满着憧憬和热情,却也曾因为角色的转换而感到迷茫,从如何完成教学工作到如何与学生们相处,实在是有太多的东西需要学习。

除了体育老师,我还是一名班主任。我对班主任这份工作投入了全部的热情。2015 年 9 月,我担任 2015 级体育教育班班主任。虽然工作琐碎且忙碌,但我很享受,一切都源于爱。并且我坚信只有付出,才有回报,也只有让学生感同身受,他们才会"亲其师,信其道"。由于体育生活泼、好动,发散思维强,我总是开玩笑说,天天与班里的孩子们

作者简介:郭盼盼,女,江苏徐州人,1989 年 12 月出生,中共党员,讲师,徐州幼儿师范高等专科学校体育学院教师。

"斗智斗勇"！军训一开始，我就将自己的全部精力投入体育教育班的学生们身上。每天早上 7:20 我会准时出现在田径场，晚上与他们一起练韵律操、上晚自习。

还记得开学不到 1 周时间，我班 11 名男生晚上聚餐后在碧螺校区的童心广场大声喧哗。然而，这样的喧闹声并没有逃过值班老师的耳朵。那天晚上，正好是学工处陈繁处长值班，她随着喧闹声走到广场了解情况。陈处长到达现场后，对孩子们进行仔细的询问，并给予适当的教育。在处理完现场情况后，陈处长拨通了我的电话。那时已经是晚上 11 点多，我从睡梦中迷迷糊糊醒来。接完电话后，我感到手足无措，不知道该如何妥善处理。第二天一早，我联系了我们系部两位有经验的老师，马春梅老师和马岗峰老师。在他们的帮助下，我逐渐明白了作为一名班主任应该承担的责任和义务。从此以后，我的电话从未静音，无论白天黑夜、周末假期，我的手机始终保持开机状态，以便能够随时应对可能发生的突发事件。

角色转变：教师与朋友

随着经验的积累，我的角色也在悄然转变。我开始意识到，作为一名班主任，我的职责不仅仅是完成班级管理和日常教学工作，更重要的是利用课余时间走进学生内心，成为他们真正信任和依赖的人，做他们的良师益友。我珍惜每一次与学生们相处的机会，如每周一次的班会课，每学期一次的团建活动，每年一次的田径运动会……

在我担任 2015 级体育教育班班主任期间，班里曾经有一个男生十分调皮，我常常说他"老师讲一句你总能有十句等着"。2016 年 4 月，他因为脚骨折不能下床，我便在家中做好早餐送进宿舍，还在语言上给予关怀。后来，这顿早餐便成了学生空间里到处相传的"班主任爱心早餐"。也许是我的关怀触动了这个调皮的学生，从此之后该男生变得特别听话且积极上进，利用课余时间考了健身教练证并通过选拔进入校健美操队备战省运会。2017 年暑期集训，他刻苦训练，并带领其他队员完成了暑期训练计划,最终荣获江苏省第十九届运动会高校部健美操比赛(乙组)混合五人操第三名。

在我担任 2019 级体育教育班班主任期间,班里有位学生考游泳教练员证。因为是贫困生,他不舍得花钱请教练,恰好宿舍有位男生从小学习蛙泳,为了省钱,两人就在浴室进行徒手动作教学。当我得知这件事情后,很快帮他找了一位在奥体中心工作的教练朋友,免费教了他 3 个月。成功考过后,我们还开玩笑地说他是"浴室练出来的游泳教练员"。

不断探索:实践与创新

为了提升新进教师的教学水平和专业能力,学校特别制定了一项听课制度。根据这项制度,新入职的教师在最初 3 年的工作期内,每个学期需要完成不少于 20 节课的听课任务。在刚开始工作的那 3 年里,我严格遵守了这项规定,几乎每次听课都认真记录,将听课记录本填写得满满当当。我尽可能地吸收各位老师的优点,比如如何激发学生的学习兴趣,如何有效地组织课堂讨论,以及如何巧妙地引导学生思考问题等。通过聆听这些优秀教师的精彩讲解,我逐渐积累了丰富的教学经验,并随着时间的推移,逐渐形成了自己的教学风格。

大大小小的公开课我几乎年年上,但印象最深的还是在 2020 年,我有幸参加了由学校人事处精心组织的一场名为"志者同行,携手共进"的青年教师教改研讨课观摩与交流活动。这次活动不仅是一次难得的学习机会,更是我在教育生涯中的一个重要里程碑。这是我第一次站在将近 100 名来自全校的教师面前,为他们展示我的公开课。当时的我承受着巨大的压力,但同时也充满了期待和激情。

那天,我讲授的课程是"健美操",为了确保教学效果,我决定将传统的教学方法与当下流行的云技术相结合。在课前,我利用云班课的平台,为学生们推送了一段微视频,这段视频详细地对健美操的动作进行了分解,目的是帮助学生们更好地理解和掌握动作要领。课堂上,我并没有简单地让学生们跟着视频做动作。相反,我结合了训练环节,组织学生们进行不同队形的练习。这不仅锻炼了他们的团队合作能力,还使得整个课堂氛围变得活跃起来。在课程的最后,我布置了一个非常有创意的作业——队形创编。我要求学生们根据所学,自己编排一个健美操的队形,并在课后进行实践。这样,我将课堂上的教学与课后的实践完美地结合在一起,让学生能够学以致用。

硕果累累:收获与反思

身边的朋友们总是戏称我为"比赛专业户"。然而,我个人认为,如果想要在教学领域持续提升自我、提高自己的专业技能和教学能力,参加各种竞赛无疑是最为直接且有效的方法。自从我步入职场以来,除了孕期和哺乳期这两个特殊时期外,我几乎每年都会参加至少一场省级及以上的竞赛活动。这已经成了我职业生涯中的一个重要部分,也是自我提升的主要方式。很多时候,我会将一整年的时间都投入一场比赛的准备中,从研究比赛规则,到制定参赛策略,再到实际的比赛过程,每一步都需要校领导们的支持、院系同事们的帮助以及自己全身心的投入。

俗话说,"打铁还需自身硬"。作为专业技能课教师,我努力做到身体力行,用最规范的动作给学生们做示范。在要求学生完成身体素质训练的同时,自己也不折不扣地完成。

印象最深的是参加国赛集训时,我在每天工作结束后,都会根据全国高等职业院校体育教师教学技能大赛的要求,给自己额外加训两小时。2017 年 10 月,江苏省教指委向学校发出邀请,选派我参加全国高等职业院校体育教师教学技能大赛。我当时压力真的很大,毕竟这次我不仅代表着徐州幼专,更是代表着江苏省各大高职院校。比赛内容包括体能与急救类、运动技术类、教学设计与实施类 3 大类 8 个小项。其中,体能与急救类包括 90 秒跳绳(达标),立定跳远(达标),坐位体前屈(达标),以及心肺复苏、止血包扎、骨折搬运(书面作答);运动技术类包括专项技能和副项技能,其中,专项技能包括规定动作和1分钟竞技健美操,副项技能则是田径。面对副项技能中我并不擅长的背越式跳高,我虚心向周围的同事请教,从遗忘到表象记忆,从表象记忆到自动化,每一次训练都令我记忆犹新……

"咚、咚、咚",3声敲门声将我从回忆中拉回现实。我擦了擦有些湿润的眼角,稳了稳情绪,应道:"请进。"办公室的门被推开,一位同学略显羞涩地向我打招呼:"老师好。"9年了,这个称谓从未改变,不变的还有我的初心——用爱和坚守给学生的青春一个美丽的承诺!陪伴徐幼,筑梦而来。

念岁月青葱　忆母校芳华

徐剑媚

　　窗外,小雨淅淅沥沥,雨丝仿佛织成一幅巨大的雨帘。眼前,稍有褪色的毕业照上,一张张满是胶原蛋白的脸庞甜甜的、暖暖的。照片上那些再熟悉不过的名字,不经意间拉开记忆的闸门,在母校幼师就读的时光和经历,像是镌刻在记忆深处的老电影,一幕幕鲜活生动地在眼前跳跃。

无悔的选择　幸运的人生

　　遥想 32 年前的 7 月,一个阳光灿烂的下午,一位活泼热情的姑娘在决定自己人生大转折的第一志愿里填上了"江苏省徐州幼儿师范学校"。青涩如我、憧憬如画,我顺利地通过笔试、面试、初试、复试后,从几千名报考者中脱颖而出,以优异的成绩考入了理想中的学校。身边有许多人对我说:"你这么聪明,成绩又好,当个孩子王能有什么出息,真亏!"但 16 岁的我没有丝毫后悔,因为,那是我自己的选择。

　　经过 3 年校园时光的洗礼,班级、校级等各种干部岗位的磨炼,我更加坚定了自己的选择。18 岁时,作为应届毕业生中唯一的党员学生,我留校做了一名幼儿教师。如今,我骄傲地成长为一位 21 岁男孩的母亲,成长为众多孩子喜欢和热爱的"徐妈妈",成长为幼教领域里较

作者简介:徐剑媚,女,江苏宜兴人,1977 年 3 月出生,中共党员,幼儿园正高级教师,江苏省特级教师,江苏省徐州幼儿师范学校学前教育专业 1995 届毕业生。现任徐州幼儿师范高等专科学校语言文化学院党总支书记、幼教研究所所长。

为资深的教育工作者。

回忆曾经的过往,此时我最想说的是:选择了孩子,就是选择了人生;选择了徐州幼师,就是选择了人生的幸运。

幸福的校园　跃动的青春

忆当年,坐落在徐州奎河边的幼师校园,面积虽仅有 22 亩,却处处精致、别有韵味。每天到学校,先要走过一段细长的沿河小路。每个清晨,周而复始。我却总是小步快走、步履轻松,因为心中充满着对学校的热爱和期待。

校园里首先映入眼帘的是刻有"师范无小事,事事是教育;教师无小节,处处做楷模"字样的石碑;延展过去,是开满丁香花、香气宜人的花语长廊,是白鹤亮翅、荷花竞放的池塘美景;环顾四周,是书声琅琅、琴声悠悠的教学大楼,是烟火气十足的学生食堂……

那时,学校除了文化课考试,还有各项基本功考核,学生们大多一专多能,能歌善舞,各个学科齐头并进,无主副大小科之分。大家忙碌于运动会、排球赛、劳动周、校园文化艺术节、周末晚会等各种活动,穿梭在古典诗词演讲、小记者站、广播站、书法、绘画、摄影等各种各样的兴趣班和社团中;闲暇时,躺在草地上看看天,在雨天里踏踏水,听燕子叽喳,看银装冬雪,哼新歌一曲,徜徉于书海,好不惬意。整个校园充盈着青春的、艺术的气息,处处弥漫着幸福的味道。

那时的我,怀揣着目标和梦想,生活既是丰富多彩、快乐无比的,当然也是十分忙碌的。我身兼数职,校团委副书记、校学生会宣传部部长、校舞蹈队队长、校运动队队员、校领操员、校广播站广播员、班长……经常忙得不亦乐乎、废寝忘食。记得 20 年校庆那天,操场上百人钢琴演奏恢宏壮丽,我身着淡蓝色纱裙,和几十名舞者共舞《圆舞曲》;徐州市大型庆典活动中,我带队的百人花环方阵,整齐划一、创意无限。经历过汗如雨下的刺痒和酣畅,忍受过脚跟、膝盖的疼痛与麻木,体验过冬日里寒风瑟瑟中的表演。或许那时真的是辛苦,但为何回忆起来却是如此美好，如此值得留念？我想，这应该就是幼师教育的魅力吧。

我的大部分同学都是从农村走出来的，考上了幼师，她们才第一次真正接触音乐、书法、美术、舞蹈等学科，个人的兴趣爱好，也就在那时萌芽并得以绽放。我们的校园里也有明星，但基本不是文化课"学霸"，而是那些能歌善舞、能写会画、热情上进的学生。如果说那3年是我人生中最美好的时光，是我成长的黄金时代，一点也不为过。

回忆曾经的过往，我最想说的是：让学生领悟幸福的真谛，绽放青春的精彩，就是徐州幼师独特的文化气质，是真正的素质教育。感恩学校，在校期间养成的良好的综合素质让我们这些幼师生受益终身。

师范的力量　温暖的际遇

真正理解"师范"二字，是我在徐州幼师读书的时候，那时我才知道"师范"意味着"学高为师，身正为范"，对于教师这个称呼，自然而然增添了一种尊敬、自省和约束。感慨刚入校那年，我们十六七岁，不施粉黛、不着珠钗，一个个依然灿若桃花。纯然青涩的花季年代里，学校的优秀教师们传道、授业、解惑，孜孜不倦、兢兢业业，深深影响着我们对职业的选择、对生活的认知、对人生的定位。

2017年元月，我们幼师1992级3班的25周年聚会，身为班长的我带着班委们精心策划、悉心组织，这是我们班毕业后的第三次聚会。当初班里的42位同学来了38位，上学时的校领导、班主任和任课老师也都如约而至。回到校园、教室、大礼堂……我们重温班会，再上音乐课，再现毕业晚会，重走运动会方阵，大家激动万分，欢声笑语又热泪盈眶。毕业后的同学们无不通过自学考试、成人高考等方式提高了学历，现在多数坚守在幼儿园教学和管理岗位，很多人成为单位的业务骨干或中坚力量。班主任郑少华老师说："你们是我带过的最优秀的一届学生，留下了太多难以忘怀的记忆。为你们的坚守而感叹，为你们的超越而自豪。"我内心澎湃不已。我深知，每一位学生今天的高度，都是恩师用心血和精力托起的。

幸运的是,在我最需要指引的时候,遇到了一位又一位好老师。

　　幼师一年级,班主任郑老师教会我团结力量、发挥优势、民主管理、科学管班的方法和策略。幼师二年级,班主任陈华老师,个子很小但超有能量。她总是会以整齐美观的装束,优雅地出现在我们的视线里;总是用那美妙的歌声,用对艺术的一丝不苟、对学生无微不至的关爱,教会我拥有理想,教会我承担责任。在幼师的三年里,教舞蹈的吴雪梅老师,除了日常的舞蹈课,还会在每天早上五六点钟带我们训练,又常带我们彩排演出到深夜。她要求完美、十分严苛,我有点小忧之余,更多的是学会了热爱和执着。还有一位大家公认的"爱心妈妈",她就是敬爱的张祥华校长。印象中,学校就是张校长的家,时时处处、角角落落,都能看到她的身影。食堂里,她观察同学们吃得及不及时,了解饭菜可不可口;宿舍中,她看望生病的同学,关心生活有困难的学生;教学楼上下,她经常巡视同学们的学习状态,和同学们攀谈交流,亲密无间。对于我而言,她不仅仅是"爱心妈妈",更是我的偶像。我今天很多的习惯都源于她,愿意付出,勇于担当,喜欢创新,热爱生活,永不言弃。那时我总莫名感觉她的声音、她的语言有一种魔力,激励我努力向前、再向前。现在我终于明白,这就是人格的魅力、师范的力量。

　　2011年教师节,我邀请曾教书法课的孙尊严老师,到我们幼儿园参加"师生情代代传"的活动。那时孙老师已经70多岁,他有些颤抖地拿出了一叠作业纸,那是我们班同学上学时交的钢笔书法课作业。纸张已泛黄,字迹依然清晰,这意外的惊喜让我的眼睛有些湿润。不想,孙老师又拿出一张作业纸对我说:"你的字写得非常好,你瞧,我给它夹在书中,是保存得最好的一张。"感动的泪水瞬间模糊了我的双眼,这就是爱的教育、爱的印记啊。

　　回忆曾经的过往,此时我最想说的是:感恩徐州幼师的老师们,是你们用广博的知识滋养了我,用睿智的思想启迪了我,用高尚的人格引领了我。是你们,让学生们看到世界的美,感受到世间的爱,你们就是我最温暖的际遇。

盛开的芳华　难忘的印记

"长亭外，古道边，芳草碧连天……"当唱起别离的歌曲，翻开手中的毕业纪念册，同学间的一件件趣事浮现脑海，一张张熟悉的脸庞仿佛就在眼前，顿时感慨"人生天地间，如白驹过隙"。一晃三年，还未品足其中滋味，就已向它挥手再见了。

忆当年，共坐教室，抬头诵文化经典、唱乐谱歌词，低头书万丈豪情、写数学公式；忆当年，身居宿舍，床上小憩议时事八卦，床下欢唱庆生日获奖；忆当年聚餐，阔绰时糖醋排骨海鲜汤，拮据时青菜豆腐炒咸菜；忆当年军训，唱完《团结就是力量》才能开始的 5 分钟速食和各种进度条的《打靶归来》；忆做梦背诵唐诗宋词掉到床下的团支书；忆少言少语、来去都不带一丝声响、特别安静的学习委员；忆梳着齐耳短发、一板一眼、戴着白手套检查窗台的卫生委员；忆管着大家衣食住行、事无巨细的生活委员"林阿姐"；忆将一件简单的牛仔衣，撕了巴掌大的洞，用卡通图片一贴，依旧时尚依旧新潮的"双胞胎姐妹"；忆普通话不标准却偏偏喜欢朗诵"英（庸）雄故事"的文艺小青年；忆豫剧《花木兰》唱得超棒的田同学；忆总是唱《爱上一个不回家的人》的翟同学；忆 A 的毅力、B 的高效、C 的机灵、D 的包容……忆每个同学在风雨里的成长，在艳阳里的绽放。

世界上总有一些美好的东西会渗透在生活里，恒久地刻记下来，并在不经意间发挥着作用和影响。似乎生活里所有的时间和空间，季节的更迭和岁月的流转，都与这个学校紧密相连。我也说不清楚，自己到底在这个中师时代，怎样挥洒过青春的热情和灵感；也说不明白，围绕着这群人和这所学校，探讨了多少琐碎而实在的人生话题。只知道，我如一只展翅的小鸟，视徐州幼师为我的宝地，成长于此，坚强于此，盛开于此，灿烂于此。

回忆曾经的过往，我最想说的是：青春留在时光中，藏在岁月里，更刻在那一帧一帧的老照片上。我爱徐州幼师，感恩徐州幼师，这里有我难忘的印记,那是青葱年代,那是美丽芳华。

选择,是偶然,也是必然,它让我与徐州幼师结缘,和孩子相伴。想起唐代诗人孟郊《游子吟》中的诗句:"谁言寸草心,报得三春晖。"我对母校的感恩和热爱会幻化成独特的精神和力量,秉承徐州幼师"崇师、尚美、立人"的校训,用另外一种方式将感激留在记忆的心田。哪怕几十年后,时光逝去,我和学校之间已是恒久的盟约,亦如几世的情愫,丝丝缕缕,缠缠绵绵,无怨无悔,永恒不变。

梦想启航的地方

刘剑眉

1995 年金秋时节,我放弃了重点高中的入学名额,成为江苏省徐州幼儿师范学校的一名新生。

我的妈妈是徐州幼师教育学教研室的一名教师,她深爱学生、深爱本职工作,对待工作认真负责、努力精进,深受学生爱戴,曾获得过江苏省优秀班主任、优秀共产党员等诸多荣誉。我自小在幼师校园里长大,对幼儿教师这个职业充满了无限的敬意与向往。小小的心灵里,早已埋下了一颗想要成为一名幼儿教师的种子。初中毕业后,我放弃了重点高中,选择来到幼师。妈妈的一句话令我记忆犹新,她说:"热爱你的热爱,坚信你的选择,记住你出发时的梦想,努力终会成真,爸爸妈妈支持你。"

当年的幼师校园里,清一色的女生,一律留着齐耳短发。因为幼儿教师的职业特殊性,报考时会有普通话、艺术素养、爱好特长等针对性的面试环节,面试通过后方能报考。入读后学费全免,每月会有生活补助,毕业后还包分配,所以吸引的几乎全是中考高分优质生源。我们班有的同学在接到幼师的录取通知书时,他们的父母会开心地邀请左邻右舍看电影,以示庆贺。

时间如白驹过隙,回想 29 年前,十五六岁的我们在幼师度过的 3 年时光,内心充满感恩。我们在幼师的求学时光,接受的是完整全面的

作者简介:刘剑眉,女,江苏徐州人,1980 年 10 月出生,中共党员,副教授,硕士研究生导师,江苏省徐州幼儿师范学校 1998 届毕业生。现任江苏师范大学学前教育研究所所长,江苏省学前教育学会艺术专委会副主任。

素质教育,那些日子闪闪发亮、弥足珍贵,足以滋养我们的一生。

幼师的生活让我们学会热爱。当我满怀欣喜开始师范求学之路时,发现身边的同学状态各异:有的与我一样,因为心愿达成而激动兴奋;有的则因为与自己的梦想失之交臂而沮丧失落;还有的或许因为父母意愿或家庭原因来此求学而彷徨无奈。但很快,在老师们的教育引导下,在与坐落于幼师校园里的附属幼儿园小朋友的朝夕相处中,我们开始了解并越发热爱所学专业,逐渐体会到了身为幼师的使命感与自豪感。对我们影响最大的是张祥华校长,她睿智博学、敢于拼搏、勇于创新,并且深爱着每一位学生。她拥有满满的教育情怀,像太阳一样,给予我们温暖和力量,为我们指明前行的方向。随着理论学习与专业实践的不断深入,我们越发热爱儿童、敬畏生命。在幼师学习生活的每一天,我们的状态和心态都变得愈发积极向上。

幼师的生活让我们变得专业。学校完善的课程设置、优质的师资配备、丰富的教育资源、优美的环境、配套的实践基地以及丰富多彩的课程与活动,令我们徜徉其中欣喜万分。无论是清晨5点半的舞蹈房练功、早自习的练声晨读,还是午自习的书法习练;无论是通识性课程的积淀、专业理论知识的习得,还是技能技巧的锤炼;无论是模拟授课展示、基本功考核,还是见习实习;无论是各项比赛、艺术演出,还是毕业汇报,我们都以全部热情投入其中。我们1995级2班的班主任有两位,王宁老师和李克健老师。这两位老师均毕业于南京师范大学学前教育系,他们学识渊博,专业理论与实践基础扎实,在学习和生活方面给予我们无微不至的关怀和悉心的指导。我们的专业理论课老师大多毕业于南京师范大学学前教育系,他们在入职前需要在附属幼儿园工作一年,之后才回到幼师教书。我们的通识课、技能课老师也都毕业于南京师范大学、徐州师范大学等高校。各科老师都非常优秀,且非常用心地教育引导我们。在形成专业认同感、树立科学专业理念、养成专业能力和习得专业技能等方面,老师们对我们的影响极其深远。

幼师的生活让我们懂得担当。学校对学生的管理和要求非常严格，我们的日常生活作息极为规律，一切井井有条。学校不设保洁工，我们每天都要定时参与清洁劳动。每学期，我们还会有一周停课值周，参与学校各个处室的教学后勤事务。因此，无论是教室、宿舍、琴房、舞蹈房，还是校园户外的各个角落，都极其干净整洁美观。大到整个校园环境，小到教室里的黑板槽、花坛边的瓷砖片，几乎都是一尘不染。在附属幼儿园见习实习的过程中，我们不怕累不怕脏，尽心尽力地做好保育教育工作。清理粪便或呕吐物、清洗尿湿的衣服、消毒餐具桌椅、整理创设园所环境……对处于花季的我们来说，这些看似琐碎的工作，从一开始的生疏笨拙逐渐变得得心应手。这些经历让我们养成了做事有序、严谨细致的习惯，更培养了我们热爱劳动、敢于担当的品质。

在幼师，我的学习成绩连年都是全年级第一。每周一的升旗仪式上，我都会站在台前弹奏手风琴，带领全校同学齐唱国歌。在幼师的 3 年，我先后担任了班级学习委员、广播站站长、学生会学习部部长等职务。我积极参加学校组织的各项比赛，并获得了苏鲁豫皖四省中师生讲故事大赛一等奖、全校基本功大赛第一名、演讲朗诵第一名、器乐比赛第一名等奖项，还获得了江苏省三好学生，校优秀三好学生、优秀学生干部等荣誉称号。1998 年，我以全年级第一的成绩被学校保送至南京师范大学学前教育专业深造。本科毕业时，我又以南师大教育科学学院全院第一的成绩保送继续攻读南师大学前教育硕士学位。时至今日，我已是一名高校学前教育专业的教师，也曾兼任过江苏师范大学附属实验幼儿园第一任园长。我所教的本科生和研究生中，有不少已成为全省乃至全国各地幼儿园的园长、骨干教师或是高校学前教育专业的教师。母校赋予我的一切，在我的专业成长之路中起到了举足轻重的作用，令我受益终身。

今日的江苏省徐州幼儿师范学校已升格为徐州幼儿师范高等专科学校，环境更加优美，实力越发雄厚，更是在全国高职高专院校综合竞争力排行榜中位居全国幼专首位。在这所享誉全国的师范名校里，有我最尊敬的前辈，有我最深爱的恩师，还有我最佩服的同学以及我最喜爱的学生,他们都是徐州幼专最优秀的教育工作者。能在这所名校求学成长,能得到良师的引领与陪伴,是幸运且幸福的。2018年,在我们毕业20周年聚会时,我的同学们已成为各地优秀的教育管理者、幼儿园园长、中小学校长以及各级教育部门和机构的中流砥柱。被教育部授予全国优秀教师称号的周蕾同学感慨说:"母校有种神奇的魔力,她会让每位幼师生成长为更好的自己。"这句话,道出了我们所有校友的心声。

　　春风化雨,润物无声。我们永远铭记母校的教诲,感恩她给予我们无尽的勇气和力量,让我们在人生的道路上勇往直前。

曾是芳华洒满地

车远侠

1989 年,在老师的夸赞和同学们的羡慕中,15 岁的我以统考和面试总分第一名的成绩考入了江苏省徐州幼儿师范学校。那时候,一所中学里能考上中师(幼师)、中专的也就几个人,我有幸成了为数不多的学生之一。

当时的江苏省徐州幼儿师范学校被称为"女子学校",一是因为在校学生全部是十五六岁的青春少女;二是学校管理很严,校外异性是禁止入校的。学校位于市中心,前身是徐州市第八中学,在戏马台的斜对面、古老的奎河旁边,离云龙山、云龙湖、云龙公园不远,附近有繁华的中枢街,学校不远处便是徐州师范学院。学校不大,闹中取静,喧嚣热闹与琅琅书声、琴声奏出了独特的城市交响曲。

我们那一届只有两个班,共 100 名学生,有从农村考进来的,也有县城和市里的。当年考幼师比较难,除了文化课过线,还要有形体、音乐与美术等面试选拔。校园不大、条件简陋,但学生学习刻苦、志存高远。20 多年前师生们流下的汗水、流逝的芳华,为今天徐州学前教育的繁荣发展打下了基础。老校区已经不在了,昔日师生已经天各一方,蓦然回首,才知几多韶华已匆匆随风流逝。

我们的老师

我读幼师时,校长是朱广福。每年的校会上,我们都会听到校长的

作者简介:车远侠,女,江苏徐州人,1974 年 2 月出生,中共党员,正高级教师,江苏省特级教师,江苏省徐州幼儿师范学校学前教育专业 1992 届毕业生。现任徐州市鼓楼区学前教研员。

训诫,大抵是勉励我们认真学习,苦练本领,将来做个好老师。那时的学生非常单纯,听校长的讲话、听老师的教导。慢慢地,我们成了在校时听话的好学生、毕业后听话的好老师。现在,徐州南北和各县乡镇学前教育的顶梁柱、光荣榜上的名师,很多都是我们那几年的"萌萌哒"少女。

班主任李燕老师教我们心理学。她刚从南京师范大学毕业。那时的她,留着刘海儿披肩发,穿着白色蕾丝短衫,配着黑色长裙,言谈举止间洋溢着青春美,成了很多女生模仿的对象。她每天都到教室和宿舍,询问我们的学习生活情况,给初离家乡的我们带来温暖。

薛黔星老师是我们的舞蹈老师。她是白族人,善孔雀舞,水平高、要求严。在寒冷的冬天,薛老师也是穿着一袭红裙,举手投足间透出美的气质和韵味,是我们心中崇拜的"女神"。后来薛老师退休了,创办了徐州第一家星光舞校,现在徐州市及各县区都有分校。她用自己的执着与热爱,为无数孩子播撒了舞蹈梦想的种子。

丁运东老师年轻帅气,教我们手风琴。他最拿手的是每年毕业汇报的压轴曲《铁道游击队》:"弹起我心爱的土琵琶……"那陶醉的神态让我记忆犹新。

赵刚老师教我们钢琴。他是个不苟言笑的人,出生于钢琴世家。让我们记忆最深刻的是他的还琴课,他对指法要求很严格,这让我们每个人都很紧张。后来,我听说赵老师调去了南京特幼学院,心中还唏嘘了很久。

杨新亚老师教我们地理。当时学校要求45岁以下教师用普通话教学,这可难为了杨老师,于是他的课给我们带来很多欢声笑语,特别是他用不标准的普通话说着徐州方言,让很多学生忍俊不禁,而他却一本正经地接着"南腔北调",如"为啥十五黑家的月姥姥看起来给毛戈(硬币的意思)一样圆?"以至于后来同学们聚会时,大家对杨老师教的地理知识大都忘记了,但他的一个个段子却令我们记忆深刻。

历史老师是刚从南师大毕业的胡其伟。他是个温和善良有个性的人,和我们打成一片的同时,也对我们有很多习惯上的要求。诸如女孩子就要有女孩子的样子,走路时不许勾肩搭背,瓜子零食不能在大庭广众下吃,要带回宿舍再吃等。还记得有次晚自习,当时正在流行琼瑶剧《情深深雨濛濛》,在同学们的闹腾下,胡老师站在门口给我们放哨,一班50个青春少女在班里追剧。这一幕恰好验证了胡老师所说的"文史不分家"。

数学老师是个温和的老头儿,字好图好,三角形和圆形都是徒手而成,画好后问我们像不像,大家都佩服地说像,之后他满意地开始讲课。到学函数时,很多学生听不懂,他就微笑着一遍遍地讲,直到大家都会了为止。

体育老师带着我们绕着奎河一圈圈跑步,挑战极限1小时爬云龙山,创编幼儿体操,还教过我们防身术。这些都为我日后的工作、优异成绩的取得打下了坚实的基础。

当然,还有一些老师,虽然我已经忘记了他们的名字,但在他们认真工作的精神熏陶下,我也养成了做事认真的态度。

我们的学习

我们班同学,基本上都是"掐尖"录取来的,不缺文化课"学霸"。在重知识讲学历的那个年代,许多同学课后拼命看书学习,特别是几个当年中考时县里的尖子生,他们拼命学习文化课,课外时间读文学名著、背古诗词,自学外语,梦想走出校门时再上一个台阶。每次文化课考试,他们几乎都是满分,令大家刮目相看。

对我来说,文化课和教学法的学习都不是问题,真正让我们付出努力和汗水的是那些专业课。音乐是从学识简谱开始的,很多同学是用数字1234567来代替记忆乐谱发音的,也经常见到琴谱上那些高低排列着的阿拉伯数字"乐谱"。会舞蹈的女孩最美,但美丽都在挥洒汗水之后。舞蹈课是大家既期待又紧张的科目,一群半路出家学舞蹈的女孩子,从伸胳膊、压腿、下腰等基本功开始,到站位、各类舞蹈、表情……

没有音乐伴奏,弯腰、压腿、劈叉……疼得龇牙咧嘴,累得腿疼腰酸,饿得四肢无力,热得汗流浃背,操场上、宿舍里、教室里都留下了同学们比学赶帮的身影。现在想起,我的耳边仿佛还回响着当年老师的口令:抬头、挺胸、双手打开,下蹲、侧踢、转身、回头看……一年级学习脚蹬的风琴,一心三用,眼里盯着谱子,两手弹着键盘,双脚一上一下踩着两块踏板,还不能用力大;二、三年级开始学习钢琴和手风琴了,学校不多的琴房里,不管是什么季节,只要到了练琴的时间,同学们就去争琴房。春天的傍晚,南风吹起,教学楼窗户洒下的灯影里,大草坪上翩翩起舞的倩影,是今天挥不去的思念;琴房里传来的此起彼伏的悠扬琴声,和着"风吹杨柳哗啦啦",谱成了不负韶华的乐章。这些乐章后来飘向了徐州的各个角落,把音乐之美洒进了一个个孩子的心田。

美术课也是专业课之一。从画素描学起,石膏做的圆球、圆柱和三棱柱就是全部的教具,什么逆光、向光、明暗调子等专业名词,不时从老师嘴里飞出,听得我们云山雾罩。老师教我们如何握笔,教我们目测时眯着一只眼睛,教我们画人时按照"立七坐五盘三半"的比例等。"圆球、圆柱、三棱柱"几乎被我们画了一学期,为后来学习工笔画、写意画、国画、漫画、简笔画打下了基础。后来我们还学习扎染、泥塑、手工制作,戏马台布市、宣武路批发市场,经常有我们组团批发原材料的影子。虽然我们离艺术的殿堂差得很远,学得都是一知半解,但我们每一次接触新课程,都充满着求知欲。只要有人教,我们就认真学;老师教什么,我们就苦练什么。那时,老师们教得专注,学生们学得努力,自然都打下了坚实的专业基础。

我们的校园生活

初中毕业的我们都是十五六岁,都是第一次离开家门,生活常识缺乏。一年级住集体宿舍,20个人一个大房间,分上下铺。有的同学夜里不敢独自一个人在架子床上铺睡觉,怕夜里翻身掉下来,于是找老师帮忙协调,让胆子大一些的、个头高一些的睡上铺。临睡觉之前,同学们会天南海北地聊。过去的、现在的、将来的，听到的、看到的、想到的，每一个话题都能引起大家的共鸣。有时要讨论到很晚，直到熄灯了，室长催了又催，大家才渐渐地睡了。到了冬天，有些关系好的学生会上下铺合铺，挤在一起既暖和，还能说说悄悄话。也是在那个时候，我们结下了一生难忘的友情。

当年学生不准走读，所有学生都在校园里的大食堂用餐。每人每月给 15 元生活费、20 斤粮票，由班级生活委员在月初发给大家。这些钱都是国家给的。我们毕业后工作了都是国家人员，是"吃计划"的。发育的身体经常会饿，记得经常最后一节课下课铃声一响，大家几乎都是以百米冲刺的速度跑去食堂排队买饭。力气大、体质好的同学，跑得最快，能买到好一点、热一点的饭菜。早饭一般是稀饭、馒头、咸菜，偶尔会有油条和面包。午饭是米饭和大锅菜，去得晚了米饭卖完了，只有馒头。晚饭依然是稀饭、馒头和一份小青菜。一周里会改善一两次伙食，就是早上炸油条、炸丸子、蒸大包子。中午会烧鱼、烧肉，如果去晚了就买不到了。买好的饭统一在食堂吃，是不允许带到宿舍的。饭后我们有时去抢琴房、练功房，有时去赶作业。春天和秋天的傍晚，三五成群在校园里散步，葡萄架下、假山水池边、爬满紫藤的回廊里，处处白衣短裙、不时有银铃般的笑声。春天的午后，我们几个同学约在一起，躺在大草坪上晒太阳，谈趣事；秋天的傍晚，我们也会三五成群躺在草坪上看星星，思念家乡，也有的同学拉手风琴。那些天真烂漫的少女们哦，你们都去了哪儿？

学校里集中供应热水，在伙房旁边有一个锅炉，安装了几个水龙头，在放学时间打开小门，供全校同学集中打水。每到打水的时间，要排很长的队，各种各样的茶壶里注满了生活的温暖。生活用水也一样，在校园中间，有一口水井，一个水塔，外面垒了一个长水池，两边有两排水龙头。平时，同学们要端着盆去接水，端到宿舍洗脸洗脚。星期天，大家排着队等着洗衣服。各个宿舍门口都给拴了铁丝，方便大家晾衣服、晒被子。

学校对我们的生活习惯和卫生习惯要求很高，经常组织检查小组，每天查宿舍，要求水杯和牙刷的方向一致，被子要叠成豆腐块，地面要一尘不染。20个人的集体宿舍，总会有这样那样的事，宿舍楼那个看门的老太太经常翻着白眼训大家，但谁也不知道她在训谁。她一吼，我们就赶紧检查自己哪儿出错了。现在想想，学校的"高标准、严要求"让我们养成了从自身找不足的习惯，也养成了任劳任怨的工作态度。

除了上课之外，我们也自发组织一些文体活动。我们自己排自己演，每次演出总是有经典的四小天鹅、女声小合唱、大合唱等等。全体大合唱由副校长任昌华指挥。此外我们还会组织歌咏、演讲、普通话、篮球、排球、羽毛球等比赛。学校还组织迎中秋元旦节日演出或者晚会，有时同学们穿着随身衣服就上台表演，同样引来阵阵掌声。

我们的梦想

十五六岁的青涩年龄，纯洁得像一张白纸，憧憬着自己的梦想。"千教万教教人学真，千学万学学做真人""捧出一颗心来，不带半根草去"，这是谁？陶行知！老师说，你们将来就要做这样的教育家，去让每个幼儿都快乐成长。"尊重儿童的人格，爱护他的天真烂漫""教活书，活教书，教书活，读活书，活读书，读书活"，这是谁？陈鹤琴！我们就要做这样的学前教育工作者。学校给我们擘画了幼师梦，于是，我们就有了梦想，有了憧憬未来的动力。3年过后，我们带着各自的梦想寻找诗与远方。怀揣做当代陈鹤琴梦想的同学们，一直追寻着前辈的足迹，今天我们当中的很多人，有的成了市名师、有的成了特级教师、有的当了园长、有的做了教育管理者，都在不同的岗位上默默耕耘。那些继续追逐大学梦的女孩，有的直接进入高校深造，留在高校任教，或者在大城市里发展。过了20多年，她们都远离家乡生活在别的城市了。多数同学的梦想，都是做一个好老师，毕业后分到县城或者乡镇的幼儿园，做了呵护幼儿的"女神"。也有同学进了中小学当老师。但不管在哪个岗位上，她们都是佼佼者，因为她们都在幼师努力学习过，练就了做老师的好本领。

在幼师读书的那个年代渐行渐远,老校区的记忆越来越模糊,教我们的老师慢慢淡出了视野,但学校让我们掌握了那么多知识,结识了那么多志同道合的同学,收获了那么多纯真的感情,是我永远难以忘记的。春风化雨,润物无声,我永远感恩母校、感恩老师……

难忘的岁月　永恒的情怀

方红娣

我离开充满青春气息的江苏省徐州幼儿师范学校已经整整 30 年了,回忆过去,美好的校园生活仍历历在目,恍如昨日。每当我沉浸在回忆的海洋中,往事就如同一幅幅生动的画卷,在我心中缓缓展开。那是一段充满欢笑与泪水的时光,一段塑造了我人生轨迹的重要历程。现在,我想以文字为舟,驶向那片美好的回忆之海。

美丽校园　多彩生活

时至今日,徐州幼师的校园仍然是我心中最美的风景,虽然那时它只是一个坐落在奎河沿、占地不大的校园。我还清晰地记得当时校园的布局,记得那里的一砖一瓦、一草一木。教学楼里,我们度过了 1 000 多个日日夜夜。那一间间教室,见证了我们求知的渴望和探索的足迹。宿舍楼里,有我们温馨的小家,那里回荡着我们的欢声笑语。食堂的香气,总是勾起我们无尽的食欲,那些简单的饭菜,如今想来,却是美味。

校园生活是丰富多彩的。课堂上,我们认真听讲,积极发言,对知识的渴望犹如春天的植物对于阳光的渴望,我们欲罢不能,不停地追寻着,期待更丰富的滋养。下课后,操场上、琴房里、舞蹈房中,到处都留下了我们拼搏的身影。那些与同学们一起度过的时光,或欢笑,或争吵,都成了我宝贵的记忆。

作者简介:方红娣,女,江苏徐州人,1974 年 10 月出生,中共党员,江苏省特级教师,江苏省徐州幼儿师范学校学前教育专业 1994 届毕业生。现任徐州市第一实验幼儿园党支部书记、园长。

学习是我们生活的主旋律。学习内容既有深入浅出的专业知识，也有启迪思维的通识教育。人们都说幼儿园老师琴棋书画样样精通，而我们在校园里学到的还远远不止这些，手工制作是我们必不可少的技能！还记得，当时家里摆满了我亲手制作的形形色色的布娃娃、自己设计裁剪的裙子。这些都成了邻居家弟弟妹妹们的眼馋之物，我也成为很多人眼中令人羡慕的"巧手神匠"。

在学习过程中，我们遇到了不少挑战，但每一次的突破都让我们感到无比的喜悦。那些辛苦、那些磨砺，如今看来，都是宝贵的财富。还记得在一年级的时候，班主任王北斗老师带我们爬云龙山，王老师手持树枝走在队尾，不停地鼓励我们前进，在他的鞭策下，我们爬过了一节又一节的山峰；还记得校运动会上参加长跑项目的同学几乎虚脱，边哭边跑，我们也是跟随她的脚步边哭边鼓励，终于她为了班级荣誉胜利完赛，我们在终点处紧紧地抱在一起，泪水滂沱；还记得在礼堂的舞台上，我们完成了一次又一次的演出：舞蹈、话剧、合唱比赛，每一次都迎来热烈的欢呼与掌声；还记得为了参加演出，我们在吴雪梅老师的组织下排练《冬儿雪儿》，一次次的下跪让我们的膝盖青紫破皮，但我们毫不松懈，依旧坚持把每一个动作都做到位；还记得……那些瞬间，充满了青春的活力和激情，每一次都让我们激情澎湃，热血沸腾。那些胜利的喜悦，那些失败的泪水，都成为我们成长的催化剂。

师恩难忘　情谊绵长

伴随我度过 3 年学习时光的，除了同窗好友，还有徐州幼师那些优秀的老师们，他们给我留下了深刻的印象，也成为我一直追随模仿的榜样。老师们严谨的教学态度和深厚的专业功底，都让我受益匪浅。英俊帅气的琴法课老师，随手拈来就是一首热血沸腾的手风琴曲目或一首悠扬的钢琴曲，尽管他们并不严肃，但还琴时我依然会心情忐忑；舞蹈老师那飘逸的长发、优美的身段让我羡慕不已，虽然她们要求严格，但我依然喜爱至极，常常在舞蹈房流连忘返；语言课老师悦耳动听的朗读让我深深地沉醉，从此改掉了乡音，讲上了一口流利的普通话；还有幽默的语文老师、才艺出众的美术老师、和蔼可亲的体育老师……都是一样的治学严谨，一样的诲人不倦。

除了卓越的专业能力，老师们更如同家人一样给予了我们无微不至的照顾。有一位恩师让我深怀感恩、有一件事让我记忆犹新，我常常会动容地与身边人进行分享，那就是我一年级时的班主任——王北斗老师。踏入徐州幼师是我第一次离开家独自在外生活，初入校园对家人的思念无时无处不在。对于新生而言，入校第一件大事就是军训。我生性好强、骨子里不服输，在训练时也格外刻苦。或许是出汗多，没注意着了凉，在军训的第三天我就感冒了。还记得那天上午同学们都去操场训练了，我一个人趴在教室里，那个时候应该已经起烧了，感觉浑身酸痛。就在我昏昏沉沉的时候，王老师走了进来，他关心地问我怎么了，然后伸出手在我额头上试了试。这暖暖的手像极了每次我不舒服时父亲在我额头试温的手，我瞬间就变成了委屈的孩子红了眼眶。王老师把我带到了卫生室，跟保健医生说："给我们班孩子好好看看，可能有点发烧。"保健医生开玩笑地说："你带的学生个个都是宝贝蛋。"在之后一年的学习生活中，我深刻体会了王老师护犊子般的爱生情结，他常常挂在嘴边的一句话就是"我们班的学生……"吃了药以后，我第二天就又投入了训练中。那一年，我们班以良好的精神风貌在校军训比赛中获奖，又代表学校参加了徐州市的军训大赛，并在大赛中取得了优异的成绩。我们青春酷飒的女生队列、清脆嘹亮的口号声成为赛场上一道靓丽的风景线。

王老师对我们的爱是细腻的，他像父亲一样叮嘱我们"离校外出不能外穿健美裤"；王老师对我们的爱是豁达的，他像朋友一样与我们玩笑嬉戏；王老师对我们的爱是深沉的，他帮我们争取表现的舞台和展示的机会；王老师对我们的爱亦是包容的，他支持我们去打破常规，创造奇迹！

我从小学就一直是学生干部，刚进入幼师时王老师已经指定了班长人选，我后来问他："为什么班长是×××。"（现在想一想那个时候胆子还是蛮大的)王老师回复我说："×××入学考试成绩优异。"并且他还鼓励我说："如果你想，你们可以公平竞争。"就是这样一句话，给了我动力与信心。我努力学习、策划组织班级各类活动、团结帮助同学……在学期中的学生干部竞选中，全票通过当选新一任班长。在这个过程中，王老师的信任、支持、激励起到了很大的作用。一次班长竞选的意义远远大于竞选本身，对于我日后的成长起到了重要的奠基作用。

王老师仅当了我们一年的班主任就去带信息技术课了，以后在校园里见到，依然感觉如此亲切。再后来参加了工作，每当遇到困难时，我还是会向他请教，也总会得到他的指点与答案。每次见面，王老师都会问我专业发展情况，还会给我提出下一步的发展目标。也正是在他的不断鞭策下，我的专业能力才一步一个台阶地稳步提升。尽管到现在我依然没有达到他希望的高度，但我会带着他的期许不断前行。

3年的同窗之谊，更是我宝贵的财富。我们一起学习，一起生活，一起成长。那些共同度过的日子，让我们建立起深厚的情谊。3年学成毕业，我们奔赴四面八方的教学岗位，那份情感依旧如初。毕业离校的那天，校园里很嘈杂，有汽车喇叭声、自行车铃声，还夹杂着丝丝的鸣咽声。我送走了一波又一波的同学，是最后一波红着眼睛离开校园的。

离开徐州幼师已经30年了。这10 000多个日日夜夜，让我无数次魂牵神萦，无数次午夜梦回。沐师恩永生难忘，忆同窗情同姐妹。而如今，当年那些清纯的小丫头们，已经光荣接过老师们的衣钵，在人民教师的岗位上勤勉敬业，躬耕教坛30载，已成为教育战线上的优秀标兵，精心呵护着棵棵幼苗苗壮成长。

徐州幼师，是我人生中重要的一站。那里有我青春的足迹，有我美好的回忆。那里是我成长的摇篮，是我梦想启航的地方，是我树立职业信仰的殿堂。我将永远怀念那段校园时光，永远感激那段学习经历。

感谢您与我一同回忆这段美好的时光。希望我的故事，能带您重温1991—1994年间的徐州幼师生活。

愿我们都能珍惜过往，阔步前行。

三年缘 一生情

范宁宁

一个人从幼儿园到大学毕业,会在不同阶段的学校读书,每一个曾经就读的学校都可以被称为自己的母校。在我的求学经历中,有两所我最感恩、记忆最深刻的母校。一所是我现在工作的南京师范大学,另一所就是曾经位于徐州市解放路奎河西沿 20 号的江苏省徐州幼儿师范学校。如果把南京师范大学比作我的大厦,那么徐州幼师就是我的根基。

初见与结缘

初中时,我的文化课成绩还算不错,进了重点班。家里对我最大的期望是考上中师,将来回老家当个有编制的中小学老师。这样的"铁饭碗"对于许多农村家庭的孩子来说,无疑是一个极好的选择。然而,那时的我,虽然很喜欢唱歌,还担任着音乐课代表,却从未想过走音乐这条路,更不知道中师还有音乐方向可以选择。

一个偶然的机会,我在一位美术老师那里看到了一份徐州幼师的招生简章,上面写着幼师将在邳州地区招收 5 名音乐教育专业的学生。当我将这个信息告诉我的音乐老师时,没想到老师非常支持我去报名。我这才有点心动,抱着试试看的心态报了名。

我来到幼师考试时,才发现报考的学生非常多。他们穿着漂亮的

作者简介:范宁宁,男,江苏邳州人,1983 年 10 月出生,男高音歌唱家,江苏省徐州幼儿师范学校音乐教育专业 2002 届毕业生。现任南京师范大学音乐学院声乐系副主任。

演出服,带着各种我从来没见过的乐器,练着我从没听过的乐曲。我仅会唱几首民歌,能认出 7 个简谱音符,顿时就傻眼了,深感自己毫无胜算,甚至有了"打道回府"的念头。然而,我在考场外遇到了同是从邳州赶来的考生潘成同学。我们交谈后得知,他也是考声乐的,而且还要加试器乐项目。令我疑惑的是,一直没看到他的乐器。就在这时,只见一根竹笛从他袖子里滑了出来,我恍然大悟。后来我们还经常笑谈此事,觉得十分有趣。我们俩相互鼓励,既来之则考之,硬着头皮上吧。

考场设在二楼的大礼堂,舞台非常大,台下坐着一排考官。我站在舞台中间的那一刻,紧张得双腿发抖,甚至不知道自己是如何自报家门的。唱完考试曲目《草原上升起不落的太阳》后,我已浑身是汗。

回家后,我对能否考上幼师已不敢抱有希望,继续补课学习,准备冲刺高中。然而,中考结束后的某一天,我意外地收到了幼师的录取通知书。这份意外之喜让我既惊讶又自豪,我意识到自己在音乐方面或许真的有些天赋,至少我的嗓音条件是得到考官认可的。这更加坚定了我走音乐这条路的决心——我决定去幼师学习音乐。

开学报到那天,我走进教室,惊喜地发现潘成同学赫然在座。通过自我介绍,我还结识了本届仅有的 5 位男生中的另外 3 位:梁磊、翟伟、徐力,以及班级里其他 41 位女同学。后来得知,我们那一届学生不仅音乐特长出众,文化课成绩也同样优秀,许多人都有能力考上各县的重点高中。我们这 46 位同学,在幼师 3 年的学习生涯中,结下了深厚而真挚的友谊。

进入幼师后,我接触到了更广阔的音乐世界。我第一次见到了钢琴、手风琴、长笛、小提琴、琵琶、古筝等乐器,每一件都令我着迷。学校为我们开设了专业主课,钢琴、手风琴、二胡等辅修课,还有乐理、视唱等基础理论课以及形体课。形体课包含芭蕾和民族民间舞,对我后来的舞台表演和台风塑造起到了至关重要的作用。在第一个学期里,除了声乐比较顺利外,其他的课程让我倍感压力。乐理、视唱等课程是我从未接触过的领域,五线谱对我来说更是陌生。我只能逼着自己利用一切可以利用的时间去学习五线谱和乐理知识。到了第二个学期以后,我已经能够熟练地看五线谱学唱歌曲、练习钢琴和手风琴了,学习音乐的信心也得以增强。

回荡在校园的歌声

当年,位于奎河西沿 20 号的幼师校园虽小,却独具匠心。校园四面被建筑环绕,中心是一片操场,操场外围是连通的环形跑道和花廊。正北面,办公楼、大礼堂与食堂相邻而立,其间点缀着一座假山喷泉,增添了几分雅致。正西面,一座五层高的教学楼矗立,旁边是一个幼儿园。正南面,是二层的教学小楼,仅有几间教室,却充满了学习氛围。西南和东南两个角落,是学生宿舍的所在。正东面,则紧贴着奎河沿,由南向北分别是校内的小花圃、学生琴房、音乐教学楼以及学校的正大门。东北角,靠近食堂的地方,有一个锅炉房,那是我们每天必须光顾的地方。在这小巧而精致的校园里,只要有人在操场上吼一声,四周楼宇内的人都能听得到。

那时,我对唱歌的热爱几乎到了痴迷的程度。每周一次的声乐小组课远不能满足我对提升声乐技能水平的渴望。由于琴房资源有限,我常常需要四处寻找练习的地方。如果能抢到琴房,我往往不愿轻易离开。然而,更多时候是抢不到琴房的,于是我便在教室里、走廊过道上练歌。但长时间这样,难免会影响其他同学的学习,毕竟教室是大家共同的学习场所。因此,我就见缝插针,当大家去食堂吃饭或者晚上都回宿舍了,才在教室里练歌。然而,这样做反而带来了更大的麻烦,因为我的歌声会传遍整个校园,甚至传入一些宿舍。可以想象,在宁静的午间或寂静的夜晚,突然从南边二层小楼的教室里传来带着回响的男高音,会给大家带来怎样的感受。

记得有一次,教导处的邓宪亮老师在操场上与我们闲聊时对我说:"民歌小王子,我经常能在办公室听到你的歌声。"虽然我知道自己练歌可能打扰到了大家,但听到"民歌小王子"这个称谓时,我还是很意外和窃喜的。

一根磨破的手风琴带

进入二年级，我发现自己除了钟情于声乐以外，又热爱上了手风琴。那种练琴入魔的热情甚至超越了对声乐的热情。由于琴房数量有限，我们在教室、走廊过道、宿舍练琴成了一种常态。有一次，我在宿舍练完琴后，把手风琴套上琴罩，放在书桌上。恰巧，一个在徐州求学的老同学来看我，当她看到我的手风琴时说："你们宿舍的条件这么好，还配备了电视？"这引得大家哈哈大笑。时至今日，跟那位老同学谈起此事还是乐不可支。

二年级下半学期，我的手风琴老师丁运东准备开一节手风琴教学公开课，并让我现场独奏《我为祖国守大桥》。我既高兴又紧张，尽管手心和后背都在冒汗，还是勉强把这首曲子演奏了下来。丁老师还在课堂上夸了我，这给了我更大的学习信心。从那以后，我几乎每两三周就能练熟一首乐曲。像《溜冰圆舞曲》《赛马》《京调》《马刀舞曲》《牧民之歌》《北京喜讯到边寨》《傣家欢庆泼水节》等乐曲都是我在二年级时积累的作品。

二年级暑假，我留在学校参加社会实践。平时不忙的时候，我就把所有的时间都用在了练琴和练歌上。一个暑假下来，我基本练会了《打虎上山》和《塞尔维亚理发师序曲》这两首难度较大的作品。暑假结束，我才留意到手风琴左手贝斯风箱上的一根拉带已被磨得只剩下薄薄的一层外皮。后来，我参加江苏省音乐统考，加试手风琴曲目《打虎上山》，取得了 11 分的优异成绩。这为我顺利进入南京师范大学起到了至关重要的作用。

比赛与考试的时间赛跑

三年级是我们最忙碌的时候。学校告诉大家一个好消息，我们可以通过参加全省的保送考试或者高考进入大学读书，考不上或者不愿意考的同学,可以继续留在幼师再读两年,拿大专文凭。但学校鼓励每个学生都要去参加高考或者保送考试。为此,当时的张祥华校长专门到教室给我们加油鼓劲儿,学校也调配了各科最优秀的教师,给我们补习高考文化课。教室、琴房、宿舍都对我们开放,不受时间的限制。于是,我们一边抓紧时间学习文化课,一边努力练习音乐,常常深夜才返回宿舍休息。

考试的日子很快到来,随之而来的也有烦恼。当时,我入围了淮海经济区青年歌手电视大奖赛的决赛。不巧的是,保送考试和决赛恰好在同一天举行。考试地点在淮安,下午 4 点结束;电视歌手大奖赛则于当天晚上 7 点在徐州电视台演播厅正式开始。淮安和徐州两地相距约200 公里,如何兼顾考试和比赛成了我最大的难题。这时,张祥华校长给我吃了定心丸,她告诉我,淮安的考试一结束,学校会安排大巴车立刻返程,如果赶不及,就安排一辆车专门接我。这份特有的关照让我倍感温暖,心中的忧虑也随之消散,我得以全身心地投入备考和备赛中。幸运的是,返程之路非常顺利,而我的比赛抽签号也相对靠后。我赶到徐州电视台后台,刚刚换好服装,就轮到我上场了。

比赛时发生了一个有趣的小插曲。当我演唱完参赛曲目《西部放歌》后,按照惯例鞠躬下台。然而,我刚走到台口就被工作人员拦住,示意我回到舞台。我一时没明白发生了什么,急忙跑回舞台中央,再次深深鞠躬后下台。这时,主持人也急了,急忙叫住我,提示我观看大屏幕。我这才意识到,原来后面还有答题环节。我连声抱歉:"因为去外地考试,没有参加下午的彩排,忘记了比赛流程,请大家谅解。"这时,台下响起了热烈的掌声,我得以继续答题。最终,我没有辜负母校和老师的期许,取得了第一名的成绩。

比赛后不久,我也顺利地通过了保送考试,收到了徐州师范大学(现江苏师范大学)的录取通知书。

感恩的心与温暖的爱

既然已经保送上大学了，还有必要再去参加高考吗？如果参加高考，还要继续一个多月的文化课学习煎熬；如果不参加高考，马上就可以放假啦。当时，已经拿到保送大学录取通知书的同学都很犹豫，心里举棋不定。老师们敏锐地发现了我们的犹豫，坚决地鼓励我们参加高考。他们常说："前期已经付出了很大的努力，何不再坚持一下，多给自己一个选择的机会，不要给人生留遗憾。"在他们的鼓励下，我们不再踌躇，全力备战高考。于我而言，有了保送大学的保障，我反而放松了心情，决定放手一搏，冲刺一下南京师范大学。最终，惊喜来临，我被南京师范大学录取了。这一点，我要由衷感谢母校和老师们的鼓励。

虽然考上了南京师范大学，但我的心情却有些沉重。想到即将离开这所陪伴我 3 年的母校，与朝夕相处的老师和同学们分别，心中充满了伤感与不舍。我开始思考，我该如何回报母校和老师们的恩情。

用一场独唱音乐会？这是我当时能做的最大努力。在离开母校的前一天下午，我的感恩音乐会在学校大礼堂如期举行，校领导、教过我的老师、我的同学们以及学弟学妹们纷纷前来，一排排地坐在场下。没有漂亮的演出服，没有华丽的灯光，我站在那个地板都斑驳掉漆的舞台上，唱出了一首首发自内心的感恩之歌。

音乐会结束后，校领导和老师们为我送上了一份特殊的温暖。他们知道我的经济条件不好，便纷纷慷慨解囊，为我筹集入学的费用。丁运东老师更是偷偷地塞给我一个大红包。他们用这种最朴素、最直接的方式表达了对我的关爱与支持，助我顺利地步入大学校园。那一刻，我的内心是感动的，双目是湿红的。

离开母校后，我时刻关注母校的发展。几乎每年我都会回母校看一看，拜望一下当年的老师，汇报一下个人成绩，品尝一下校园的美食，感受一下学校的美景。母校也经常邀请我回来参加各种艺术实践和文化交流活动，让我有机会再次感受母校的温暖与活力。每次回到母校，我总能感受到家一样的温情。每当母校的老师、校友在南京遇到难题时，我也总是毫不犹豫地伸出援手，尽我所能地给予帮助和支持。

如今，母校已经从奎河西沿20号的小学校华丽转身，蜕变为一个迈向高质量发展的大学。在母校即将迎来建校40周年庆典之际，我诚挚地祝愿母校再创辉煌，再攀高峰！

师恩无穷期 春晖播四方

吴艳梅

29 年前,也就是 1995 年,15 岁的我如愿以偿地考进了徐州幼师。拖着一个亲戚找村里木匠专门给我做的手提箱,我入校报到了。那时的幼师是在老八中的校址上建的,坐落于奎河边上和平路 20 号。一进校门,映入眼帘的是"为人师表,率先垂范"8 个大字,这是母校多年来校园精神的集中体现,是镌刻在我们每个幼师人心中的文化内核。也正是这句话,滋养着我的生活和职业发展。

我们的班主任是曹利群老师。那时的曹老师 20 多岁,大学刚毕业,是徐州幼师毕业保送上大学后回到母校工作的。因此,她对学校的教学管理要求及学生的学习生活制度非常熟悉。面对刚刚入校还未成年的我们,曹老师的教育既严格又细致。她从每日生活常规教育入手,从早上练声、早自习、早操,到上课巡查,再到晚自习及晚查寝,每天都会进教室、进宿舍、进卫生扫除现场指导和把关。她会给我们示范如何把玻璃擦得亮如镜面,也会教我们如何组织开展各项文化活动。她会提醒我们不要随地扔垃圾、随口吐痰,也会教育我们收腹挺胸、自信阳光,让我们逐步养成了良好的生活学习习惯。小到生活琐事,大到价值观引导,曹老师始终洋溢着一股暖流,和风细雨般感染着整个班级,渗透到我们每位同学心中。多年后,我也成为一名老师,时而听到学生说我虽然严格,但又是那么友善可亲。每当听到这样的评价,我都会想起

作者简介:吴艳梅,女,江苏新沂人,1980 年 2 月出生,江苏省徐州幼儿师范学校音乐教育专业 2000 届毕业生。创立苏格兰昆曲社,曾获"英国十大杰出华人青年"提名奖。现在英国爱丁堡大学攻读博士学位。

曹老师。

大专时的班主任是孙科京老师,孙老师对我们就像对朋友一样,永远都是面带微笑、和和气气,低调而宽容。有时我们也会犯错,也会把事情搞砸,但是孙老师依然会面带微笑、平静平等地跟我们交流。他说话总是慢条斯理的,我们从没有见过孙老师着急或不高兴。我们管他叫"老大",因为感觉他就是我们中的一员,是那个领头的"老大"。那时,我们一帮喜欢音乐的年轻人,在同样喜欢音乐的孙老师的带领下,徜徉在艺术的海洋里,愉快地度过了两年的时光。临毕业前,孙老师知道我们已经习惯了他做班主任的风格,也知道毕业后的我们多到小学任教,所以毕业前他叮嘱我们:"教育年龄尚小的孩子,班主任的工作方法和教育方法要适合这个年龄段孩子的特征,这样才有利于促进他们更好地成长和发展。"接着孙老师又叮嘱了我们很多,包括就业观、择偶观、婚姻家庭观以及人际交往等。虽似懂非懂,但我们却把这些话深深地印刻在了脑海里,直到现在都记忆犹新。

2000年6月,我大专毕业,两年后移居英国。在英国的这20多年里,大多数的时间我都从事着教师职业,在中学和大学都任教过。在中学教书时,我的风格很像曹老师;在大学工作时,我的风格又很像孙老师。虽然风格不同,但我始终坚信身教重于言传。我传承着幼师时期对我影响最大的两位老师的育人风格和为师风范,我也时刻践行着"为人师表,率先垂范"这8个字。

除了亦师亦友的老师们,幼师还有许多难忘的课程让我们备受熏陶。学前教育专业开设了自然科学课程、人文科学课程和许多专业技能课程,并为我们搭建了宝贵的专业实践平台,让我们这些来自农村、专业技能零起点的孩子们有机会走上舞台,参与实践,尽快找到适合自己的专业发展方向。那时的我热爱舞蹈,成功入选了校舞蹈队,经常代表学校去市里、省里,甚至去中央电视台演出。薛黔星老师创作的苗族舞《山花》是我们当时表演最多的舞蹈,也是我们有幸受邀到中央电视台表演的舞蹈,那是永生难忘的高光时刻。我也很庆幸有机会跟吴雪梅老师学习各种民族民间舞,其中胶州秧歌的印象更深一些,表演过吴老师创编的胶州秧歌《女子三人舞》。来到英国以后,我经常在社区表演中国舞、古筝、昆曲等节目,多次受邀到大型音乐厅甚至到苏格兰皇家音乐厅表演中国舞蹈和戏剧,受到英国观众的普遍欢迎。能把中华优秀传统文化和中华文明在异国他乡广泛传播,我倍感骄傲!在英国,我先后完成了民族音乐学、视觉人类学和对外汉语教学的研究生课程,并最终选择舞蹈人类学作为我的博士课程和研究方向。选择这个方向,不仅是因为我对舞蹈自始至终的热爱,也归功于薛老师和吴老师当年的悉心教导,让我对中国舞有了比较系统的学习和认知,让艺术的种子在我心中生根发芽,成为我一生的追求。

我很感谢在幼师那5年的学习与生活。学习上从文学到教育,从舞蹈到乐器,从声乐到作曲,从绘画到手工……我们在各个领域都学习了很多知识,培养了多方面的能力。我还担任了班干部和学生会干部(文艺部长),先后组织了班级内部和学校范围内各种各样的活动和比赛,包括一年一度的艺术节,大大提高了组织协调与交流能力。记得曹老师曾说过:"要么不做,要做就做最好。"幼师时期的我,毕业后的我,包括现在的我,一直是这样要求自己的。那5年,我受益的不仅是学到的知识、技能和为师之道,提高的不仅是组织交流能力,更重要的是养成了专心致志、吃苦耐劳、知难而进的做事风格,找到了自己的人生目标。我坚信,真正走得远的人,一定是方向明确、目标清晰,并且能为此坚持付出的人。

时光飞逝,一晃毕业已经24年了。母校搬到了新校区,又升格为专科学校,名称和校址都变了,但不变的是"苏北师范一枝花"的口碑、为人师表的师范精神和敬业精业的育人传统。能在幼师接受5年教育,我是非常幸运的。这5年里,我收获满满,不仅确立了一生的研究方向,更奠定了未来职业发展的坚实基础。

记忆里的母校是美好的、青春的、积极的,也是感人的、温暖的、难忘的,因为那里有生机勃发、向上生长的青春记忆,有"两代师表,一起

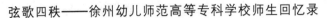

塑造"的精神品格,更有真诚关爱学生、无私支持学生的可亲可敬的老师们! 今天,在母校 40 周年华诞之际,我在遥远的爱丁堡向老师们致以最崇高的敬意! 向母校致以最美好的祝愿!

忆徐州幼师第一支女子排球队

宋爱菊

　　我的母校——江苏省徐州幼儿师范学校今年迎来了40华诞,作为一名30年前曾经在这座美丽的校园里学习和生活过的毕业生,我由衷地祝愿母校生日快乐!回忆往昔,幼师生活,充满着诗情画意,洋溢着幸福欢乐。美丽的校园风景如画,鲜艳的五星红旗就像保卫校园的哨兵;微风吹过,木香长廊飘来阵阵清香;每一个班级的室内设计都五彩斑斓,渗透着老师们的匠心独运和学生们的创新智慧;校园里的一草一木、一砖一瓦都在我的心头留下了深刻印象。在幼师学习的3年时间中,最令我难忘的是徐州幼师的第一支女子排球队。

女子排球队的教练和队员们

　　我和刘琪从8岁起一起打排球,一起读小学中学,1994年又一起考入江苏省徐州幼儿师范学校,直到现在还在一起工作。也是在那一年,徐州幼师成立了第一支女子排球队。指导我们排球训练的是魏永泉老师,他一米七五的身高,大大的眼睛,瘦瘦的身材,衣着朴素而又举止优雅,被岁月沉淀得线条分明的脸庞,虽已中年,却依旧英俊。魏老师的性格外柔内刚,对我们既有慈祥的关爱,又有严格的要求。排球队其他成员有徐州市铜山区棠张中学女排毕业的董芳、刘英姿、陈飞位、冯静、潘小香和幼师二年级的朱薇薇。因为朱薇薇个子比较高,体育方

　　作者简介:宋爱菊,女,江苏徐州人,1979年1月出生,中共党员,中小学高级教师,全国优秀教练员,江苏省徐州幼儿师范学校学前教育专业1997届毕业生。现任徐州市铜山区棠张中学教师、徐州市女子排球队教练。

面也很灵活，所以魏老师把她也招入我们的排球队。她在唱歌、跳舞方面更加专业一些，她的加入给排球队增添了很多乐趣。每当训练休息的时候，她都会为我们高歌一曲或跳一段舞蹈，让大家放松一下。

平时我们的训练比较辛苦。每天下午在完成各项学习任务后，其他同学去练琴或参加其他课外活动，我们就去进行排球训练，周六、周日也不能休息。寒暑假同学们都放假了，我们依然要在操场上训练。大家互相配合，"加油，好球！""再坚持一下，相信自己！"……这些队友间鼓励的话语在排球场上此起彼伏，没有一个队友叫苦叫累。要为学校比赛争光的责任心和使命感，让每一个运动员都发自内心地投入训练。对于球队生活、球场训练中出现的小问题，大家都会互相包容。我们是一个特别团结友爱的集体。

到了幼师三年级的时候，魏老师由于身体原因不再带我们训练，学校安排徐仁贵老师负责排球队。他50多岁，中等身材，体形略微发福，但并无臃肿之感。他的肤色呈现一种古铜色，岁月在他的脸上留下了深深的印痕，不过这些皱纹看起来更像是岁月的见证，仿佛在诉说着他丰富的人生经历。训练场上，徐老师爱护运动员，坚持爱与严的统一，从难从严训练，努力把排球队打造成一支精益求精、顽强拼搏、团结协作的集体。不得不说，徐老师拥有丰富的体育教学经验，不仅排球教得好，还带领学校田径队在江苏省田径比赛中取得非常优异的成绩，其中刘琪就被他选到田径队参加省比赛，取得铅球组的亚军。周末有时我们没有地方吃饭，徐老师还会把我们带到他的家里，让我们感受到家的温暖。

这两位排球老师，和我们一样没有寒暑假，每个月只休息两天。虽然每天的训练都非常艰苦枯燥，但两位老师从不叫苦叫累，从不缺课。两位老师的训练有个共同的特点，那就是不说教，注重实践，注重在做人和做事方面的感染和熏陶。长期的耳濡目染，让我们学会了无论作为个人还是集体，都要有坚持不懈、团结协作、勇攀高峰、永不言败、无私奉献的精神。

排球队的训练和比赛剪影

作为学校排球队的队员，我们经常会代表学校参加各种比赛。每次出发前，张祥华校长都会给我们开动员会，她总是鼓励我们说："我们徐州幼师的排球队要像铃铛一样，走到哪里响到哪里！"回想那几年在幼师训练和比赛的日子，因为没有室内训练馆，暑假的时候我们只能在室外排球场上练，火热的太阳把大地烤得像个火炉一样，但这并不影响我们训练的热情。尤其是备战每年一次的江苏省中师中专排球比赛，由于时间紧任务重，从教练员到运动员，每天上午 3 小时、下午 3 小时，就这样在炎炎夏日下坚持训练。在水泥场地训练时，身上磕磕碰碰是常有的事情，但大家从来没有一个叫苦的。

记得有一次训练，刘琪在救球时，一不小心碰到了排球场旁边的花坛上，大腿瞬间流了很多血，疼得特别厉害。但因为马上要参加比赛了，作为场上的核心球员，她像个大姐姐一样承担了所有的压力，简单处理之后，忍着疼痛继续训练，不向困难低头。场上所有的教练和队员都被她这种精神深深地感动了，大家一起刻苦钻研，摸爬滚打，一次次倒下，一次次站起来。1996 年 7 月 19 日正值暑假，是亚特兰大奥运会开幕的日子，也是郎平执教国家队的第一场奥运会比赛。为了更好地学习中国女排的技术、更好地感受女排精神，学校还专门让我们观看排球比赛现场直播，鼓舞士气。

有一年，魏老师带领我们去参加在江阴举办的江苏省中师中专排球比赛。在和连云港队的决胜局中，我们因为失误太多，没有把握住机会，遗憾地获得了亚军。比赛结束后，队员们伤心落泪，泪水中有遗憾，也有对教练的愧疚。魏老师安慰我们说："胜败乃兵家常事，我们要从这场比赛中吸取教训，找到自身的原因，不管干什么，要用脑、用心……"朱校长接着说："竞技场上难免会有输赢，人生的道路上也难免经历种种苦痛，留点遗憾也好，让这几个年轻人更有梦想，更有渴望。我知道，她们的压力也是挺大的，已经尽力了。"尽管这件事已经过去很多年,但他们的话仍然萦绕在我的脑海中。后来,每当我以教练员的身份带队参加比赛时,我都会用同样的话来激励我的学生。

排球训练中的感悟与感谢

3年排球训练,我们不仅仅是在练球,更是在运动场上感悟人生,塑造心灵。我们慢慢发现,在幼师刻苦学习与拼搏训练并不冲突,反而是相辅相成的。我也有训练累到爬不起来、不想练的时候,但每当我看到舞蹈课上所有同学都在努力地压腿、钢琴课上反复练习一个音准的时候,我会深深地反思自己的轻易放弃:训练这点苦算什么?! 当然,在学习中,也有学不会、学不下去的时候,自己在唱歌、跳舞、弹琴这方面功底不好。这时候我会把烦恼当作球,狠狠地扣出去,心理释然后,就拿出女排精神跟难题死磕,自己学不会就请教老师、同学,做一次不行就做两次,换不同的题型再多做几次;舞蹈动作记不住就多跳,弹琴不会就多弹多练,坚持不懈,总能学会。而且我不会因为自己是体育生,有排球特长,就放松对自己其他方面的要求。我总是喜欢给自己制定新的、更高的目标,去攀登、去实现,这与运动赛场上的拼搏精神是完全一致的。

经过努力,在幼师3年我的各科成绩取得了长足的进步,邻居们口中那个"头脑简单、四肢发达"的体育生,已经成长为一名"能歌善舞"的幼师生。于是我开始重新认识自己,原来我可以既做一个成绩好的学生,又做一个打球好的运动员。后来随着学识和人生阅历的增长,我才总结性地发现,其实幼师用3年的时间帮我健全了人格,把我塑造成为一个一专多能、全面发展的人。后来无论遇到什么困难,我总是能以一种积极的心态去面对,用100%的努力去拼搏实干。现在我也由曾经的一名幼师生,通过坚持不懈的学习,取得了研究生学历。

感谢徐州幼师让有梦想的我们尽情绽放青春的热度,燃烧必胜的信念。参加工作以后,我和刘琪老师担任徐州市铜山区棠张中学女子排球队教练,这支市队校办的女排队伍,也像铃铛一样,走到哪里响到哪里,走在了全国前列,成为全国体育融合的典范。我们俩先后获得了"铜山区道德模范"、感动江苏教育人物"最美中学教师"、中国中学生排球联赛"优秀教练员"、"徐州市优秀教师"等荣誉称号,向国家队、各省专业排球队,向南京大学、东南大学、北京体育大学等高水平运动队,输送了百余名优秀学生,培养了吴晗、李慧、赵新等世界排球青年锦标赛的冠军。我们取得的成绩,离不开在幼师训练期间打下的坚实基础。

除了两位教练的带头羊和领头雁作用,幼师的各位校领导和所有任课老师们也发挥了重要的全员育人作用。我们的任课老师,从来不拿我们当运动员特殊对待、降低要求,比如我的古筝老师谭薇、舞蹈老师吴雪梅、语文老师周亚琳等。之所以能铭记每位老师,正是因为当年在课堂上,她们都会像对待普通生一样,向我们提问,甚至在期末考试中,也不会因为我们是运动员而在任何一首曲子、一支舞蹈上放松对我们的要求。这让我们更好地获得了既能做好学生、又能做好运动员的自信。

幼师 3 年,从初入校园的迷茫困顿,到觉醒后的努力拼搏,再到主动学习的蜕变转身,我一直觉得自己的幼师生涯是幸运的。在这里,我遇到了严谨的老师,来到了自己喜欢的班级,交到了一生相伴的挚友。感谢母校让我们越来越自信,越来越优秀。现在,我已经有 27 年教龄了,作为一名人民教师,一名排球教练,已经小有名气。正是母校的悉心培养、热情鼓励和持续陪伴,才成就了我今日的成绩! 我会继续努力奋战在教育事业上,无论对待工作、学习还是生活,我都将积极热情、认真谨慎、一丝不苟、努力拼搏。我将带着对母校的感恩,乘风破浪,一路向前!

母校,改变了我的命运

蒋红红

岁月匆匆而过,往事历历在目。转眼之间,离别母校已有 20 个年头。时至今日,我和我的家庭对于母校仍有一种特殊的情感。我在母校学习的那 5 年,是刻骨铭心的 5 年,是磨炼意志的 5 年,更是改变命运的 5 年。每忆及此,感慨万千!

我来自徐州丰县农村的一个贫困家庭,父母一直以"一个都不能退学"的原则坚持供养我们姐弟 7 人读书学习。大姐于 1998 年考入沛县师范,当时我和弟弟妹妹都在读中小学。那时的中小学是需要交学费的,一年的学费高达几百元,在那个靠种地年收入只有几千元的年代,孩子们的学费无疑是家庭最大的一笔开支。所以在每年 9 月开学的时候,我们的学费成了全家最大的难题。

1999 年,我背负着家人的期望考入了徐州幼师。同时,我也背负着沉重的经济压力:学费、生活费、书本费、住宿费……每一笔开支都像是一块沉重的石头,压在我的心头。我知道,父母为了供我们姐弟读书,已经拼尽了全力,我不忍心再给他们增添负担,所以每个月仅靠国家对师范生补助的 30 元生活费勉强度日,一个月下来,体重由刚入学时的 100 斤降到 88 斤。

人生旅途中总会有那么一些人,他们的出现,如同璀璨的星辰,照亮了我们前行的道路。孙力、冯洁两位班主任于我而言就是这样的存

作者简介:蒋红红,女,江苏徐州人,1983 年 10 月出生,中共党员,幼儿园高级教师,江苏省徐州幼儿师范学校学前教育专业 2004 届毕业生。现任无锡市锡山区港下中心幼儿园教师。

在。两位老师在得知我的家庭情况后，立即向学校汇报。校领导们在一个周末来到了我家，了解了我们家的实际情况。周一到校，学工处的邓宪亮主任、曹利群主任就帮我安排了助学岗位，学校还为我减免了部分学费及住宿费用。学校领导和老师给予我的帮助，使我的学业得以顺利推进，也让我和我的家庭一直心存感恩。因为这份感恩以及对学校的信赖，2001年，三妹也报考了徐州幼师并顺利入学。几年后，在父母的鼓励下，六妹也考进了徐州幼师。更让人骄傲的是，在校期间，我和三妹都光荣地加入了中国共产党！

正是因为母校给予我无微不至的关怀，才让我从生活的窘境中挣脱出来，也赋予了我战胜困难的勇气，让我可以安心学习知识，勇敢迈向全新的旅程。

在幼师求学的5年间，我像一株"贪婪"的小草，在这片土地中吸收养分，苗壮成长。我有幸被同学们推选为班长、体育委员、纪检部部长、学生会主席，在不同岗位的历练中，我学会了如何与别人沟通，学会了如何倾听别人的需求、表达自己的想法，学会了如何与他人建立互信关系。后来，我渐渐明白，正是这些经历，增强了我的沟通能力、人际交往能力和团队意识，锻炼了我应对挑战和压力的能力。也正是这些经历，让我能更好地理解和关爱孩子，为孩子提供更暖心、更有针对性的教育服务。

这是母校给我提供的发展平台，使我获得充分的实践和锻炼的机会，让我逐渐成长为一个自信、坚韧、有担当的人，也更加确定了适合自己的职业道路。

在幼师求学的5年间，我也有幸与多位老师建立了深厚的师生情谊。其中，学工处的邓主任、曹主任，团委的高老师以及带我们最久的班主任冯老师对我的影响尤为深远。每当我在学业上遇到困惑时，他们总是耐心地给予我指导和帮助；当我在生活中遇到困难时，他们更是关心备至，给予我支持和鼓励。冯老师每到换季就会邀请我去她的家中，把自己的衣物拿给我和班里家庭困难的同学。为了让我们没有心理负担,有一些新衣服都是剪掉吊牌再拿给我们,让我们试穿。冯老师还开玩笑地说:"我正在试做新菜,想请你们帮忙尝尝味道怎么样!"其实我们都很明白,冯老师是想给我们改善伙食。冯老师无私的关爱一点点温暖着我的心,也给了我追求美好生活的希望和动力。和冯老师的接触,让我懂得除了贫困和艰难的生活,未来还有更多美好的可能。也是冯老师,让我拥有了积极的人生观和坚定的信念。

敬爱的师长给了我充分的关爱、尊重与支持,他们不仅是我学习上的引路人,更是我人生中的良师益友。母校优秀的校园文化与氛围,也潜移默化地影响着我的价值观、思维方式和行为习惯,激励我不断追求卓越、勇于创新,始终为成为一名优秀的幼儿教师而努力奋斗。

我于2004年被无锡市锡山区的一所公办幼儿园录用,三妹在2006年被同区的一所姐妹园录用,六妹也被无锡一所知名幼儿园录用。工作后,我们姐妹几人开始关注贫困幼儿的生活状况,并决定投身于帮助贫困幼儿的事业中,像徐州幼师带给我们的温暖那样,用我们的力量去温暖贫困幼儿的心。2008年我接触到一个叫彭彭的孩子,来自安徽,她的妈妈患有精神疾病,爸爸一个人的打工收入不仅要养活一家四口,还要给妈妈买治疗疾病的药物,每月只能勉强维持家庭的开销。他们所住的出租屋是一个破旧的民房,从远处望去,那座矮小的房屋仿佛被周围的房子所淹没。走进房间,里面脏乱不堪,一股无法形容的味道扑面而来,昏暗的灯光、陈旧的家具和斑驳的墙壁都透露出这个家庭的贫困与不易。这次的家访让我暗下决心,要尽我所能去帮助彭彭一家。回去后,我与妹妹和几位好朋友商量,成立了小红帽义工团队。义工团队的老师们利用星期天给彭彭的出租屋做了一次深度保洁,为他们营造了一个干净、舒适的生活环境,并定期带彭彭的妈妈及两个孩子洗澡,教他们保持个人卫生的方法,同时发动幼儿园家长一起捐钱捐物,缓解彭彭家的困境。

一转眼,义工团队已经成立十余年了,我们帮助了不计其数的像彭彭一样的孩子,也得到了社会各方的认可。回想当初对我和我的家庭伸出援手的母校,我由衷地感慨:"长大后,我就成了你。"正是母校的悉心培养与无私帮助,成为我改变命运的关键助力,使我有能力在人生的舞台上充分实现自己的人生价值。

20 年前学校生活的点点滴滴,历历在目。如今,幼师 1999 级幼 1 班的同学,已经长大成人、各奔东西,成为优秀的幼教工作者。难忘教室里我们埋头苦读、相互学习交流的场景;难忘奎河岸边我们一起游玩的快乐足迹;难忘琴房里我们洒下的汗水;还有那些曾经教导过我的老师……这些都是我们青春记忆中最美的剪影。几十年来,每当在工作、学习中遇到困难时,我总是用在母校的经历激励自己、鞭策自己。

今朝的母校在全国幼儿教育界享有盛名,母校的成绩得到了社会各界的高度认可。母校用无悔的执着谱写出一页页光辉篇章,用自强不息的精神激励着一代又一代学子。在此,我们向母校承诺,无论我们身处怎样的工作岗位,无论我们面对怎样的挑战、取得怎样的成就,我们都会牢记母校的嘱托,发扬母校的"三特"精神,不忘初心、立足本职、奋发有为,以优秀的成绩回报母校的培养!

在母校 40 岁生日来临之际,衷心地祝愿母校 40 岁生日快乐! 今朝更美好!

回首来路漫漫　常念母校恩情

梁　磊

　　转眼间,我的母校——徐州幼儿师范高等专科学校即将迎来 40 华诞。这所承载着无数幼专学子梦想的学校,是我成长路上的指明灯,从在校学习生活到走上工作岗位,每一步都为我指引方向。作为一名毕业生,回忆起在母校的点点滴滴,以及毕业后的工作历程,我无比激动和自豪,对母校的感恩之情更是难以言表。

　　在母校的那段岁月,犹如一首优美的诗篇,永远镌刻在我的心头。每当闭上眼睛,那些熟悉的画面便会涌入脑海:琴房里传来的悠扬琴声,舞蹈房里翩翩起舞的身影,教室里勤奋学习的面孔,篮球场上努力拼搏的汗水……每一处都勾勒出青春岁月的痕迹。这一切,都让我倍感怀念。母校的小桥流水、假山巉岩,亦是我心中永恒的画卷。然而,在母校的众多美景中,我最钟情的还是那座紫藤长廊,那是我入校时经过的第一个地方,承载着我最初的憧憬与期许。长长的走廊诗情画意,花开时满园清香,仿佛一首诗般绽放:"廊影映梯千枝展,阴幕月下逐影行,曲琴悠扬惹花舞,藤叶痴情望窗明。"

　　在我的心中,那段在校的日子又如同一幅绚烂的画卷,每一笔每一画都涂抹着美好的回忆。画卷的一角描绘着我与老师间的深情厚谊,另一角则记录了与同学们结下的珍贵友谊。在那个充满活力的校园里,舞蹈房成了我每周的固定打卡地。吴雪梅老师和冯洁老师如影随

　　作者简介:梁磊,男,江苏睢宁人,1983 年 2 月出生,江苏省徐州幼儿师范学校音乐教育专业 2004 届毕业生。现任北京开心麻花娱乐文化传媒股份有限公司场地运营总监、北京瑞安乐林文化传媒有限公司总经理。

形，每节舞蹈课都耐心地指导我们，不厌其烦地纠正我们的每一个动作。她们不仅教会了我们如何跳舞，更在方方面面给予我们无尽的关怀与鼓励。记忆中有一次，我们迎接一场重要的舞蹈演出，在紧张的复排阶段，她们舍小家顾大家，与我们一同沉浸在舞蹈房中，夜以继日地排练，不辞辛劳地指导我们，精细到每一个舞步和手势。演出前夕，老师们还特意为我们准备了丰盛的营养餐，为我们的演出注入了满满的能量。那一刻，我深切地感受到了老师们如父母般的关爱。正是在她们温暖的关怀和辛勤的付出下，我们的舞台表演才绽放得如此绚烂夺目。若说校园的生活是用肢体绘就的画卷，那么，这画卷的下半篇，便让我们用歌声来续写。在校的那段时间里，让我们最具热情的，莫过于投身于市高校间的合唱比赛。在这里，汇聚了全系的声乐爱好者。在孙科京老师全心全意的教导下，声部与声部和谐配合，歌曲总是旋律优美、音色纯净。孙老师不仅注重我们的演唱技巧，还着力培养我们声部间的默契和舞台表现力。他的辛勤和期望让我们倍受鼓舞，不断激励我们更加努力地去追求艺术的美好。

与同学们一起学习生活的时光，也成为我生命中宝贵的记忆。我们一起上课，一起参与校内外活动。在各项比赛中，我们齐心协力，废寝忘食，共同进退。尽管那时的我们还不成熟，但在共同追逐梦想的过程中，我们逐渐成长。犹记得在学校的一次文艺汇演中，有位同学在上台前意外受伤，但为了团队能够呈现出最好的舞台效果，仍坚持上台演出。她勇敢拼搏的精神使我们深受鼓舞，让我们更加具象化地明白了什么是坚持、拼搏和团队精神。如今，我已离开母校多年，但那段与老师、同学们共同度过的时光依旧历历在目。我感激他们陪伴我成长，让我在艺术的道路上越走越坚定。这段美好的回忆，将永远铭刻在我的心中。

还记得在我临近毕业那年，正忙着寻找工作，一个偶然的机会，我协助老师们接待来自北京人民大会堂选调工作人员的领导们。那一天，学校老师召集了毕业班的同学前去参加面试，我也有幸参与其中。没过多久，学校传达了北京人民大会堂的入选通知，我成功入选了！我特别兴奋、自豪，也十分感恩母校能给我尝试的机会。在经过层层选拔和极为严格的政治审查后，我终于如愿以偿地成为北京人民大会堂管理局的一员。这段经历让我深深感恩母校的培育，也让我更加坚定了奋斗的信念和决心。

在北京人民大会堂工作的日子里，我时刻保持着母校培养的优良品质，勤奋敬业，虚心学习。在工作中，我始终以母校为荣，恪尽职守，赢得了领导和同事们的认可。三年工作中，我获得三次优秀个人，两次"两会标兵"等荣誉。然而，我并不满足于现状，希望能进一步提升自己，实现更大的人生价值。于是，在业余时间，我开始复习音乐基础知识，补习英语和理论知识。通过不懈的努力，我终于成功考入中国音乐学院。在中国音乐学院的学习经历，让我更加深入地了解了音乐，也让我对人生有了更多更深刻的感悟。后来，我又通过考试，有幸到梦想中的国家级殿堂——国家大剧院工作。在这里，我接触到了更多的艺术家和优秀作品，极大地拓宽了我的视野和眼界。我明白，这一切的收获，都离不开母校的培养和教育。

40年风雨兼程，母校不断发展壮大，为社会输送了大批优秀人才。母校始终牵挂着每位校友的成长，为校友们提供了广阔的发展空间和展示平台。校友们也没有辜负母校的期望，在各行各业各条战线上努力奋斗，追求卓越，取得了显著成就，为母校增光添彩。

回望过去，我为自己的成长和进步深感自豪。正是母校的培养，让我有了今天的成绩。在此，我要向母校的老师们表达最衷心的感谢，是你们用严谨的治学态度和无私奉献的崇高品质为我们照亮前行的道路；我要向母校表达最诚挚的感谢，感谢母校给予我一段充实而难忘的学习生活经历，感谢母校塑造了我优良的品质，感谢母校为我开启了人生的新篇章。未来的路还很长，我会继续努力，为实现人生的梦想而不断奋斗。

愿母校在未来岁月里继续蓬勃发展，培养更多优秀的人才，为社会作出更大的贡献！

母校,见证了我的成长

鹿瑞娟

"百岁光阴如梦蝶,重回首往事堪嗟。"当我抛开手中的工作,静心回想,虽然我与母校之间的关系没有马致远这首元曲描绘得那么深沉,但母校的培养和呵护,已悄然陪伴我度过了 14 个春秋。一转眼,曾经的江苏省徐州幼儿师范学校,如今已蜕变为享有盛名的徐州幼儿师范高等专科学校;曾经那些懵懂青涩的学生,也早已褪去稚气,坚定地走在追梦的路上。今年是母校建校 40 周年,忆及过往的点点滴滴,不免感慨万千。

点亮艺术之光

2000 年,我带着对艺术的热爱与憧憬,踏入了这座充满创意与激情的殿堂。进入校门最先映入眼帘的是"为人师表,率先垂范"8 个大字,非常醒目。没想到多年以后,这 8 个字也成了我毕生的追求。

我是美术教育专业的学生,身边的同学有的从小学习美术,专业功底深厚;有的擅长书法,五体都很精通;有的想象力丰富,对艺术创作有着独到的理解。同学们在各自擅长的领域里闪闪发光,相比之下,我却显得有些逊色。但我并没有因此气馁,我深知,基础较差的我要想迎头赶上,就必须付出比其他同学更多的努力。我从上好每一节课做起,刻苦钻研绘画技巧,虚心向老师和同学们请教。我的课余时间基本上都

作者简介:鹿瑞娟,女,江苏徐州人,1985 年 8 月出生,中共党员,江苏省徐州幼儿师范学校美术教育专业 2004 届毕业生。现任张家港市优创绘馆艺术培训中心校长、张家港市锦丰镇书画协会副会长。

是在画室里度过的,即使盛夏的画室高温炙人,我仍沉醉其中,不亦乐乎。现在想来,我真要感谢那时如此努力上进的自己!同时,我参加网上的各种绘画培训班,不断提高自己的专业水平;积极参加学校组织的各种画展活动,通过实践锻炼自己的绘画能力。在我的不懈努力和老师的指导下,我的专业水平逐渐提升,我的作品开始在校内的画展中崭露头角,获得了老师和同学们的认可和赞誉,无数个日夜的坚持和努力终于有了回报!

然而,我并没有因此而止步。我深知,我要学习和探索的东西还有太多太多。我开始探索新的绘画技法和表现方式,开始尝试不同的绘画风格和题材,从写实到抽象,从油画到水彩,不断挑战自己的创作极限。在老师的指导和带领下,我参加了各种绘画比赛和校外交流活动,与来自全国各地的优秀画家们交流学习。这些经历让我更加深刻地理解了艺术的多样性和包容性。

在校5年,我像一颗种子,在幼师这片肥沃的土壤中生根发芽,茁壮成长。而幼师的老师们,如同辛勤的园丁,用他们的智慧和爱心浇灌着我,让我在知识的海洋里欢畅遨游,让我在艺术的天空中自由飞翔,让我在思想的大地上肆意奔跑。

照亮职业之路

随着5年的时光悄然流逝,我的大学生活即将画上句号。毕业聚餐的那晚,所有教过我们的老师们都出席了。同学们围坐在一起,举杯畅饮,欢声笑语此起彼伏。而我却在一旁有些惆怅:早前,我成功应聘了贾汪初级中学的美术教师,这让我和家人非常开心。然而,这种开心很快被纠结所取代——因为我得到了一次去苏州张家港发展的机会。一方面,我渴望出去看看;另一方面,我又不舍放弃家乡稳定的工作和生活。反复犹豫之时,也是老师们给了我前行的勇气,最终我决定勇敢地走出去闯一闯。于是,我踏上了前往张家港锦丰中心小学的列车,开启了我的小学美术教学生涯。

得益于在幼师期间积淀的良好专业素养和养成的勤勉踏实的态度,进校仅半年,我就做了备课组长,一年后更是荣升为教研组长。我多次代表学校参加各类课程展示活动,并荣获了多项荣誉。3年后,由于工作调动,我以镇级骨干教师的身份到了锦丰镇幼儿园工作。在这长达 10 年的工作中,我始终牢记母校老师们的谆谆教导,将"为人师表,率先垂范"这 8 个大字铭记于心,外化于行,圆满完成了各项工作任务,收获了丰硕的成果和无数荣誉。

2014 年,我得知远在徐州老家的爷爷,那位亲手抚养我长大的老人,意外摔倒后住进了医院。那一刻,我心如刀绞,愧疚之情如潮水般涌上心头。回望过去在张家港的这 10 年,我因异地工作的缘故,未能时常陪伴在年事已高的爷爷奶奶身边,这成为我心中永远的遗憾。正是这份愧疚与遗憾,让我心中萌生了一个坚定的念头——我要辞职创业。我渴望有更多的时间回到老家,陪伴在爷爷奶奶的身边,用我所能去报答他们对我的养育之恩。

2015 年 6 月,我毅然决然地辞去了稳定的教师工作,勇敢地迈出了创业的第一步。不久之后,我在张家港顺利签约了门店并开始装修。一个月后,我的第一家葆婴健康管理咨询中心正式开业,亲朋好友纷纷前来祝贺,母校的老师和同窗们也为我送来了祝福,这让我大为感动。慢慢地,我的事业逐渐步入了正轨,团队规模也在不断壮大,从最初的3人发展至 30 余人。仅仅半年时间,我就晋升为执行经销商;1 年后,我更是荣升为首席经销商,受邀在分公司授课并分享我的创业经验。到了 2017 年,我晋升为资深首席经销商,在总公司年会上登上万人舞台接受表彰。此外,我还连续 3 年受邀参加国际研讨活动。每一次的经历都让我受益匪浅。

闪亮逐梦之旅

创业的这些年,我始终没有忘记我的专业,始终没有放下对艺术的追逐。那些年,我时常举办小型油画沙龙活动。直到 2018 年 7 月 1

日,我携手一群追求艺术之美的年轻人组建了一个规模不大的画室,从这里开始,创立了"优创绘馆"独立美术品牌。起初,我们的第一批学员只有6个孩子。经过半年多的努力,学员数量逐渐增多,达到了70多人。面对2020年突如其来的疫情挑战,许多艺术培训机构陷入了困境,而我们的画室却逆势而上,学员数量不减反增。尽管当时的市场动荡不安,我仍坚定信念,开设了分馆,并在2023年年初进行了新一轮的布局。如今,分馆的学生已近400人,越来越多的家长选择我们、认可我们、信任我们。2023年,我受邀担任了全市儿童绘画大赛评委,参与了二十四节气中国传统节日绘画策划,还担任了"童星绘家园"项目美术指导,每一天都过得忙碌而充实。

回首往昔,我要特别感谢母校的领导和老师们。多年来,他们一直关心着我,支持着我,我取得的点滴进步都离不开他们的信任和厚爱。怀着对母校的这份感恩之情,从2013年起,我便积极投身于各项公益活动,努力把这份感恩之情传递给更多人。我组建志愿团队,辅导单亲家庭孩子学习;开展公益健康知识讲座,陪伴聋哑儿童成长;等等。2017年年底,我被张家港市宣传办聘任为"志愿者讲解员",负责沙洲县抗日民主政府纪念馆的志愿讲解工作,至今已累计服务近1 300小时。其间,我接待了包括中央及省部级领导在内的众多参观者,为他们讲述沙洲抗日英雄的故事,赢得了参观者的一致好评。疫情期间,我更是主动报名参与抗疫工作,坚守在抗疫前线。这些经历让我荣获了张家港市"双十佳青年""十佳优秀志愿者"等多项荣誉。

在幼师的5年,说长不长,说短不短,却是我人生中宝贵的时光。这5年,我学会了珍惜和感恩,将那些日子里的点点滴滴珍藏在心,对旅途中遇到的每一个人和每一件事都心怀感激。也在这5年,我锤炼出了坚韧与勇敢的品质。面对未来可能出现的挑战与困难,我将勇往直前,迎难而上。我深信,只要心中有梦想,脚下有力量,就一定能够走出一条属于自己的精彩道路。

从一个基础薄弱的美术生到一名小学美术老师,再到如今的创业者,是母校为我插上了梦想的翅膀。未来,我将继续保持对美术的热爱和追求,不断探索和创新;我将带着母校的期望和祝福,坚定前行、创造美好。正值母校 40 华诞之际,愿母校日新月异、兴旺发达、桃李芬芳!

忘不了的番茄鸡蛋盖浇饭

何其委

我爱徐州,胜过爱其他任何地方。

13年前的中秋,天气爽朗。一个黑瘦的南方学生艰难地扛着和他自己差不多重的行李箱,一口气上了宿舍6楼。宿舍里几个舍友特点鲜明:有一米九的魁梧大高个;有西装配牛仔裤的帅气"非主流";还有一个国字脸,他的眼睛炯炯有神,并且能花式倒立——这就是我们的初见。

我身上有着南方人典型的特征——不能吃辣,从小就不能。小时候,父亲从南通市区给我买了肯德基的香辣鸡翅,我食欲大开,迫不及待地送进嘴里,吃第一口还可以,吃第二口,天呢!辣得我直吸凉气、流眼泪。后来我气急败坏,干脆一口鸡翅接一口凉水,边啃边喝,边喝边骂。母亲见了,自然是哭笑不得的,劝我还是别吃了。我听了之后更是三下五除二啃完了最后几口,把水一饮而尽,然后悻悻地走了。

早就听闻徐州菜辣且咸。毫无意外,来到徐州我遇到的第一个问题就是吃饭,尤其是在学校食堂吃饭。学校食堂的菜,像徐州人一样"热情",都是不同程度放着辣的。每逢吃饭我必定是被辣得满头大汗。由于辣的原因,我总是吃得很少。当然也有一些不放辣的品种,例如糖醋里脊、土豆炒香肠等,但要么甜得腻人,要么就是我根本吃不惯的搭配。饮食上极不适应的我当时只有一个感觉:徐州这座城市像一张大

作者简介:何其委,男,1996年6月出生,中共党员,徐州幼儿师范高等专科学校学前教育专业2016届毕业生。现任如皋市如皋师范附属小学新城幼儿园教师、如皋市作家协会成员。

嘴,我是嵌入在她牙缝里的一根鱼刺,她要么把我咽下去,要么把我吐出来。

食堂东边打饭的窗口大抵如此了,西边的盖浇饭窗口却总是围满了人,而且飘散出各种令人垂涎的气味,在整个食堂里面回荡。人多的地方,我不太愿意去,所以一直没有品尝过。直到有一天,我下楼比较晚,食堂里的人也没有那么多了,这才乐意去尝试盖浇饭。菜单上什么"木须肉""干煸菜花""大席小炒"之类的,我也从来没有见过,浏览一轮后终于看见了一行小字——番茄鸡蛋:3.5元。我用普通话说:"师傅,我要一份番茄鸡蛋。"可能是由于我说话的声音不够大,也可能是师傅沉迷于炒菜之中,他一开始没有理我。于是我开始端详起来:只见师傅右手拿着一柄大勺,在分别装有盐、糖、味精、胡椒粉的罐子里轻快地一勺,然后手腕一抖,把这勺"厚味"均匀地撒在黑得掉渣的老黑锅中,锅内的食物受到了刺激后猛烈地喧闹着,火舌也从锅内蹿了上来。师傅见状将锅提起翻炒,火舌不见后,锅中很快又冒出了丈高白烟,白烟裹挟着浓墨重彩的咸辣气息,争先恐后地涌进排气扇。排气扇刚刚吸走了高处的白烟,低处的白烟很快又升腾上去。还有一些没有被风扇吸掉的白烟就原地逸散开,氤氲在周围的空气之中,钻进了周围同学们的鼻孔中,让大家开始不自觉地吞咽口水。

我光顾着欣赏,师傅光顾着炒菜。

"小伙子,你吃啥?看你半天都不说话。"一声徐州话传入耳中。我回过神,用普通话又说了一遍:"番茄鸡蛋。"师傅在刷卡机上按了3.5,我心想:真是便宜!师傅把锅刷了一遍,蓝色的燃气火焰又重新舔舐着锅底。油热了,西红柿一下锅,气氛就瞬间热闹了起来。师傅又将一勺"厚味"抖入锅中,与此同时拿出一个鸡蛋,在锅沿上一磕,蛋黄和蛋清也成股滑落,加入了吵闹得不可开交的锅中,一分为二的蛋壳在空中划出一道抛物线后精准地落入垃圾桶里。师傅又打了一个鸡蛋,鸡蛋、盐、糖、胡椒、西红柿彼此搅拌着、拥抱着,酣畅淋漓地表达着自己。燃气关闭,锅中的食物也渐渐平静了下来。师傅提起锅,把这一锅红的、黄的、黑的横浇在了白米饭上，如同书法家带有飞白的落款。师傅问我是哪里人，我说我是如皋人。师傅应该并不知道如皋在哪里，也从没有听说过这个地方，只是说道："你听得懂俺徐州话吗？俺们徐州话和普通话一样简单，就是普通话的第一声变第三声、第二声变第一声、第三声变第二声、第四声还是第四声……"我听了之后，豁然开朗了。

一份三块五的番茄鸡蛋盖浇饭量很大，餐盘一个格子是远远装不下的，洋洋洒洒地在餐盘上舒展开，原来番茄鸡蛋也能如此诱人。由于番茄鸡蛋盖浇饭是不放辣的，我一次竟狼吞虎咽地吃完了整整一盘，又咸又甜、猛火猛料，还有狂野的黑胡椒味，汤汁也浸透在每一粒米当中，非常符合我的口味！而且，一盘番茄鸡蛋三块五，只要三块五。

于是，我渐渐地爱上了番茄鸡蛋盖浇饭。有很长一段时间，如果宿舍里有人想让我帮他打扫卫生，我所需要的报酬就是一份番茄鸡蛋盖浇饭。

也许是番茄鸡蛋盖浇饭吃得太多了的原因吧，舍友们也认为我偏爱它，以至于每次出去聚餐时他们都会单独给我叫上一份番茄鸡蛋。其实以前番茄鸡蛋只是我家中的一道常见菜品，根本谈不上多么喜欢和热爱，只不过到了徐州，番茄鸡蛋盖浇饭给我搭了一座桥，让我在学校得以生存、让我能在历史悠久的徐州得以融入。徐州这张大嘴，终是把我咽了下去，把我消化成为自己的一部分。渐渐地，徐州话我也学会了不少，那位国字脸的舍友经常教我说徐州话，还经常点评我徐州话的进步。后来我跟别人交流时已经开始使用徐州话，还学会了很多俚语，不少学弟、学妹们都以为我是徐州本地人。

感谢我的朋友们对不能吃辣的我的照顾，特别是这些无辣不欢的北方朋友，我欠他们的情太多了！毕业后，我才渐渐地能吃辣了。毕业后的再聚首，无论是烧烤、辣子鸡、毛血旺还是其他的，我都能吃不少了。然而番茄鸡蛋，每次都是聚会桌上的常客，我每每让他们不要点，可他们偏偏要点这道菜。我的好同学们，我的好兄弟们，我的好室友们，他们永远记得我的最爱——番茄炒鸡蛋。

这几年跟老同学们的聚会也踏遍了苏北的很多地方：连云港、宿迁、泗洪、淮阴等。我的同学们也大多成为幼儿园的骨干，继续在幼教的土地上发光发热。我在他们的园所参观时也了解了很多办园的不易，我们这群人终于对得起"省培免费男幼师"的光环，扎根在幼教前沿。

　　毕业后，我曾委托学校校友会的郭渝老师给我寄了一套语文书和一盒泥土，因为我对母校的思念过于强烈。我在学校的第一任班主任就是郭老师，她在惊诧之余，热心地帮我寄来了洞山校区的泥土。洞山，是我梦开始的地方。当时正值疫情期间，部分快递停运，尽管如此，郭老师还是克服重重困难，将这捧泥土寄到了我的手中。戴着口罩的快递员让我签收的时候，我一个箭步冲了上去，拆开包装看一看、闻一闻，泥土依旧充斥芳香，如同洞山雨后散发的味道。郭老师打趣道："还是第一次有学生让我给他寄母校的泥土呢！"这盒来自洞山校区的泥土，永恒、沉默的泥土，千百年来阅遍了平民、兵戎与诸侯，又培养了一众苍翠，如今芬芳依旧。这是母校对我的心意，也是徐州这个拥有着数千年历史的古城给我的礼物。泥土无声，情谊永恒。后来，我将泥土倒在花盆里，放在家中的阳台上，培育了一茬又一茬植物，每当看到植物向着阳光生长着，我总会想到郭老师和我的母校。感谢我最敬爱的郭老师，感谢我最热爱的母校，感谢徐州这片粗犷又温情的土地……

　　后来听说，学校食堂里的番茄鸡蛋盖浇饭，涨价到了四块五，再后来，似乎又涨到了五块五，原来的师傅也换掉了。随着2013年新食堂的开启，番茄鸡蛋盖浇饭就被各种式样的铁板饭、面条还有很多小食夺去了注意力。我还是怀念13年前的番茄鸡蛋盖浇饭，怀念那位给我传授徐州话发音技巧的食堂师傅，怀念旧食堂东边窗口的排风扇，怀念那口老黑锅，怀念那柄轻盈地在锅里撒调料的大勺，怀念我的青春，怀念我的好同学——这是徐州给我的包容，也是我人生中最难忘的日子。

青春是一本仓促的书

万　金

青春充满无限希望,在 17 岁的天空下,面向阳光奋力奔跑;青春充满无限可能,在 17 岁的校园里,面对未来放手拼搏;青春充满无限疑惑,在 17 岁的教室里,面对课本圈圈画画。青春是一本太仓促的书,虽然时间短暂,但有太多值得感恩和感谢的人,有太多值得细细品味的事。

2011 年 9 月 11 日,17 岁的我第一次踏进徐州幼儿师范高等专科学校。校园内绿树成荫,校舍房屋高低错落,在质朴的北方城市中显得格外的温婉大气。迎新的学长热情地接过我的行李箱,稍显局促的我内心瞬间涌进一股暖流。时间太窄,指缝太宽,不知不觉,竟已是 13 年过去了!

良师益友,我的几位好老师

教学楼一楼大厅,是我当时入学报到的地方。我所在的班级是 2011 级学前教育 14 班,班主任是郭渝老师。她身着白色校服,胸前佩戴着一朵蓝色的花,笑靥盈人地接待了我。我在行李箱里翻找着入学报到所需要的材料,这时,她对我说:"看你做事非常利索,你愿不愿意试试做班长?"我不好意思地点了点头,自此开启了我当学生干部的经历。在此后的学习中,郭老师的历史课堂是非常生动有趣、引人入胜

作者简介:万金,男,江苏南京人,1995 年 11 月出生,中共党员,徐州幼儿师范高等专科学校 2011 级免费男幼师生。现任江苏省省级机关实验幼儿园园长助理,在西北师范大学攻读博士学位。

的，一个又一个的历史故事，从史前讲到当代，让我们对于历史的学习很有画面感。也是从那时起，我知道了一节生动的历史课是什么样的，一位专业的好老师是什么样的。从第二年开始，每年的 9 月 11 日这一天，我总是早早地给郭老师发短信或者微信："老师，今天是我们认识第×年纪念日"，仪式感满满。

我的另一位班主任是永远充满活力、阳光灿烂的周珂含老师。周老师从一年级开始带我们班的声乐课，她的课堂总是充满活力，声乐练习方法专业，讲解深入独到。三年级，周老师成了我的班主任，她会利用休息时间无偿为我补习声乐，鼓励我练习钢琴，提升专业能力，这为我后来获得更多成绩，走上工作岗位打下了坚实的基础。很感激周老师在我学习的关键期对我的指点与引领，让我有了坚定前行的勇气与自信。

格赛尔的双生子爬梯实验，恒河猴脱母实验……这些都是李秀敏老师心理学课堂上的实验案例，我至今印象深刻。李老师的课堂让我对专业学习充满了兴趣与热忱。毕业后，李老师对我的督促也从未间断。我刚刚走上工作岗位时，李老师就语重心长地教导我要做能思考、善行动的研究型教师，鼓励我尝试考研究生提升学历。在李老师的鼓励和督促下，我边工作、边学习，顺利地成为一名硕士研究生。2022年，机缘巧合下我们在一次学术会议上相遇，李老师向我分享了她考博的经验与收获，鼓励我继续学习。今年，我终于不负李老师的期望顺利考取了西北师范大学的博士研究生。

他乡遇故知，乃人生一大幸事。毕业 4 年后我前往西北师范大学教育科学学院攻读硕士学位，没想到竟和当年教我的刘曲老师相逢，我成了刘老师的小师侄。我至今仍然记得，读研期间，刘老师为我找宿舍，指导撰写开题报告，指点专业成长的方向。在各个阶段的课程学习中，刘老师鼓励我多学习科研方法，多阅读专业书籍，多做写作训练。每次在校园里与刘曲老师交谈，我都受益匪浅。在每个因为科研压力大而想要放弃的瞬间，她都鼓励我要坚持，一定要坚持，坚持下去就一定会有收获。刘曲老师是我成长路上最重要的引路人!

受益匪浅,我的几件有趣事

2011年秋,恰逢学校升专揭牌,很荣幸成为历史的见证者。初入学的我其实还不是非常理解这件事的历史意义,只是觉得这是一个很重要的盛会。那一天,我们全班同学都守在电视机前观看揭牌仪式,活动中学长学姐们专业的表演令我颇为惊讶,心生敬佩。在揭牌环节,当红布从牌匾上被缓缓揭开时,一股强烈的自豪感油然而生:这是我的学校,我为她的发展感到骄傲和自豪。观看揭牌仪式时,班主任郭渝老师对我们说:"你们也要努力学习,争取有一天也能够走上台前,让大家都能够看见你。"这句话至今都令我记忆犹新,也因为这句话的激励,让我不断提升自己的能力,不断遇见更好的自己,让更多的人看到我!

印象中徐州的夏天是炎热的,树上的"跌喽龟儿"(徐州方言,指"蝉")总是叫个不停。在碧螺校区5楼的舞蹈房里,一群男孩正在一个大男孩的带领下,精心准备着舞蹈汇报表演《舞魂》。这个大男孩就是王磊老师,他一遍又一遍地指导着我们练习动作、调整队形。印象中舞蹈房的地板总是被汗水浸湿,舞蹈服也从未干过,我们为舞蹈房取了一个很贴切的名字——蒸汽房。酷暑难耐,训练强度大,当时觉得最好喝的饮料应该就是王老师在办公室为我们熬制的绿豆汤了吧。

2014年我参加了全国幼儿园活动设计大赛,设计的活动叫作"勇敢的小兵,向前冲"。这是我第一次组织实施教学活动,我每天抓耳挠腮、焦虑万分、不知所措。幸好有唐冰瑶老师,是她带着我们不断地调整活动流程,反复试教,使得活动流程逐渐清晰,语言表达也逐渐专业规范。2015年暑假,我又留校备赛江苏省师范生基本功大赛。学院安排了最强的辅导团队对我们进行专业化、全方位的训练。从教育学基础知识到即兴舞蹈和弹唱,再到如何进行环境创设,每天的训练让我在原有的基础上进行了更加专业化的学习。每每回忆起这两场比赛,我总是庆幸,庆幸自己拥有这两场比赛的历练。正是比赛,为我后续的职业发展打下了非常坚实的基础,也让我成长为一个不怕困难、不言放弃的人。

当然,我也时常经历失败。在一次和戏剧表演选修课李媛老师的谈话中,她对我说:"不要害怕失败,不要在乎别人对你的看法,只管勇敢前行就好。"这句话让我豁然开朗,让当时的我成功地走出了失败的阴霾。后来,无数次,在经历失败时,我总会想到李老师的这句话,仿佛又获得了新生的力量,积极乐观地踏上了新的旅程。

志同道合,我的几位小伙伴

我下铺的陈小龙同学,初次见面我们就成了好朋友。开学第一天我们一起边逛校园边聊天,对这个新环境充满了好奇。他是一个特别可爱、充满活力与热情的人,他乐观向上的精神一直深深影响着我。毕业后考编顺利上岸的那天,我很激动地和他分享这个好消息,电话里我们聊未来、谈理想,不知不觉中就从深夜聊到了天边泛起鱼肚白。现在小龙同学已经在工作中取得了很大的成就,当了园长,是母校盐城校友会的会长。他还向母校捐资助学,设立奖学金。作为上铺的兄弟,每次听到他的好消息时,我总是发自内心地为他感到骄傲和自豪。

钢琴搭子谢金昌同学,他的音乐素养很好,在钢琴演奏方面颇有造诣。很长的一段时间,他每日清晨5点半喊我起床去练琴,每天我们都像打了鸡血一样买了早饭就往琴房跑。毕业时他成功地举办了个人专场钢琴演奏会,取得了很好的反响和专业上的认可。现在的他已在常州创办了自己的琴行,在音乐的道路上不断前行,他的坚持也激励着我向前探索与进步。

还有我的好朋友李聪、张浩然、任康有、陈开利、钱俊宇、王陈、王晨涛、陈文瀚、杨恩典、郁添宇(排名不分先后)。上学时和他们在一起学习、玩耍的时光,让我感受到了兄弟和朋友的情谊。虽然现在我们身处各自的时空中,很少再有交集,但都在互相牵挂与思念,友谊地久天长绝非虚言。

青春是一本仓促的书，我们流着泪再读一读。泪水中有成长的喜悦，有收获的快乐，有青春逝去的叹息，但更多的应该是对未来的向往。今年我已接近而立，也开启了新的人生篇章。泰戈尔的《飞鸟集》中这样写道："尽管走过去，不必逗留着去采鲜花来保存，因为在这一路上，花儿自然会继续开放。"

　　道阻且长，行则将至。在未来的生活里，祝愿母校无畏风雨，一路风景、一路歌！

迎风绽放的格桑梅朵

尕松德喜

在藏语中,"格桑"是"美好时光"或"幸福"的意思,"梅朵"是"花"的意思,所以"格桑梅朵"一直寄托着人们期盼幸福吉祥的美好情感。母校的老师们最爱称呼我为"格桑梅朵",看着藏区漫山遍野的格桑梅朵,我便总会想起我的母校和我的老师们。

擦干泪花　奔赴徐幼

我的童年是孤独的,世界在小小的我的眼里并不美好。2002 年,由于难产,小小的我被放入保温箱。由于紫外线灯照射时间过长,还没有看见世界的我不幸罹患新生儿白内障。生命就在模模糊糊、跌跌撞撞中开始了。看不清爸爸妈妈的脸,分不清别人的笑容和冷眼;看不清路上的坑洼和曲直,即使学会了走路,出门还是经常摔倒;别的孩子眼中好玩的玩具,我并不能体会;上了学,我就更加孤独了,看不清书本上复杂的字,还常常因为把书贴在脸上看,被其他小朋友嘲笑。

抚育我成长的艰辛和生活的压力令父亲的脾气日渐暴躁,我和妈妈也因此饱受精神和肉体的双重折磨。乌云密布的天空,雷电交加,我陪着妈妈一起抗争。即使在那些看不清前路的日子里,小小年纪的我,也努力用行动诠释什么是顽强。而在那段黑暗中蜗行摸索的日子里,

作者简介:尕松德喜,女,西藏拉萨人,2002 年 10 月出生,徐州幼儿师范高等专科学校学前教育专业 2022 届毕业生。曾获 2020 年度"中国大学生自强之星"、2022 年度"江苏省大学生年度人物"等称号。现任西藏自治区拉萨市城关区第十四幼儿园教师。

是我的母亲让我看到了前路的光。我的母亲,是 1985 年第一批享受国家教育援藏政策到内地学习的西藏姑娘,师专毕业的她有知识、有理想、有情怀,是有着 28 年教龄的优秀藏区教师,更是我生命中的超人。多年来,母亲坚持带我到各地治疗眼疾。我的眼睛慢慢好起来了,我看见了世界,看见了美丽的母亲,更从坚强的母亲身上学会了坚定理想——我要成为像母亲一样平凡而伟大的人民教师。15 岁初中毕业,我和母亲年轻时一样,毅然决然地报考了内地西藏班,开启了漫漫追光之路。

砥砺前行　逐梦徐幼

2017 年 9 月初,在母亲的陪伴下,我踏上了前往徐州幼专的求学之路。路途很远,历经两天两夜终于到达了徐州。刚一下车,鲜红的条幅映入眼帘:"欢迎 2017 级内地西藏班同学。"随后,一双大手接过我的行李,一个个拥抱接踵而至:"欢迎你们,来自雪域高原的格桑梅朵!"一路上的颠簸与疲惫因为一个个拥抱、一句句欢迎而消散。至今我仍然记得,9 月初的徐州很热,徐州幼专的老师和同学们真的很热情。

学校安排的大巴车缓缓驶入碧螺校区的大门,我和一群小伙伴兴奋地打开车窗,迫不及待地想看看未来我们要生活学习 5 年的地方。校园干净整洁、处处精致,悠扬的钢琴声萦绕耳边,校园里来来往往的汉族同学青春靓丽,这一切都令我们更加期待未来的生活。大巴车在宿舍楼下停住,我们一个接一个地下了车。生活老师和宿管阿姨全员出动,热情地迎接我们,把我们领到各自的宿舍。令我没想到的是,宿舍的被褥学校竟然全都帮我们铺好了! 震惊之余,一股暖意涌上心头。

随着我新生活的开启,母亲也要返回西藏。临走时,母亲紧紧握住我的手,眼含泪花地告诉我:"你在这里,我很放心,我的格桑梅朵,你一定要在这里好好绽放啊。"我郑重地点了点头,既是对母亲的承诺,也是对自己的承诺。我下定决心,要做校园里最努力的那枝格桑梅朵。

我的眼睛在治疗后还有些斜视,但是我已经不避讳。我大方地跟我的新同学解释，热情地介绍着自己。班主任知道我视力不好，在安排座位时特意将第一排最中间的位置留给了我，并和我说："上课时如果有看不见的字及时和任课老师讲，不必为此感到不好意思。"老师的关心让我大受感动，也更坚定了我努力前行的决心。于是，我成了离开宿舍最早的人，钟爱清晨6点半的清净校园；我也是离开舞蹈房、琴房最晚的人，立志打败动作不协调和指法不娴熟；我是看书最费力但是书看得最多的人；我是作业做得最慢但完成得最工整的人；我是做事情最费劲儿但是最喜欢帮助别人的人；我是班里笑容最多的那个人。

我喜欢文艺，热衷于参加各种朗诵、绘画比赛。我也经常参加社团活动，和汉族的小伙伴在童心广场排练节目。我还爱看书，在每个傍晚时分，我都会在图书馆的桌边看书。久而久之，我和图书馆的老师们熟络起来，她会笑嘻嘻地对我说："现在看纸质书的人挺少的，你那么喜欢看书是件非常难得的事情，要坚持下去哦！"这些话仿佛一阵暖风，在我的内心深处留下爱和鼓励。我也喜欢写写零零碎碎的文章，这件事被语文老师注意到，她鼓励我大胆创作，并且为我指导修改。渐渐地，我创作的一些诗歌在校园广播站播放，也被贴在了宣传栏上，不时有同学驻足阅读。大家渐渐知道了我的故事，学校还给我安排了助学岗，帮我减轻家庭负担。我从来没想过，一个普普通通的西藏女孩儿能交到那么多可爱的汉族朋友，可以得到那么多老师的关怀，可以如此闪闪发光。

步履不停 感恩徐幼

三年级时，一个偶然的机会，我看到了共青团中央"传承红色基因，践行初心使命"的号召，我想到了我的母亲，想把像她那样的内地西藏班学生的故事讲给大家听。当我将想法告诉老师们时，他们大力支持。于是，在老师们的指导下，我开始带领团队走访和母亲一样的内地西藏班师范毕业生，挖掘、宣传他们投身教育事业的感人事迹。整个过程充满着艰辛，但老师们全程陪伴，他们用坚定的目光告诉我：德喜，你能行！老师们一次次帮助我修改汇报稿，一遍遍指导我改进演讲技巧。当我站在台上，向老师和同学们宣讲国家教育援藏的好政策和藏区教师奉献青春、甘愿清贫的感人事迹时，我眼含热泪，台下的观众也为之动容。最终，我们的项目斩获江苏省一等奖和国家三等奖的好成绩。老师们告诉我，这是学校承接内地西藏班教育12年来，首次获得国家级殊荣！我无比骄傲，也更加坚定了我的梦想：做一名和母亲、和老师们一样的教师，陪伴学生成长。

进入四年级后，我开始热心公益事业，我要把老师和同学给予我的温暖带给更多需要帮助的人。我和小伙伴一起策划成立了"向阳花"幼儿绘本阅读互助小队，募集闲置绘本并将绘本带回藏区。我和小伙伴们一起设计logo（标志），开发与绘本配套使用的创意阅读方法，通过云推送，供藏区的家长和幼儿园教师使用。暑假，我和小伙伴们回到家乡，跟当地幼儿园建立了初步联系，以便后期进一步开展绘本捐赠和阅读指导志愿服务活动。我想为藏区的孩子打开瞭望世界的窗，帮助他们看见世界、看见理想。四年级结束后，我带着老师的期望与同学们的祝福回到了西藏，开始了我的实习与备考过程。在此期间，老师推荐我参选了江苏省大学生年度人物评选，一步步指导我做汇报、演讲，而我，也没有辜负老师们的栽培与厚爱，成功获评。那天，老师激动地打电话给我报喜，而我，却有些伤感——我快毕业了。

如今，我已在拉萨工作一年多了，还记得当时顺利通过笔试却因教师资格证未及时下发而失去面试资格时的惊慌失措，又是老师们一直在帮助我。成绩出来后，我第一时间告诉老师们我考上了拉萨的编制，他们都开心得像个孩子。工作后，我依旧保持着在学校里养成的习惯。我依旧爱看书、爱文艺、爱演讲，在书海中、在音符间、在文字里写下我的字字句句。当我站在三尺讲台之上，看着那些稚嫩的脸庞、纯真的笑容，我终于知道了教师这个职业的价值所在。现在，我总爱向我的学生们讲徐州幼专和格桑梅朵的故事："在很遥远的地方啊，有一片美丽的校园，校园里的老师爱称我们藏区的孩子为格桑梅朵，他们全心全意守护着这些格桑梅朵。有一天啊,你们一定要出去看看这片校园。"讲到这,我也愈发想念母校和老师们……

在远离家乡的几年里,老师的陪伴让我真切地感受到母亲的温暖,我零碎的语句无法写出老师们的温柔和细心。我觉得自己是个幸运儿,在母校我遇见了太多好老师,让我的青春岁月暖意盎然。如今,又是一年春来到,万物复苏、花开灿烂,40岁的母校散发着蓬勃的生机与青春的朝气。接下来,又将有一群又一群怀揣梦想的男孩、女孩们来到这里。他们会踏进学校的大门,沿着主干道端详着校园里的一草一木,在教学楼走廊看着印刻在上面的校训而陷入深思。他们也许不会知道,这里曾经养育了一枝摇曳在高原凛冽风中的格桑梅朵,而这枝格桑梅朵,将会牢记母校教诲,继续在藏区的教育沃土上,绽放自己,照耀他人!

生日快乐!我的母校!

灼灼其华　始盛于此

王　淼

有人说，校园不过是人生之路上的一处小小的驿站，你从这里经过，然后进入下一站。它或许会在你的记忆里添上浅浅的一笔，或许什么都不会留下，因为人生中总会有下一处驿站。我并不这样认为。在我的记忆里，一直有这么一个地方，它不只是某个我曾停留过的地方，更是我人生之路上的一座里程碑，永远地扎根在了我的生命中。

2020年秋天，我第一次离开家乡，来到了徐州幼儿师范高等专科学校。走进徐幼大门，看到校园不大却处处精致，呈现出一派崭新景象。我是通过高职单招升学的，因此刚进校时，我的心中遗留着高中时期的遗憾与苦闷，还有对未来的无力与迷惘。好在这里有温柔善良的老师，他们从不歧视、从不放弃任何一个学生；有朴素真诚的同学，我曾以为大专的学生都是贪玩且粗野的，但是在同学们身上，我满眼所见的，全是上进与朴实。

那时，我下定决心，要做校园里的"实干家"。无论酷暑寒冬，还是日晒雨淋，每天早晨6点我会准时起床，来到操场晨跑。7点钟，我会准时坐在教室专注地温习功课。我每天坚持完成百词识记、阅读训练、听力训练以及写作翻译训练，最终分别以638分和563分通过大学英语四级和六级考试，这个纪录至今应该还没有学弟学妹打破。学习之余，我热衷于参加各类志愿服务活动。印象最深的是我上大一时那个

作者简介：王淼，男，江苏无锡人，2001年2月出生，中共党员，徐州幼儿师范高等专科学校应用英语专业2023届毕业生。现就读于江苏第二师范学院文学院汉语言文学专业。

五一假期，在校青协的号召下，我和一群小伙伴前往徐州宝莲寺做志愿者。顶着炎炎烈日，我们有序疏导游客，耐心指导老年人购票，热情帮助外国游客拍照并用英语介绍中国文化。那天我们很热、很累，也很充实、很开心。我第一次如此深切地感受到帮助别人的快乐和志愿服务的意义。

当我认为一切都在慢慢变好时，我的抑郁症复发了！高中时冰冷的记忆涌入我的生命，我只感到，人生是一条没有出路的冰河，自卑与胆怯的我将在冰川中浮沉，在冰川中丧生。这时，一束光照了进来，几双温暖的手伸进冰河中，将我拉了出来。我还记得你们：张潇雨老师、孟晓慧书记，还有一直默默站在我背后的蔡飞校长。

张潇雨老师和孟晓慧书记常常喊我去办公室坐坐，开着热空调，煮上我爱吃的汤圆和饺子，几张小板凳围坐在一起，周围充盈着空调的暖气和让我回味无穷的"饭菜香"。徐州的冬天不再寒冷了！两位老师还偷偷给我买了好多零食、袜子、水杯，装在一个塑料袋里，跑上男生宿舍六楼，悄悄放在我的桌子上，还附上一张纸条："王淼，天冷了，多穿衣服哦！……"那些零食有好多我并没舍得吃，我把它们收藏起来，每次孤单的时候我总会拿出来看看。

每当我情绪低落时，我总是不自觉地就走向了张潇雨老师和孟晓慧书记的办公室，而她们也从不嫌弃我冒昧的打扰。虽然每次我看到的都是她们忙碌的身影，但她们每次抬起头看到我，脸上总是绽开那藏不住的喜悦，热情地和我攀谈："哎！王淼你来啦！来，快找张凳子坐。要喝热水吗？杯子在那。饮水机会用的吧？"每到这时，我的心中总是泛起一股复杂的情感：既害怕拖累她们又渴望得到她们的回应。因此我时常沉默不语。可她们那敏锐而柔软的心却总能洞察到我的苦闷，因此她们总会停下手中的工作关切地询问我的情况，甚至每每为此谈至饭点。她们似乎明白我的内向，总是事先问我："今天晚饭要在办公室吃点儿还是一起去食堂吃？要吃啥，我请你吃！"她们的笑脸如今仍历历在目，我记得，张潇雨老师像个开朗的大姐姐，孟晓慧书记则像妈妈。

　　蔡校长也是,他时常喊我去办公室,给我买书,为我解惑,甚至还带我去他家里做饭给我吃,没有一点师生间的距离。蔡校长教会了我真正的洒脱与旷达,让我有了十足的勇气面对我的人生。

　　我仍然记得,走进蔡校长的办公室,首先映入眼帘的便是那一尘不染的办公桌和装满书籍的书柜,这里没有丝毫多余的装饰,却显现出它特有的蓬勃生机。蔡校长平易近人,脸上总是浮现出慈父般的笑容。我记得他对我说的第一句话便是:"叫我蔡老师就好,这样显得更亲切一点。"他待学生如朋友、育学生如亲子。"我的儿子和你们差不多大,所以我常常把你们当作自己的孩子。"他常常笑着说道。他的教育理念不但落实"教",更注重"育";不但落实一个学生能力、知识的培养,更注重学生心灵的健康成长。他将智慧的种子撒于学生的内心,并时常浇水、除草,然后静静等待它开花结果的那一天。而当那一天到来时,他却只是安静地做一个旁观者,予学生以鼓励,决不居功。

　　蔡校长送我的第一本书是《论语》,这本书伴我走过了整个一年级上学期。"若有读不懂的地方,或者有疑问的地方,我们可以互相交流。"送我这本书时,他如是说。此后,我便养成了阅读经典著作的习惯,并时常向他请教,他也总是会与我分享他的心得体会。他还拿出自己正读的《孟子》,给我作为例子,讲解读书的方法。我也清晰地记得,他的书上,满是笔迹与随感,但从外面看起来,这本书却像是新的一样,没有折痕,也没有污迹。倘若不翻开来,绝不会让人想到这其实是一个充满思想碰撞的"战场"。

　　一个人对待书的态度,便是他待人的态度。蔡校长对待一本书,手轻、手稳,生怕弄折弄脏,但在该做注释与笔记的地方,便会大胆表达自己的想法与疑问,这正是他育人理念的缩影啊！面对任何一个学生,他都会做到公正和爱怜,对于他们的错误,他不是提出否定,而是教给他们正确的做法。他不会对学生说:"粗心!"而是对学生说:"要细心!"无数次,当我陷入思想泥潭时,他会俯身倾听我的想法,并给我提出自己的想法。他不会把我强硬地拽出来，而是教我如何自己走出来。为此，他牺牲了许多宝贵的时间，与我交流，陪我成长。

他这么一个内心丰盈的人，必然会有自己的小天地——他的微信公众号，他在里面抒怀、思忆、咏古。我也从他的字里行间看出，任何一个人，都有自己的喜怒哀乐，会烦恼，会迷茫，会落泪，会担忧自己孩子的前程，会怀念已逝久远的老师。在这一点上，纵然他阅遍古今中外的哲学著作，纵然他有着心理学博士的扎实知识，他依然像我们一样有着平凡的一面。但是，他也始终有自己不平凡的地方。他曾说，他也罹患过险恶的疾病，在那些时候，他也会想自己会不会就此而见证人生的终点。但他很快就一笑置之："那一天迟早会来到，但现在我们还活着，我们凭什么不可以从容不迫呢？"他将自己的所学，运用到了生活中的各个方面。不论是人生态度，还是育人的态度，不论是教育事业，还是自身管理方面，他的努力和思考，是实实在在的，不论对自己，还是对他人，都确确实实产生了积极的影响。而他睿智而平静的目光，让他理智而清醒地看着世事，内心永远燃烧着中肯、柔和的思想火苗。

蔡老师让我想起了刺猬，外表坚硬，内里柔软。他用坚韧却不尖锐的刺来抵御世界的危难，用睿智的双眼吸收周遭的印象，从不偏离本意，从不被引入极端，因为他内心丰盈，永远都保留着一份适宜和恰当。而他柔软丰盈的内心也告诉了我，即使世间充满了无奈苦涩的严寒，我们的心灵力量依然能够毫无穷尽地升华出温暖唯美的景观。

如今，我已经顺利完成专科阶段的学业，毕业快一年了。我的内心越来越平和，顺利地通过了专转本考试，成为江苏省专转本考试文科状元。老师们听闻喜报，很是为我骄傲，但是我心里却在说："这全都是您的功劳啊！"在徐州幼专的两年半时间里，我克服了抑郁症，感受到了人情味儿。老师们的关爱成了一束永恒的微光，在我人生最美的年华里闪耀着。

目前我就读于江苏第二师范学院，这曾是我梦寐以求的、更高的学府。它的校园比徐州幼专大很多，这里的老师个个都有着光辉的履历，这里的同学个个都身怀绝技,但我的心里却很难再泛起那种久违的感动。我想这是因为,在徐州幼专,我得到了前所未有的感动与恩情。每当别人问起,我总会很自豪地对他们说:我来自徐州幼专,我的母校很好,我在那里过得很快乐,我被徐州幼专的老师和同学们善待着,我心里的伤口愈合了。

我时常怀念徐幼,怀念那里的一草一木。我试图找寻其中的缘由,但思来想去只有"母校"这两个字啊!母校成就了我,我也想好好地回报我的母校、我的恩师,我想为她争光、为他们争光。我也想一步步念上研究生,甚至回到母校就职,在我的履历上坚定地写上"徐州幼儿师范高等专科学校"的名字!

灼灼其华,始盛于此。感谢恩师带我走出心灵的阴霾,感谢母校让我看到生命的色彩。愿恩师工作顺心、平安如意;愿母校永远年轻、充满活力!

第四章

润达四方：
服务社会之责

聚力标准研制　服务社会发展

李春秋

2011 年,学校抢抓机遇,实现了跨越式发展,书写了充满生机与活力的专科办学开局之篇。学前教育专业更是乘着时代的东风,获得长足发展,先后成为省级、国家级骨干专业与品牌专业。为充分发挥专业的影响力与辐射力,更好地凸显高校服务社会的功能,我们积极争取机会,主持和参与了国家与地方学前教育多项标准、项目的研制和实施,服从服务于地方经济社会的高质量发展。

研制国家级标准　服务于学前教育决策

学校坚持主动服务国家的战略,竭尽全力为学前教育与学前教育决策服务。2015 年,在上级领导与同行专家的积极支持与热情帮助下,加之学校自升专以来连续 4 年取得优异的国培成绩,我们幸运地获得了"教育部中小学幼儿园教师培训课程标准"研制的竞标机会。作为年轻的高职院校,当时的我们一无资历,二无经验,尽管如此,但"初生牛犊不怕虎",时任校长张祥华秉持"凡事敢尝试,才能有结果"的积极态度,立刻组建了包括时任副校长马玲、学工处处长王宁、学特院党总支书记刘祥海等在内的专业申报团队。对照竞标条件,团队分成 3 个小组,分别负责查找资料、咨询专家、调研访谈等,一点一滴地学习,一字一句地斟酌,大到框架构建,小到文字标点,反复打磨材料,到递交标书的前一刻,共修改了 49 遍之多。最终,8 所院校的 35 支队伍从 109

作者简介:李春秋,女,江苏徐州人,1977 年 9 月出生,中共党员,副教授。现任徐州幼儿师范高等专科学校学前与特殊教育学院党总支书记。

个团队中脱颖而出,凭借精湛的专业水平与永不言弃的工作韧劲,我们成为胜出的唯一一所专科院校,获得了与华东师范大学共同研制《教师培训课程标准——幼儿园教师学习与发展》的资格。随后,学校邀请了联合国儿童基金会教育处项目官员陈学峰,中国大陆知名学前教育专家刘焱、冯晓霞、顾荣芳、王秉明等,中国台湾幼教专家周淑惠、陈淑琴,英国温莎城堡学校幼儿部负责人潘·格里芬女士,新加坡智源学院陈实院长,以及国内多所幼专校长等齐聚解放路皇冠假日酒店,召开国标方案访谈会,经过充分研讨论证,制定出科学严谨的培训方案,为后续各类标准的研制奠定了良好的基础。

2017 年,学校几经努力,获得了教育部职业院校教学(教育)指导委员会(简称"教指委")《高等职业学校学前教育专业教学标准》研制的机会。为高质量完成研制任务,提升学校的影响力与美誉度,时任校长蔡飞,带领教务处处长王宁,学特院院长王清风、副院长栾文娣,以及教师李秀敏、刘曲、陆珊珊、张淑满等人成立项目组,立即投身到研制工作中。大家白天忙于各种行政管理、教育教学等繁杂事务,只能在晚上甚至深夜齐聚碧螺校区 103 会议室。自那时起,103 的灯光便彻夜长明,与之相伴的是无数个夜晚的研讨声、交流声、敲击键盘声……团队在充分调研的基础上,从研读政策入手,率先完成顶层设计与框架结构,邀请知名专家学者、校长进行专业指导与论证,确保标准的制定专业科学、严谨规范。为了呈现高质量的学前教育专业教学标准,也为了不负众望,团队 3 次赴北京教指委进行现场答辩汇报。从高铁站到宾馆,从会议室到餐桌……每一处都曾是团队的办公地点,也留下了团队无悔付出的印记。最终,经过广泛调研与科学论证,我们为高等职业院校教育类专业教学标准的研制工作提供了比较全面、客观的依据。

研制地方标准　服务于地方发展

2017 年,学校以优异成绩率先通过江苏省示范性"学前教育专业认证";2018 年寒假,江苏省教育评估院职业教育评估室主任邱白丽到校指导工作，将江苏省《学前教育专业认证标准》与《学前教育专业认证第二级认证标准和测评细则》的研制任务交予我校，并要求3月份必须完稿。面对时间紧、任务重、标准高的紧急状况，学校即刻组建了以学特院栾文娣、刘曲、黄晨为首的研制小组，王清风院长进行总把关。经过团队的共同努力，农历新年之前完成了初稿的撰写工作。此后，团队每日一修改，并将修改稿发到"三人组"微信群，方便随时查看与比对。为了提醒工作进程，团队将本次研制任务戏称为"3·15"。随着交稿时间的临近，每一次修改都必须做到精益求精，改动的每一句话、每一个词语都要严格对标教育部学前教育认证标准。就这样经过了20多遍的反复打磨与修改，2018年3月15日终于顺利定稿。经过专家们的反复论证，这一稿就成为后来江苏省教育评估院在全省发布的学前教育专业认证细则。

学校还高质量完成了"徐州市学前教育质量监测项目"的主持研制任务。这些地方性标准的研制，为地方学前教育事业发展与地方决策提供了重要参考。

除主持各级各类学前教育类标准的研制外，作为核心成员，我们还参与研制了《教育部高等职业学校早期教育和特殊教育专业教学标准》《教育部师范类学前教育专业认证标准》《高等职业学校学前教育专业实训教学条件建设标准》《"1＋X"幼儿照护职业技能标准》等，均顺利通过验收。

一代代徐幼人充分发挥教学科研优势，提升服务地方经济社会发展能力，不断取得人才培养的累累硕果，为国家与地方学前教育事业的蓬勃发展贡献了徐州幼专力量。

扛起民族地区幼儿语言文字推广工作责任

王雪环

徐州幼专作为以培养优秀幼儿园教师为特色的幼儿师范学校，一直高度重视语言文字工作，于 2019 年 7 月获批江苏省语言文字推广基地，成为全省 15 个省级基地之一；2020 年 1 月，获批首批国家语言文字推广基地，是 60 个基地中唯一一所高职高专院校。

致力民族地区推普工作 初见成效

基地获批后，学校发布 2020 年 21 号文件（2020 年 4 月 16 日），宣布成立国家语言文字推广基地办公室（简称"语推办"），由我来担任办公室主任，从此走上了推普帮扶的新赛道。

为进一步提升民族地区、贫困地区教师国家通用语言文字水平和教学能力，教育部要求对口 52 个未摘帽贫困县开展教师普通话提升在线示范培训，我校承接了对口帮扶甘肃省陇南市宕昌县 100 名幼儿教师国家通用语言文字能力提升在线示范培训的工作。培训为期 3 个月，基地圆满完成了培训任务，受到了教育部语用司的发函表扬。宕昌县的老师们对我们的工作非常满意，还记得 7 月 31 日的结业仪式上，教师代表的满眼泪水和殷殷深情，当伴着《相逢是首歌》的乐曲播放 VCR、展示 3 个月的培训点滴时，我也不由得热泪盈眶。

培训完成后，我们总结经验，组织专家团队申报国家语言文字推广

作者简介：王雪环，女，河南漯河人，1965 年 6 月出生，九三学社社员，教授，语言学博士，国家级普通话水平测试员。现任徐州幼儿师范高等专科学校国家语言文字推广基地办公室主任。

基地项目,"民族地区学前儿童普通话教育及资源建设"成功获批为国家语委 2020 年度重点建设项目,项目经费 20 万元。为此,语推办多次组织专家团队深入甘肃、青海、西藏等民族地区,送教送培,打造线上线下一体化帮扶体系,工作开展得有声有色。在江苏 5 个国家语言文字推广基地工作汇报会上,教育部语用司对此予以高度评价。也是在此次会议上,学校提出了促进民族地区学前儿童普通话学习"百园千师万家"工程(下文简称"百千万"工程)的想法,得到了教育部语用司领导的肯定,也坚定了我们通过语言文字工作积极服务"国之大者",在助力民族地区脱贫攻坚中发挥示范作用的信心。

聚焦民族幼儿语言教育　锐意创新

"百千万"工程方案从初稿到最后确定经历了 5 次修改完善。

第一稿是 2020 年 11 月 27 日在贵州省毕节市赫章县的项目调研考察中完成的。大家白天工作,晚上加班,每天都干到半夜,拿出了 5 000 字的第一稿。贵州工作结束后,我飞到青海,落实海南州实践基地的相关活动,同时开始了第二稿的修改。大家克服高反头疼,喝着红景天和咖啡,熬到 2 点多完成了二稿。从青海回到学校,团队讨论后,开始第三稿、第四稿的修改,最后反复打磨,形成了 3 300 字的第五稿。在一个月时间内,我们拿出了一个层次清晰、简洁明了、重点突出的"园对园""师对师""家对家"具有创新性的民族地区幼儿推普方案,此方案得到了教育部语用司的认可。2021 年 4 月 30 日,教育部语用司发函委托我校承担"民族地区幼儿普通话教育'百园千师万家'工程"项目,时长 3 年,每年经费 65 万元。这个项目在国内是唯一的,交给我们基地来做是对我们学校的极大信任和充分肯定,后来这个项目还写入了 2021 年 12 月教育部、国家乡村振兴局、国家语委三部委联合下发的《国家通用语言文字普及提升工程和推普助力乡村振兴计划实施方案》中,其中这样说:总结"百园千师万家"项目试点经验,广泛开展园对园、师对师、家对家结对帮扶和"小手拉大手""大手拉小手"学讲普通话活动。

线上线下全面推进　深入实施

　　"百千万"工程项目的实施阶段,正赶上疫情暴发,怎样做出成效,做出经验,是摆在我们面前的突出问题。线下活动开展受到很大限制,我们就在线上做文章。

　　要开展线上活动,首先要搭建交流平台。2021 年 5 月,在学校信网中心的帮助下,我们开通了"百千万"企业微信,作为集项目管理、培训、交流、咨询于一体的在线沟通平台。200 所幼儿园、2 000 名教师、近万名家长的对接、联络、相关活动信息的传送由部门 3 个人带领 50 个学生助教完成。那一段时间,没有上下班时间,一天 24 小时随时接听电话、加微信、建群拉人。参与人员众多,文化水平参差不齐,工作量之大,事情之烦琐,不一而足。我们克服各种困难,一个月之内,终于顺利建好了平台,捋顺了思路,建好了制度,布置好了任务。

　　6 月 21 日上午,"百千万"工程启动仪式在洞山校区演播厅举行,启动仪式采取网络连线直播的形式,教育部语用司巡视员娄晶、省教育厅语言文字与继续教育处处长沈晓冬、贵州省毕节幼儿师范高等专科学校副校长赵昌伦教授等通过网络远程连线参会并发表讲话。徐州幼师幼教集团翰城幼儿园园长韩芝红、苏州工业园区童梦幼儿园园长张建伟、校附属幼儿园园长李进等做了送教经验分享。教育部"长江学者"特聘教授、江苏师范大学语言科学学院院长杨亦鸣教授做了题为"巩固推普脱贫攻坚成果,有效衔接乡村振兴战略"的专题讲座。东西部高校教师、幼儿教师、幼儿家长及学生志愿者在线观看,观看人数达2 000 人以上。

　　启动仪式后,"百千万"工程参与园开始了丰富多彩的线上结对活动。在"园对园"环节,东西部幼儿园进行线上故事分享,视频通话,亲密互动,加强语言教育、教学、教研的交流互动;通过每周云端教研活动,提升教师的教育教学及教研能力,每周选派一名教师作为主讲人,在幼儿语言教育领域中选择一个活动内容进行线上教学分享等。在

"师对师"环节,双方园教师建立一对一帮扶机制,结对教师任教同一层次班级,相约在班级开展同样的语言活动,通过视频连接,孩子们进行自我介绍、语言表演、互学彼此语言、互讲故事等,使他们能够互学互促,共同提升,结下深厚云端友谊;结对教师还进行线上语言教研活动分享、同读一本书、同讲一个绘本故事等活动;为了克服家长初次参加线上活动的陌生和尴尬状况,各幼儿园还组织幼儿家长先进行几次集体线上活动。在"幼对幼"环节,互动方式也多种多样,如江苏省徐州市铜山区利国一幼的幼儿在家长陪同下,利用周末时间,到书店精心挑选自己喜欢的绘本,每种都买上两本,一本给自己,一本邮寄给青海省海南州同德县第一幼儿园的结对小朋友,各班幼儿代表跟随教师到邮局邮寄,在包裹上附上一张全家福,写上给牵手园新朋友的祝福语。装箱、称重、扫码支付,所有的活动都由孩子们亲力亲为,期待着满载深厚情谊的包裹早日到达遥远的青海。一周过后,青海的新朋友收到了崭新的绘本,充满温情的互动增进了童年友谊。"家对家"的活动还有诸如"舌尖上的美食"推介、"夸夸我的家乡"、"悦耳动听小电台"、"我是小主播"、"成长咖啡吧"、"伙伴式播讲"等等。还记得毕节幼专副校长赵昌伦跟我们说过的话,他说你们这个项目真的是太好了,我们这里有些孩子没学过普通话,等到上小学时听不懂老师讲课,就厌学逃学,现在这个项目是雪中送炭,意义非凡。

在开展线上"园对园"结对活动的同时,我们还组织了专家团队进行线上培训,利用"百千万"企业微信平台,对教师和家长开办了系列讲座,3年来,共组织教师培训近百场,受益者达2万人次;开办了民族幼儿家长云端学校,每年6期,共18期,受益家长4万人次。家长学校的新闻在中国教育电视台公众号"推普助力乡村振兴"上发布,这是基地新闻第一次登上国家级媒体,后来又陆续有十几条新闻登上中宣部"学习强国"平台和"推普助力乡村振兴"公众号。家长和老师们克服网络不好、家庭事务繁多、周末加班等种种困难,带着孩子、怀着期望在线观看学习。他们在家里、在牧场、在帐篷、在工作岗位、在陪护亲人的床边,学习的场合不同、地域不同,大家的民族不同,相隔千里,但大家聆听的语言相同;我看到听讲者有年轻的爸爸妈妈、有白发苍苍的爷爷奶奶,他们年龄不同,阅历不同,但求知若渴的心情相同。此情此景,令人动容。

除了教师和家长的培训之外,我们还组织 200 所幼儿园在儿歌日、世界读书日、儿童节、推普周等各种重要节点开展活动,一共收到视频 5 000 多条,孩子们通过诵读儿歌古诗、儿童故事讲演等充分展示了普通话诵读才能。目前我们每年一届的"我是中国娃 爱说普通话"活动已经连续举办 4 年,成了一张亮丽的推普名片。

2022 年年底,疫情解除,为巩固线上阶段"园对园""师对师""家对家"活动成果,我们发布了《关于开展"百园千师万家"线下活动的通知》,东部幼儿园积极报名,项目组通过认真筛选,委派了北京西城区长椿街幼儿园、合肥幼教集团鹤琴幼儿园、南京市建邺区奥体幼儿园、徐州幼专附属幼儿园、长沙市开福区红黄蓝幼儿园等 10 个东部幼儿园分别前往内蒙古赤峰,青海海南州兴海县、共和县,云南怒江州、迪庆州,贵州毕节市,新疆伊犁州等地的"百园千师万家"参与园进行了线下送培送教活动。东西部教师面对面一起交流,共同学习,不断丰富语言领域的教学经验,进一步拉近了情感距离,加深了东西部地区幼儿园的交流合作,真正实现教育资源共享共融,推进学前儿童普通话教育工作走心走深走实。

幼教名片铺洒全国　成绩斐然

几年来,在校领导的指导和关心下,学校语言文字工作成绩斐然。2022 年基地在国家首批语言文字推广基地中期考核中获得优秀等次,我也在当年 7 月份教育部首期国家语言文字推广基地骨干人员培训班上做了典型发言,《做好幼儿普通话教育工作》被教育部语用司评定为优秀案例;2023 年 8 月王宁副校长在教育部高校语言文字干部培训班上也做了经验介绍。

"百园千师万家"工程项目在 3 年期满之后,2024 年教育部语用司委托我们继续实施,目前已有 350 所东西部幼儿园、2 014 位教师、20 658 个家庭成功结对,形成了幼儿普通话推广教育实践、科学研究、资源建设共同体。

基地还在 2023 年度又拿下了两个国家级项目,一个是国家语委特色项目"民族地区'家庭·幼儿园·社区'一体化推普模式的实践与研究",是全国 19 个重大、特色项目之一;另一个是 2023 年 1+1"经典润乡土计划"项目"'语润泸水'家园社推普阅读行动",是全国 20 个入选项目之一,徐州幼专也是江苏省唯一入选的高校。4 年来,基地共获得经费支持 275 万元。

阴阳上去普通话,一字一句中华情。接下来,校国家语言文字推广基地将一如既往挺膺担当,追求创新,精准施策,深化研究,把民族地区幼儿普通话教育工作做好做实,有力促进全国学前儿童语言教育工作提升,在助力民族地区乡村振兴中持续发挥示范引领作用。

高质量培训助力教育高质量发展

李 楚

继续教育学院的前身是 1992 年成立的培训处。经过多年积累,学校培训工作逐步规范有序,在业内反响良好。2011 年,学校抓住了国家教师培训的关键机遇,连续 3 年承办教育部示范性集中培训项目,取得了优异成绩,在教育部组织的匿名网评中名列前茅。2014 年 12 月,学校成立了继续教育学院,从最初只有 6 位成员到如今发展壮大成为 17 人的团队,我们见证了一部充满激情与拼搏的 10 余载奋斗史。这段旅程充满了挑战,但也充满了成长与喜悦,每一步都铭刻着我们团队的坚韧与努力。

奋勇启航　追逐光明前程

2011 年,我们首次承担"国培计划(2011)"——幼儿园骨干教师培训项目的重任,这对我们来说是一次挑战,也是一次契机。与国内其他知名高校的竞争,让我们倍感紧张,但也激发了我们的斗志。最终,学校作为唯一一所幼专承办了此次国培任务。教育部将此重任交由我校承担,是对我校工作最大的支持、鼓励和信任,这是徐州幼儿师范高等专科学校发展史上的一件盛事。

为了做好此次培训,学校前期 3 次召开国培工作调度会,落实打磨培训课程。会上张祥华校长一再强调,本次培训"必须举全校之力"。培训工作面临着重大的考验,这是培训处成立以来承办的最高规格培

作者简介:李楚,女,江苏徐州人,1987 年 6 月出生,中共党员,徐州幼儿师范高等专科学校继续教育学院工作人员。

训。在没有任何经验的情况下，张文枚主任带领着 6 人培训团队认真准备，从学员接站、报到、安排食宿、材料准备，到专家的邀请，每一个细节都凝聚了我们的心血和汗水。虽然当时学校还未建设培训中心大楼，但我们选取了云龙湖风景区的大酒店进行培训，确保了学员们的舒适和服务质量。

犹记得金秋十月，丹桂飘香。2011 年 10 月 20 日上午，碧螺校区音乐厅热闹非凡，学前教育领域的"明星"虞永平教授的到来更是为这次培训增添了不少色彩。学校举行了"国培计划（2011）"——幼儿园骨干教师培训项目徐州幼儿师范高等专科学校班开学典礼。听说虞永平教授作为本次培训的第一讲授课专家，学员们都是兴奋的、充满期待的。10 天的培训汇聚了北师大刘焱、冯晓霞教授，华师大朱家雄教授和南师大许卓娅教授，以及台中教育大学陈淑琴副教授等众多学前领域的专家学者。学员们如饥似渴地汲取着知识的营养，而我们作为培训管理者，则是全情投入，确保培训的顺利进行。当听到学员们留下的感言，我们内心倍感欣慰。他们的认可与肯定，是对我们辛勤付出的最好回报。正如张校长所说："走进幼师门，就是幼师人"。我们始终将学员视为家人般真诚对待，这是我们培训工作的初心，也是我们不断前行的动力。

特别欣喜的是，这次国培在教育部组织的网络匿名评比中，成绩突出，名列全国第三。这个成绩是对我们培训工作的肯定，同时对于如何提高培训能力提出了新的要求。2012 年教育部发布了遴选示范性集中培训项目培训机构的通知，张祥华校长带领团队赴北京参与现场答辩。

张校长回忆，那段时光充满了挑战与艰辛。我们深知，与众多实力雄厚的院校相比，我们的起点并不高。但正是这份自知之明，激发了我们迎难而上的勇气和决心。培训团队夜以继日地准备汇报 PPT，对每一个细节都精益求精。我们准备了上百个专家可能提问的问题，每一个问题都经过反复推敲，力求做到心中有数。在前往北京的火车上，没有一人放松片刻。车厢的摇晃成了我们练习的最好节奏,抓紧每一分每一秒,反复模拟答辩场景,一遍又一遍地修改和完善。那时的我们,心中只有一个信念:为了学校的荣誉,为了幼教的未来,必须全力以赴!

张校长回顾现场时说:"当汇报的那一刻终于到来,我代表团队走上了讲台。那5分钟,仿佛是我人生中最漫长的5分钟。我清晰地记得,当我开始汇报时,整个会场鸦雀无声。我深知,这不仅仅是对我们团队的一次考验,更是对徐州幼专的一次检验。我深深地吸了一口气,开始了我们的汇报。汇报结束后,全场响起了热烈的掌声。那一刻,我们的心中充满了激动与自豪。随后,我们凭借流利精彩的答辩,完美回答了专家的提问。"最终,徐州幼专以满分、全票获评教育部示范性国培机构。那一刻,我们所有的付出与努力都得到了最好的回报。

随着培训项目的日益增多,为了更好地服务学员,学校决定在扩建生活区建设中,规划一栋12层的培训中心公寓,供日后培训学员使用,投入资金近3 000万元。2013年培训处正式开始使用培训中心,并在大学生服务中心四楼整层规划办公区及培训专用教室。这在当时承办国家级培训项目的高校中,也是绝无仅有的,兄弟院校纷纷来我校进行观摩与交流。

拓展地域 开启新篇章

学校连续3年承办教育部示范性集中培训项目,并取得了优异成绩。2013年荣获教育部示范性幼儿园骨干教师培训网络匿名评估第一名,2014年承办的教育部综合改革培训阶段性评估名列第一,2015年竞标参与教育部《教师培训课程标准——幼儿园教师学习与发展》研制并通过验收。这些成果展示了我们的培训能力和潜力。

2013年,根据江苏省教育厅对口支援的要求,我校承担了青海省海南州幼儿园园长、教师和中小学教师的培训任务,共6个班,170人。我们积极与海南州教育局联系,制订详细的教学计划和方案,及时解决问题,并根据实际情况不断改进培训方法,取得显著效果。2014年3

月，海南州教育局决定在我校设立"青海省海南州中小学教师培训基地"，并于5月14日举办了揭牌仪式，江苏省教育厅和青海省海南州教育局领导出席活动。这标志着我校对西部地区教师培训的深入探索。同年8月，学校与云南省教育厅签订《学前教育共同推进合作备忘录》，加大对云南少数民族地区的送培力度。

2016年，我校首次承担"组团式"教育人才援藏拉萨教师赴江苏培训。此次培训为期300天，参训学员必须离开西藏，到3 500多公里外的徐州集中跟岗学习。这对学校和学员都是全新挑战。许多学员首次离开西藏，刚到学校时常常因为醉氧和倒时差感到不适。班主任李强关心每位学员，带他们去理发、看病，安排丰富多彩的课余生活，带领他们感受徐州汉文化风采。在专家的指导和学员的努力下，2017年1月9日举办了培训成果汇报，学校获得高度评价。此次培训的成功为日后学校与拉萨市教育局的合作打下了良好基础。2016—2024年，我校连续8年承办拉萨市"组团式"教育援藏中小学及幼儿园骨干教师及管理干部培训，2021年被评为拉萨市中小学（幼儿园）教师培训基地。

在承办示范性集中培训及西部地区专项培训的同时，继续教育学院积极拓展中西部地区"幼师国培"。申报流程从撰写申报书到投标、竞标，极具挑战性。2016年继续教育学院仅有9人，全年需承办28项培训项目，还有自考、成人学历教育、职业技能鉴定等工作。每位老师都是"一个萝卜一个坑"，没有人学习过撰写标书，也没有投标经验，但我们是一支"特别能战斗"的队伍。经过研讨，由时任院长张文枚带领胡雪芬、李楚老师撰写标书，其他老师参与投标。我们向兄弟院校取经，上网查找样本，逐字逐句研究标书，逐步理清投标步骤和关键点。

2016年首次申报广西项目时，我们没有中标，但2017年再次看到招标公告后，我们决定再试一次。这次投标由时任院长张文枚和我参加。3月26日我们乘飞机前往南宁，但因天气原因，贵阳转机航班已飞走，无法及时赶到南宁。尽管情况令人沮丧，但我们没有放弃。经过多方联系，最终找到了一位愿意连夜开车500多公里到南宁的女司机，我们顺利参与投标。这次艰辛的投标历程给了我们重要经验：选择直飞航班。最终，我们中标，首次承办了"国培计划（2017）"——广西壮族自治区乡村幼儿园骨干园长高级研修班，开拓了广西项目。

四川、陕西、山西、海南、贵州、云南……全国各地遍布继续教育学院老师的足迹。大家独自奔赴投标现场，有时还兼任培训班班主任，当天往返。尽管很多时候未中标，但每位老师都尽心尽责。在全体人员的努力下，2018年和2019年我校的培训项目分别获评广西壮族自治区及安徽省优秀国培项目典型案例，2020年获评教育部"国培计划"十周年优秀典型案例。

这些成就是全体老师的共同努力和不懈奋斗的结果。他们用实际行动证明了我们的培训能力，也为继续教育学院未来的发展奠定了坚实基础。

磨砺成长　绽放坚强芳华

2020年年初，全国暴发新冠疫情，疫情严重地区停止线下集中培训，学员无法到校参加培训，导致培训收入中断。面对挑战，为了完成"十四五"期间培训收入达到5 000万元的目标，韩燕院长积极联系符合国培资质的网络平台，构建网络直播＋异步学习的培训课程，将线下培训转为线上直播，并增加培训学时以确保培训效果。

由于线上培训的改变，继续教育学院的老师们积极学习如何在网络上组建班级、开展直播。例如，使用企业微信、腾讯会议、师训宝等软件设置课程、添加管理员、录屏等，是每位班主任都需要掌握的技能。即使是临近退休的赵春雷老师也积极参与，带领年轻教师学习新的管理模式，确保培训工作保质保量。

相比其他西部地区，西藏国培项目的培训类别和班次更多。2021年，我们首次参与西藏自治区的国培、区培投标。由于需要现场评标，继续教育学院李强副院长和马俊勇老师前往拉萨。因行程紧张，李院长到达拉萨后产生了强烈的高原反应，同行的马老师也有轻微症状。

在拉萨市教育局才旺多吉科长的帮助下,李院长的身体状况有所好转,但仍需抱着氧气瓶入睡。在投标现场,我们发现其他单位基本提前2~3天到达拉萨适应环境,而我们只提前1天到达。尽管挑战重重,这次投标最终仍取得成功,我校首次承办了"区培计划"——西藏自治区非师范教师教育学心理学知识补偿培训(线上),同期培训人数达2 581人,开拓了培训领域。2023年,我校成功申报西藏自治区"国培计划"6个培训班,包括中学骨干班主任、小学劳动教师培训班,赢得了西藏自治区领导的信任和肯定。

继续教育学院的培训工作从未停下脚步。2021年,我们获评湖南省优秀培训典型案例、优秀坊主、优秀教学课例一等奖。截至2023年年底,学院共计开展培训项目283项,培训28 179人次,学员覆盖全国,2023年培训收入超2 000万元,培训工作实现了跨越式发展。

在大家的不懈努力下,继续教育学院以坚韧与创新在培训领域不断探索前行,书写了属于幼专的辉煌篇章。每一次投标、每一次培训,都是团队奋力拼搏、不断突破的见证。我们心怀感恩,对学员的信任和支持充满感激;我们满怀自豪,对取得的成绩和荣誉深感骄傲。未来,继续教育学院将继续砥砺前行,不断提升教育质量,为我国教育事业的蓬勃发展贡献更多力量,与广大学员一同携手,共铸辉煌。

发挥专业优势　赋能家庭教育

李　飞

从 2011 年博士毕业踏入幼专的大门,到今天不觉已有 13 个年头了。其间我有幸见证了学校一步步的崛起,尤其是回想起 5 年来带领团队开展家庭教育社会服务的情况,心中不由漾起阵阵涟漪。

主动出击:率先成立家庭教育指导者培训基地

幼专并没有家庭教育这一专业,也没有家庭教育专业的教师,关于家庭教育,人们一般都认为是家长自己的事。幼儿园虽然也有家长委员会、家长会等相关活动,但高校参与其中并发挥专业优势的并不多见。

转机发生在 2016 年,全国妇联联合教育部、中央文明办、民政部、文化部、国家卫生和计划生育委员会、国家新闻出版广电总局、中国科协、中国关心下一代工作委员会共同印发《关于指导推进家庭教育的五年规划(2016—2020 年)》,并明确指出:"各级教育行政部门要切实加强对中小学、幼儿园、中等职业学校家庭教育工作的指导管理,将家庭教育指导服务作为学校和幼儿园工作的重要任务,纳入师资培训和教师考核工作","各地依托有条件的高校、研究机构或互联网平台等,建立家庭教育指导者培训基地","科学系统培训家庭教育指导服务队伍,提升家庭教育指导服务队伍专业化水平"。这份文件为我校家庭教育指导者培训基地的建设提供了政策依据与方向。

作者简介:李飞,男,安徽砀山人,1974 年 8 月出生,中共党员,教授。现任徐州幼儿师范高等专科学校科研处处长。

其后不久,马玲副书记带着我去徐州市妇联洽谈,商讨建立家庭教育指导者培训基地的事宜。市妇联领导也高度重视,认为我校开创了高校建立家庭教育指导者服务基地的先河,有助于徐州市家庭教育、特别是学前教育段家长在家庭教育知识、家庭教育能力等方面的发展。双方也达成了相关共识。

2019年1月31日,在我校碧螺校区学术报告厅举办了家庭教育指导者培训基地授牌暨淮海幼儿家庭教育学校开班仪式。据悉,这是省内高校中首个家庭教育指导者培训基地。徐州市妇联、徐州市教育局等单位有关领导及近200位幼儿家长代表参加了此次活动。徐州市妇联主席刘红梅为"家庭教育指导者培训基地"授牌,江苏省人大监察和司法委员会委员、终身教育研究会理事长彭坤明教授为"淮海幼儿家庭教育学校"揭牌,由此揭开了我校家庭教育社会服务的序幕。

精准施策:打造"家庭教育公益行"品牌

根据学校的专业特色,我们把家庭教育的研究聚焦在0～6岁以及小学低龄段。方向清晰了以后,如何培养自己的团队,如何基于幼儿家庭教育存在的问题开展相关研究,成为基地建立之后我们首先考虑的问题。要培养团队,就要有平台,有经费,有愿意研究家庭教育的教师参与。为此,我们一方面开展家庭教育指导讲师的选拔;另一方面,积极申请专项经费,成立家庭教育研究中心。

在学校领导的关心下,我校成立了幼儿家庭教育研究中心;同时,聘请6位专家作为家庭教育讲师团首批成员。

2019年2月至2020年12月,我们深入实践,加强调研,重点开展了如下工作:一是针对幼儿家庭教育存在的问题,分类整理、专项研究,在各级各类期刊共发表论文数十篇,其中两篇被人大复印资料全文转载,出版专著一部《幼儿成长:共同的责任》。二是开设家庭教育公益讲堂,开展徐州幼专"家庭教育公益行"活动,科学引领父母成长。三是作为徐州市家庭教育研究会理事单位,我们积极参与徐州市家庭教育研究会相关活动，与徐州市妇联、徐州教育在线等开展合作，为家长培训、学术研讨贡献专业支持。

我校"家庭教育公益行"目前已经成为标志性品牌，得到徐州市广大家长的认可和支持。"家庭教育公益行"上门指导服务的方式受到了家长的欢迎，一是这种方式解决了时间问题，家长接送孩子是每天的"必修课"，如果听完报告后就接孩子，达到一种无缝对接，这对家长的时间是一种优化，让他们不至于匆匆忙忙地"赶场"。二是报告时长确定在一个小时左右，方便把一个话题讲解透彻。三是合理确定报告的主题。经过反复调研，我们确定采用菜单式服务模式，设计了不同的主题"菜单"，让幼儿园与家长选择，然后根据所选主题内容，选派合适的专家"上门服务"。

就这样，"家庭教育公益行"活动正式拉开序幕，内容涉及家庭教育理念、情绪管理、亲子沟通、意志培养、行为强化、家庭环境营造、幼小衔接、家园共育等 20 个主题。而随着家庭教育专题研究的进一步深化，活动的主题菜单也在不断更新中，培训指导的家长人数也在不断攀升，有力提升了我校社会服务的影响力。

提高包括家长在内的有关各方家庭教育指导能力始终是我们团队追求的目标。记得是 2020 年 12 月 22 日，我校"家庭教育公益行"活动走进徐州市大黄山实验幼儿园，针对幼小衔接存在的一些问题与困惑，我以真实的案例、通俗化的语言为家长详细阐述了幼小衔接过程中孩子身心发展的特点、规律，引导家长从心理、生理及学习上帮助孩子走好人生第一步。那天的掌声感觉特别多。虽然家长都戴着口罩，看不清他们的表情，但我能明显感觉他们听进去了，他们对报告的内容是认可的。报告结束后，我被一些家长团团围住，他们继续询问着家庭教育过程中的一些问题与困惑。在倾听的过程中，我了解到他们有的是没有时间陪伴；有的是心有余而力不足，不知从哪些方面教育孩子；有的是隔代教育，却因为生活实际无法改变现实状况；还有的无法判断哪种教育方法是合理的。看着家长们急切的眼神，我知道理论指导实践还有很长的路要走。也就是在那一刻,我明白了家庭教育是一个系统工程,需要政府、社会、学校、家庭的相互协同,共同努力。尽管这个目标短期内很难实现,还无法让每一个家庭都得到个性化的指导服务,但我们毕竟迈出了一小步,以后仍然会坚定地走下去。

深化协作:成立家庭教育专委会

随着家庭教育公益活动在徐州的开展,学校的影响力也日益提升,引起了江苏省学前教育学会领导的重视。记得是 2021 年 3 月的某一天,蔡飞校长把我叫到办公室,告诉我江苏省学前教育学会计划成立家庭教育专业委员会,让我们学校作为理事长单位进行筹建。蔡校长还推荐我为第一届家庭教育专委会主任人选,希望家庭教育不要局限于徐州,要辐射到全省乃至全国,而家庭教育专委会的建设就是一个很好的平台。

2021 年 5 月 27 日,江苏省学前教育学会家庭教育专业委员会在我校成功召开了成立大会暨第一届理事会,会议由江苏省学前教育学会副秘书长薛才良主持。江苏省学前教育学会副会长赵桂丽为家庭教育专业委员会授牌并发表讲话,中国教育学会家庭教育专委会副理事长杨雄博士、徐州市教育局学前办副主任韩莹应邀莅临大会。我有幸当选为家庭教育专委会第一届理事会主任,学特院于涛老师当选为秘书长。家庭教育专委会的成立在一定程度上是我校家庭教育发展的里程碑,对我校更好地发挥社会服务功能、服务江苏省家庭教育的高质量发展具有重要意义。

2021 年 11 月,在学会的领导下,我校组织了江苏省家庭教育公益行系列活动。由于疫情原因,活动在线上进行。我们邀请了 6 位高校学者、育儿专家、一线园长组成团队,连续 6 天推出 6 场主题报告,把发现问题、剖析问题、解决问题作为活动的出发点和落脚点,以增进我省社会各界关注家庭教育、重视家庭教育、参与家庭教育的良好氛围。本次活动共有 2.7 万名家长收看并参与,收看次数接近 13 万次。这是我校第一次组织面向全省的家庭教育公益活动,活动后家庭教育专委会分别在南京、镇江、徐州、连云港等采取电话回访、问卷访谈、微信调查等多种方式,收到反馈信息 350 多条。家长们普遍表达了对此次家庭教育系列公益讲座的感激之情,认为对提升自己的家庭教育水平有重要的指导意义。

2022 年 5 月 14 日—5 月 20 日,是《中华人民共和国家庭教育促进法》颁布后的第一个全国家庭教育宣传周,为促进我省幼儿家长树立正确的家庭教育理念,掌握科学的家庭教育方法,提高家庭教育能力,学校联合有关高校、江苏省学前教育学会幼儿园管理专业委员会及相关研究所,在前期调研的基础上,开展专题研究,面向全省幼儿园及幼儿家长开展了系列家庭教育微课堂活动。共有近 2.6 万名幼儿教师及家长收看并参与了活动,普遍反映良好,收看次数接近 13.8 万次。

2023 年 5 月 15 日—5 月 19 日,学校以"打牢家教底蕴 亲子共同成长"为主题,开展了第二个全国家庭教育宣传周活动。5 场报告,聚焦家庭教育的现状、存在问题、家长应秉持的教育理念、家庭教育的核心等问题,线上线下共有近 2 万名幼儿教师及家长收看并参与了活动。同年 10 月 21—22 日,学校组织开展了主题为"家园共育 携手同行"的 2023 年江苏省幼儿家庭教育学术年会。

如何让更多的家庭受益,如何让更多的家长走出家庭教育的误区,这是摆在我们面前的重要问题。作为一名高校教师,我们要做好自己的定位,要时刻反思我们能为地方教育的高质量发展做些什么,特别是随着《江苏省家庭教育促进条例》《中华人民共和国家庭教育促进法》的颁布,如何更好地贯彻执行"一法一条例",发挥专业优势,赋能家庭教育,已经成为高校面临的挑战。我们要秉持服务社会的初心,深耕家庭教育,助力学校的高质量发展,谱写服务家庭教育发展新篇章。

追忆附幼往事　永葆教育初心

韩　莹　李　进

2024年4月,徐州幼专附属幼儿园玖玺园区盛大开园了。市、区、校的领导们来了,历届毕业生代表来了,家长代表来了,大家共同见证这一美好而又具有历史意义的时刻。作为曾经的和现在的亲历者、践行者,附幼发展的一幕幕萦绕眼前。

最早的附幼,创办于1991年7月,就建在奎河西沿的徐州幼师老校区内。2008年,附幼跟随着幼师学校的搬迁,到经济技术开发区创办了金山桥园区,同年又在泉山区创办了煤建路园区。2020年,学校与经开区政府合作,承接了经开区城置三期、四期两所幼儿园。2023年,受泉山区政府委托,又承接了泉山区玖玺幼儿园。就这样,附幼形成了"一园五址"的集团化办园模式。目前,附幼的5所幼儿园都是江苏省优质幼儿园,为全市1 400余名幼儿提供了优质的学前教育,为180余名教职工提供了就业岗位,为社会输送了大量的优秀幼教人才。可以说,33年的奋进历程,写满了几代附幼人无怨无悔的默默耕耘与执着奋进,每一位附幼人都带着"让每一个儿童拥有健康快乐而有意义的童年"的教育坚守和追求,用热爱传承初心,用汗水挥洒青春,用奋斗践行使命,行进在学前教育的征程中,一路播种一路花开。

作者简介:韩莹,女,江苏徐州人,1974年2月出生,中共党员,江苏省徐州幼儿师范学校学前教育专业1992届毕业生。现任徐州市教育局基础教育处学前办副主任,曾任徐州幼师附属幼儿园园长。李进,女,江苏徐州人,1984年7月出生,中共党员,讲师。现任徐州幼儿师范高等专科学校附属幼儿园党总支书记、总园长。

1991—2007 年：破土与生长

办园初期,附幼只有一栋二层小楼,一楼是教室,二楼是午休室。小楼外面有一个独属于附幼孩子的小院,孩子不多、师生融洽,旋转的木马、荡起的秋千、好玩的滑梯、师生同坐的摇椅……承载着 20 世纪 90 年代孩子的快乐与童年。当时首任园长是薛新华园长,幼儿园共有 5 个班,150 余名幼儿。附幼师资力量强,理念先进,很快得到全市家长的广泛认可,办园规模急速扩大。1993 年 12 月,凌连军园长接过接力棒,担任第二任园长。在学校的大力支持下,1994 年 7 月,附幼的新大楼落成,我们都欢欣鼓舞,因为新楼可容纳 12 个班,这在当时已经算是规模不小的幼儿园了。伴随着学校对理实结合、社会服务的日益重视,附幼优质的教育品质不断彰显,学校加大了对幼儿园的投入,不仅增加了设施设备,还为附幼新建了一栋小型教学楼。到了 2003 年 9 月,附幼开办了 15 个班,在园幼儿 511 名;2005 年 9 月,变成了 22 个班,在园幼儿 736 名,发展势头十分迅猛。2006 年,韩莹同志接任第三任园长,将附幼品牌形象更好地树立起来,附幼成为老百姓心目中最有专业背景的优质幼儿园。附幼的破土而生与茁壮成长中,还有着很多创新之举。随着社会发展和时代进步,学校决定要把优质的教育服务向下延伸,于是在 2003 年,学校委派附幼的园长助理徐剑媚外出学习,并于 2004 年 10 月 16 日率先创办了徐州市第一所"宝宝大学"——徐州幼师婴乐坊亲子园,当时的在园婴幼儿有 140 余名,进行了托幼一体化的大胆探索实践与推广。

2008—2016 年：斩棘与绽放

2008 年,附幼正式开启"一园两址"办园模式,韩莹园长担任总园长,刘洋园长和葛青园长分别负责金山桥园区和煤建路园区,两个园区共 28 个班,800 余名幼儿。其实那时的我们,还真不知道我们已经开创了公办园集团化办园的先河。一路风雨兼程,一路披荆斩棘。当时的两所幼儿园都存在不同程度的破损,面临着艰巨的防震加固、改建、装修、搬迁等工作任务,而留给幼儿园的时间仅有一个暑假。时间紧、任务重,在暑期放假前夕,管理班子召开教职工大会,进行了紧急动员,全体教职工闻令而动,主动放弃暑期休息时间投身到幼儿园改建中。由于人员紧张,资金困难,幼儿园成立改造领导小组,学校的校长助理邓宪亮带着附幼领导班子自行承担规划、设计、选材、采购、调度、监工等工作,每位教师都身兼数职。那年的暑假特别炎热,大家身着汗衫短袖,声音嘶哑,脚底生风,挥汗如雨,以园为家,每天一早是和装修队伍的例会,敲定可行性方案,研究推进各项工程,一次次冒着炎热酷暑去市场挑选价廉物美的材料,一次次在没有空调电扇的工作室解决一个个难题。当时大家的心思都特别简单,就是"拼命也要把最好的给予孩子"。经过一个暑假的并肩战斗、同舟共济,奇迹终于出现了。短短两个多月,焕然一新、充满特色的两所新园顺利开园,附幼开启了两地办园的新征程。

教育质量的关键在于教师队伍。园舍的改造、装修、保障等问题解决后,教师队伍的建设就是工作的重中之重。附幼引进了大量新生力量,虽然都是遴选的幼师优秀毕业生,但教育经验明显不足。如何让年轻教师尽快成长起来,让队伍更有活力、更有凝聚力、更有专业自信?还是以"关心人、凝聚人、帮助人、促进人"的理念来打底色吧。我们加强了待遇保障,让教师安心工作;我们优化了考核制度、工资结构,定期组织团建来鼓舞教师、温暖教师;我们强化了管理模式,知人善任,适度放权,责权到位;我们形成了"规范是保障、创新求进步、特色促发展"的工作理念,成功地把原来的"要我做"转变为"我要做";我们通过"老""新"教师手拉手结对子,同频共振、共研共学,培养出一批批优秀的青年教学能手,现在有很多人都已成为徐州市各个幼儿园的园长或骨干。

记得煤建路新园区开园时,我们首先面对的是如何转变家长的教育观念的问题。这里接送幼儿的家长多是老年人,对幼儿园课程游戏化理念存在一定程度的不理解和抵触情绪。为了转变家长的教育观念,我们多措并举,推进家园共育。我们每学期召开全园及分班家长会、深入家庭家访、举办家长学校、成立家长委员会、举行半日活动开放、开展问卷调查、邀请家长参与幼儿园管理和课程建设……看到孩子们在游戏中的主动学习、探究创造,家长的教育观发生了明显改变,家园同频了,合力形成了,家园共育的成效显现了。现在只要一回想到我们根据幼儿的兴趣持续开展的主题活动,如种植小麦、水稻和玉米,去消防队、超市、邮电局、云龙山、云龙公园参观体验,让孩子在大自然大社会中玩耍学习的场景,我们就会兴奋、就会激动、就会感慨。作为学校创办的附属幼儿园,我们具有较大的学术影响力,承担着国培、省培、市培的重要任务,多次向国内外、省内外以及区域内幼儿园的园长老师们开设示范课、研讨现场、专题讲座,每年都会接待来自全国各地和周边姊妹园的参访交流,发挥了很好的示范引领作用,这也让我们向着高质量发展一步步迈进。

2017 年至今:筑梦与芬芳

附幼的发展总是与重内涵、精专业分不开的。2017 年,学校委派我担任第四任园长。因为专业,所以自信。在校党委的指导下,我们确立了"中国心、世界眼、未来力"的办园理念,形成了"一园五址"的集团化办园模式,附幼办园规模不断扩大。同时,我们也在潜心思考:怎样给予孩子更优质的教育?怎样给予家长更好的服务?怎样为社会贡献我们更多的价值?

作为高校的附属幼儿园,我们充分挖掘整合高校资源,建立教授(博士)工作站,成立五大领域混编研究团队,借助国家语言文字推广基地项目,以语言领域研究为重点,形成民族地区可复制、可操作的语言研究系列成果。我们开展业务大练兵活动,通过教师基本功大赛,以赛促练,全面提升教师专业技能;通过"读经典书籍,做智慧教师"系列读书活动,成立书友会、读书小组等学习型团队,提高了教师教育理论水平和文化素养,也提高了科学保教、优化服务的能力和水平。

我们知道家庭在教育中的重要作用，所以特别重视和家长的协同共育。我们创建了"园—校—家—政—社"五位一体合作模式，优化了"总园—分园—年级—班级"四级家园沟通共育机制，附幼被评为"全国家园共育实验基地"。我们建立了"家长交流定期约，家长进园定期约，家长学校定期约，家长沙龙定期约"的开放互融机制，帮助家长全面了解幼儿园，指导家长科学育儿，为幼儿成长、家庭和睦、社会和谐贡献了附幼的专业力量。

我们聚焦科研，蓄势发力。附幼成立了"园本课程开发与建设""幼儿户外游戏组织""幼儿集体教学活动组织"等学习共同体，在一日保教活动中开展沉浸式教研活动，于 2023 年获得"徐州市课程游戏化领衔园"，2024 年获批立项"江苏省基础教育内涵建设项目"，持续带动周边园专业发展。我们定期邀请省内外高校专家、知名园长与学者等作为附幼发展智库成员，借助现场指导和名园交流等方式，促进教师实现观念重塑、实践转化，总结形成了我园独具特色的园本课程体系，积累了多项科研项目研究成果并予以推广。2022 年，"乐享童年：指向质量提升的课程游戏化园本行动"获批为徐州市幼儿园课程游戏化建设项目；2023 年，"基于虚拟社区集团园教师专业学习社群建设"课题成功立项为江苏省教师发展重点课题；2024 年，"乐享童年：指向质量提升的课程游戏化园本行动"又获批"江苏省课程游戏化项目"，这标志着我们又取得了一个极为难得的标志性成果；多位教师先后主持或参与江苏省教育科学规划课题、江苏省高校哲社课题、江苏省社科应用精品工程课题、市级教育科学规划课题。在 2022 年江苏省首批教师发展示范基地校中期与终期考核中，我们成为徐州市唯一一所连续获得优秀等次的幼儿园。

附幼一直坚守着教育初心，走向一个又一个新高度、新台阶。曾先后荣获"全国足球特色幼儿园""江苏省巾帼文明号""江苏省教科所首批'幼儿园课程质量'研究基地""徐州市教育系统先进基层党组织""徐州市首批幼儿园课程示范基地""徐州市学前教育先进集体"等荣誉，成为徐州老百姓心目中的优质学前教育品牌。

用心做管理,热心搞教研,真心谋发展;真心实意待老师,一心一意为孩子。回首附幼的发展历程,艰辛与拼搏同在,传承与创新相承。附幼人用自强不息、励精图治、矢志不渝的汗水谱写了一曲又一曲激昂奋进的华章。面向未来,我们将继续肩负使命,怀揣梦想,共赴荣光!

幼教集团："入园不再难"的幼专名片

程 颖 卫若男

2024年是徐州幼专的40华诞，也是徐州幼师幼教集团（简称"集团"）21岁生日。2003年，年轻的徐州幼师立足未稳、跋涉尚难，便毅然立下了"为民办实事，入园不再难"的宏愿。

从初期创办到改制发展，集团人用坚守传承初心，用汗水书写岁月，用奋斗践行使命。集团形成了自身所特有的、适应市场发展需求的产业和服务，业务涵盖幼儿园管理、幼教领域培训、幼儿园课程体系研发、幼儿专业教材编纂及幼儿教育管理咨询等领域，成为面向0～6岁不同年龄阶段幼儿提供专业化、标准化服务的综合型幼教集团。

21年来，集团服务徐州乃至江苏省幼儿达10余万名，培养了200余名优秀园长，承担了2万余名幼儿教师的培训培养任务，解决了近3 000人的就业问题，接收了5万余名见习实习学生，接待了6 000人次国培、省培及海内外同行的参访交流，辐射西部幼儿园达100余所，有力促进了西部幼教事业的发展。

目前，集团拥有直营幼儿园18个、托育中心6个、培训中心1个，在园幼儿6 365人，教职工803人，专任教师393人。集团拓展对外交流途径，充分发挥示范引领作用，推动幼教事业科学发展，受到徐州市委市政府的高度重视，获得社会各界的广泛赞誉，获得"中国幼教行业

作者简介：程颖，女，江苏徐州人，1980年2月出生，中共党员，高级教师，江苏省徐州幼儿师范学校1998届毕业生。现任徐州幼师幼教集团总园长。卫若男，女，山西洪洞人，1982年3月出生，中共党员。现任徐州幼师幼教集团党政办公室主任。

2015 年度最具影响力机构""全国书香校园""江苏省巾帼文明示范岗""影响徐州市民生活的百强品牌""徐州市工人先锋号"等全国、省市荣誉称号 170 余项。

2023 年 10 月,集团举办了"星辉 20 逐梦未来"20 周年发展大会,集团创始人代表张祥华、王鹤义、凌连军被授予"幼教集团创始人勋章"。

满足社会需求,率先创办集团(2003—2006 年)

说起集团的创办,那可是有故事的。据老校长张祥华回忆,2003年的 5 月 1 日,她一早来到学校,只见传达室外面排了长长的队伍,许多老人还搬着凳子坐在那里排队。来到传达室,师傅见了她就说:"张校长,我这一夜都没睡好觉呀,这些人半夜就来这里排队了!"她突然想起,这是附属幼儿园招生报名的日子。记得园长说过,新生名额在内部就报满了。看着那一双双期待的眼睛,她久久不能平静。徐州幼师作为苏北地区唯一一所幼儿师范学校,有责任让徐州百姓子女享受优质的幼儿教育。带着这个朴素的命题,张校长把创办普惠制民办幼儿园经过滚动式发展形成幼教集团的建议提交校领导班子会议讨论,得到一致同意。

于是,2003 年 12 月,为响应省委省政府"两个率先"的号召,满足徐州广大市民对优质幼儿教育的需求,同时解决学生的实习、就业和教师科研等问题,以张校长为代表的一代幼师人高瞻远瞩、敢为人先,将徐州幼师附属幼儿园的优质教育资源进行延伸推广,创办了徐州市第一所有职业院校办学背景的民办幼儿园——大学城双语实验幼儿园,并在民政局办理了民办非企业登记注册,后经请示市教育局同意后,以股份合作形式创办徐州市第一个幼教集团——徐州幼师幼教集团。2006 年 7 月,市教育局正式批复同意学校成立幼教集团。

扎牢质量根基,发展壮大集团(2007—2015 年)

自 2003 年创办第一所幼儿园开始,集团主动承担起缓解"入园难、入园贵"民生问题的社会责任,按照每年创办 1~2 所幼儿园的发展进度,不断拓展规模与服务。

据第一任董事长王鹤义回忆,集团创办初期,最难的就是资金。对于每天两点一线、埋头教书育人的老师来说,"股份制"还是个新鲜名词,面对集资创办幼教集团的设想,更多的是持观望态度。但幼师人,就是有这样一种信念,认定的事情,排除万难也定要办成。经过一轮一轮深入细致的动员,教职工们对于学校创办幼教集团的初心有了更深刻的理解,对幼教集团的发展前景有了更清晰的认识,启动资金问题最终圆满解决。有了资金后,第二个亟待解决的问题便是园所。大家通过各种途径寻求资源,经过考察,最终接手了一家转让的幼儿园,就这样,集团的第一所幼儿园成功开办。

据老园长凌连军回忆,从园所改造到最后开园,她不仅要亲自在工地监工,还要随时根据实际情况修改完善方案,保证按时保质开园。凌园长说:"幼师附属幼儿园是徐州市口碑好、生源好、保教质量高的省级示范性实验幼儿园。集团化办园后,我们要把每一所园都办成像附幼一样令家长认可、孩子喜欢的幼儿园,对徐州市学前教育起到引领、示范、辐射的作用。"让孩子们真正拥有健康快乐且有意义的童年,始终是徐州幼师的办园理念,为此,首先要建立一支师德高尚、热爱儿童、业务精湛、结构合理的教职工队伍,其次就要创设一个优美、安全、环保、实用的园所环境。后来,集团每一所幼儿园都围绕这两个目标进行建设和配置,一步一个脚印地扎牢办园质量的根基。

至 2006 年,集团成功创办幼儿园 4 所;2008 年,集团办园数量增加至 7 所,同时开始创办亲子园、融合教育实验园;2012 年,集团办园延伸至贾汪、沛县两区县,园所数量增加至 11 所;2013 年 10 月,集团在市民政局登记注册,性质为民办非企业;2015 年 5 月,集团成功竞标苏州工业园区童梦幼儿园,开始走进苏南地区办园。10余年间,办学实体共计达到91个。

落实国家战略,服务国计民生(2016—2019年)

2010年,国家发布《国家中长期教育改革和发展规划纲要(2010—2020年)》《国务院关于当前发展学前教育的若干意见》(国发〔2010〕41号)等政策文件。集团始终以提供优质学前教育资源为己任,与政府、高校、企业进行合作办学,拓宽办园渠道。集团以民办为主,公民办混合、公办民营等多种方式并举,以"名园＋新园""名园＋乡园""名园＋名企""品牌＋地产"等多种形式,创办新园、托管薄弱园、举办分园,曾成功创办公办民营园4所、民办园21所,合作办园13所。采用"十个统一"标准化管理体系,对14所加盟、联盟园和59所管理输出园进行帮扶指导,促进其规范管理、质量提升。指导多所幼儿园创建省市级优质幼儿园、课程游戏化项目园,协助徐州各区、县(市)创建省部级学前教育示范区、普及普惠示范区、教育现代化示范区。在国家出台《中共中央 国务院关于学前教育深化改革规范发展的若干意见》《国务院办公厅关于开展城镇小区配套幼儿园治理工作的通知》等政策文件后,集团积极助力各地政府,与学校合作研发《徐州市学前教育质量评估指标》,派出多名优秀园长进行管理服务输出,实施无偿的片区联动、委托管理,提供各级各类培训、交流、展示现场,帮助政府排忧解难,推动学前教育事业发展。集团16所幼儿园授牌"徐州家庭教育指导站",新增427名家庭教育指导师。7所幼儿园托育项目备案,有效推动实现"幼有所育""幼有优育"。

优化社会服务,推动内涵提升(2019—2024年)

为促进集团发展,徐州幼儿师范高等专科学校委派在编在职教师到集团参与管理,开展校企合作,创新产教融合,实施科学严谨的教学与管理。集团也紧密联系学校,不断提升自身内涵和社会服务水平,形成"一体两翼"的业务结构：以管理幼儿园和托育中心为主营业务，以输出管理服务和拓展幼教培训、研发幼教产品为辅营业务，针对市场需求和业务需求，集团创新研发和推广《"幼儿园教师学习与发展"培训超市》《幼儿园教师资格证线上课程"掌中宝"》《幼儿教师入编培训手册》《幼儿365天四季生态营养食谱》等幼教培训产品。集团各幼儿园均为江苏省优质幼儿园，坚持普惠收费，确保公益性、普惠性和高品质，是所在区、县及徐州市的窗口单位，为徐州市各幼儿园输送管理人才和优秀师资，保障幼儿园专业水平，提高幼儿园保教质量。

集团以幼儿园课程游戏化建设为抓手，优化教育理念和行为，通过名师工作室平台，发布优质教育资源670个，开展学术交流、业务研讨、读书分享10余次；不断加强与徐州幼专学前与特殊教育学院的合作，指导园所提炼"一园一品一亮点"特色课程建设经验，深入开展园园行观摩互动，多所幼儿园在市区教研活动中分享交流办园经验；在"第五届中国教育创新成果公益博览会"上，集团申报创新成果85项，微创新成果343项，《新入职保育员实操图画口袋手册》《十个统一标准化管理实操手册》《365天营养食谱大全》《"一园一品一亮点"项目集》等创新型、实操型成果获得上万名参会代表高度评价；集团实施多年的"三生态"教育，形成了一套可操作、可复制的幼儿健康课程，参评江苏省教学成果奖，在全国114所幼儿园中实践推广，获得充分的专业认可。

突出辐射引领，助力公益事业（2003年至今）

集团坚持责任引领、使命担当，注重战略提升、深耕细作，助力徐州幼专课程建设、教学改革、双师型教师和学前教育专业人才培养，为学校承担的国培、省培、学术会议提供研修基地和实践讲师；为学校师范生提供优质的见习、实习、实践、创业基地；协助学校申报国家级教学成果奖、国家级实训基地、国家教师教学创新团队、教育部首批卓越幼儿园教师培养计划改革项目、幼儿园教师示范性培训基地、国家语言文字推广基地、教育部生产性实训基地等10余个项目，均获得批准立项；作为协同单位,参与学校主持的全国高职院校学前教育专业教学标准、江苏省学前教育专业认证标准的研制,提出实践层面专业意见;协助学校组织召开国际、国内学术会议 20 余场,多次接待兄弟院校观摩交流。集团的辐射引领成为学校办学的特色亮点,受到专家、学者的高度赞誉。

集团不断拓展扶贫模式,做优教育扶智,开展"精准援教""社区共建"等活动。在教育部、江苏省教育厅的高度认可下,集团光荣地成为支援西部教育开发的先行者,分别对青海省、云南省及西藏自治区 50 所幼儿园给予结对帮扶、捐资助学;先后派出 20 名党员园长及教师前往西藏、贵州、云南、青海等地支教送教送培,连续 4 季参加徐州市文明办、徐州报业传媒集团主办的"我们一起去支教"公益行动,开展民族地区"百园千师万家"推普工程,先后捐赠图书 1 万余册、棉被 1 000 余条。2021 年 12 月至 2023 年 12 月,外派 1 名园长圆满完成为期 2 年的对口支援西藏拉萨市江苏实验幼儿园工作。

集团的砥砺奋进、发展壮大对学前教育领域产生了深远的影响。21 年间,民办、公办幼教集团不断涌现,全国幼师幼教集团也开始崭露头角。为此,中国教育电视台以"幼儿入园还难吗"为题对张校长进行专访,并赞扬徐州幼师的创举。张校长曾说:"金杯银杯不如老百姓的口碑,在徐幼人心中,最引以为荣的奖牌就是'影响徐州市民生活的百强品牌'。"

如今,集团正迈着坚定、自信的步伐,不断提升专业内涵,彰显品牌实力,紧跟国家政策,以托幼一体化模式奏响学前教育高质量发展"进行曲"。

用艺术之光点亮美好生活

吴雪梅　吴　霜

生活是艺术的源泉，艺术是生活的光亮。在新时代文化强国、文艺繁荣的大背景下，2017 年，学校成立了艺术中心。"坚定弘扬民族文化，全面推广和普及高雅艺术，积极服务社会"，徐州幼专艺术中心自诞生之日起，就将"为艺术"和"为人生"的宗旨同时镌刻在了自己的奋斗历程上。

在孩子心里播下艺术的种子

国家大剧院，这座国内最高规格的艺术殿堂，学校舞蹈团在2016—2018 年间，曾经 3 次登上它的舞台，与享誉海内外的国家交响乐团携手合作，在舞台剧的演出中将舞蹈的肢体语言、音乐的情感表达和故事的叙述技巧结合起来，为孩子们打开了一扇通往艺术世界的窗户。这种创新的表演形式让孩子们在艺术中受教育，在教育中感受美，不仅激发了他们对真善美的追求和对艺术的热爱，同时也提升了他们对艺术的鉴赏能力，为艺术教育的开展打下了良好的基础。

"高雅艺术进校园"是教育部、文化和旅游部、财政部共同举办和推动的文化项目，历时 18 年，旨在进一步推进高雅文化进校园活动，丰富

作者简介：吴雪梅，女，江苏徐州人，1969 年 8 月出生，中共党员，副教授。江苏省徐州幼儿师范学校学前教育专业 1989 届毕业生，后就读于北京舞蹈学院舞蹈教育专业。现任徐州幼儿师范高等专科学校艺术中心主任。吴霜，女，江苏徐州人，1990 年 1 月出生，中共党员。现任徐州幼儿师范高等专科学校艺术中心副主任，校大学生艺术团总团长。

校园文化生活,提高学生艺术修养。自 2020 年起,艺术中心的《乡愁·记忆》歌舞综合演出和《向往》合唱专场音乐会连续两次中标江苏省高雅艺术进校园项目。创作团队从著名诗人余光中的诗作中汲取了深沉的思乡之情和悠长的岁月记忆,用舞蹈的柔美、歌曲的旋律和情感的渲染,将那份难以言表的乡愁情感化为舞台上的每一个动作、每一个音符。真情的表演让观众们产生强烈共鸣,仿佛穿越时空,回到了故乡的怀抱,对家乡文化的认同感与自豪感得到了升华。《向往》合唱专场音乐会通过"信仰·光""时代·船""青春·桨""梦想·帆"4 个篇章带领观众踏上了一场关于梦想与追求的心灵之旅。音乐会不仅让学生们感受到艺术的魅力,更激发了他们对未来的无限憧憬与向往。除了走进中小学和高校的校园,中心还积极与社区合作,将演出延伸到更广阔的领域,让更多的人有机会接触到高雅艺术。

一直以来,中心致力于打造更具前沿性、影响力的儿童艺术展演活动,为孩子搭建全方位、多角度的美育浸润平台。2024 年 4 月 27 日,国内顶级青少年时尚走秀活动——第七届"你好 时尚之夜"徐州站海选晋级秀在学校举行。21 所幼儿园、6 000 余名幼儿、659 名小朋友、2 周的协调时间、全程的安全保障,都给年轻的艺术中心带来了巨大的挑战。人手不够,老师学生就齐上阵,包干到人;时间不够,大家就轮班倒,不分白天黑夜,终于在规定时间内向组委会和参赛家庭提交了一份满意答卷。活动当天,22 组家庭身着盛装走上舞台,踏着欢快自信的步伐,展现自我个性风采,以独特的时尚语言演绎中华传统文化与美学精髓。孩子们在走秀的准备过程中,不仅学习了如何选择合适的服饰、如何搭配色彩,更在试穿、调整的过程中感受到了服饰与身体之间的和谐与统一。在欣赏他人走秀的过程中,观众不仅被美丽别致的服饰所吸引,更被那种自内而外散发出的自信与从容所感染,同时,对民族文化的自信感和自豪感也润物无声地得到了提升。下一步,中心将会与包括 Lecici 在内的国内外知名艺术教育领军者密切合作,将更多有梦想的孩子们推向世界舞台。

此外,中心还成功携手北京舞蹈学院、中国民族民间舞蹈家协会、中华儿童文化艺术促进会,共同推进了一系列富有成效的艺术培训项目,成功培养了一批批有艺术教师资格的幼儿师资,为儿童艺术教育事业注入了新的活力;中心精心打造的儿童艺术教育实践基地,深入挖掘并融合传统文化与本土文化的精髓,将传统艺术与现代教育相结合,已经成为孩子们充满文化底蕴的艺术学习空间和师生们探索艺术、交流创意的乐园;中心开展的公益项目"聚艺乡村　舞润童心"乡村幼儿园舞蹈课程助学计划,在 2023 年首批遴选了徐州市 11 所乡村幼儿园作为教学示范园,为乡村的孩子们带去了专业的舞蹈培训课程。

将艺术色彩带进乡村的大地

　　为了积极响应中宣部组织开展文化科技卫生"三下乡"活动的号召,2015—2018 年,学校连续 3 年代表徐州市经开区奔赴乡村开展惠民演出活动,累计演出 20 余场。为了让演出接地气、更精彩,师生们不仅共同编排了带有地方文化特色的歌舞和主题鲜明的小品《清风颂》,还特意邀请兰成艺校老师指导学生学习打竹板,从如何拿板,到打单板,再到打双板,队员手上都磨出了血泡。

　　2019 年,学校受邀前往沛县沛城街道参加"庆国庆　迎中秋"廉政文艺演出。演出可谓一波三折。夏末时节暴雨频繁,活动场地又是露天搭建在社区的小广场上的,刚开始走台,一波暴雨就倾盆而下,灯光音响设备根本没法启用。但是看到老百姓自己带着板凳打着雨伞,仍旧久久不愿离开,街道干部和校领导商议后决定,演出正常进行。所有工作人员给设备举着伞,所有演员顶着大雨,就这样完成了这场特别的演出。学校师生真挚的情感、精湛的技艺以及对艺术事业的执着和热情给当地领导和老百姓留下了深刻的印象。演出结束后,听到沛城街道领导迫切想要与学校合作建立校地文化共建基地的想法,当时学校党委的马玲副书记欣然应允,当即着手安排共建协议签订事宜。自此以后,每年中秋节和新年,学校文艺小分队都会带着精心设计编排的艺术作品为沛城街道老百姓送去精彩的演出。演出之余,中心的师生们与当地的村民互动交流,了解他们的需求和期待,积累着更多的灵感和创意,陆续创作出《赞赞邓元村好媳妇》等接地气的文艺节目,将文化艺术的种子播撒到广大乡村的每一个角落。

用艺术力量丰盈城市的灵魂

自 2007 年 1 月起,每年的寒冬腊月,徐州市都会举办盛大的慈善晚会。作为市委书记亲自指定的演员班底,徐州幼专的师生们成为晚会不可或缺的一部分。面对刺骨的寒风和低温,师生们毫无怨言,总是早早地投身到晚会的筹备和排练中。排练室里,演员们身着单薄的舞蹈服,用汗水和努力温暖着彼此。在晚会的舞台上,他们用每一个动作、每一个音符诠释着爱与希望的力量。这些年来,师生们以真挚的情感和精湛的技艺,创作了一系列慈善主题作品:失独家庭主题的影子舞,向观众展现了那些经历生活磨难却仍然坚强的人们;棚户区改造主题的情景剧《幸福家园》,展现了城市更新带来的美好变化。艺术与慈善的结合,在寒冬中散发出无尽的暖意,温暖着这座城市,让越来越多的人汇聚到慈善事业的洪流中来。

又是一年春好处,恰似相逢花盛开。年年 3 月,我们与"好人榜"总有一个约定。我校与"好人榜"的缘分开始于 2013 年。当年,徐州好人园建成开园,之后连续数年在此开展了中国"好人榜"、江苏"好人榜"、"好人园"塑像入园等一系列道德典型先进事迹表彰宣传活动,徐州幼专始终都是演出活动的中坚力量。以责任不负信任,以担当不辱使命。2024 年,学校与徐州市文明办合作在全市范围内开展 10 场道德典型先进事迹宣传活动。师生们为活动量身打造了小品《连心肉》《天职》、朗诵《一言为重百金轻》、歌舞《在道德的星空下前行》《领航新时代》等一系列文艺作品,让道德榜样的力量深入人心。

徐矿集团是徐州市颇具影响力的大型国有企业。2017 年,徐矿集团迎新春文艺晚会邀请省内知名编导做现场导演,此导演告诉徐矿集团的领导："如果你们在徐州找文艺演出队伍，只有徐州幼师一家能达到我的要求。"于是，学校与徐矿集团得以结缘，建立了长期合作关系。最近的一次合作，是"庆祝徐州市煤矿开采 140 周年"文艺汇演，整场演出由学校师生作为主创班底。由于新冠疫情防控的特殊情况，活动前后经历了 3 次改期，拖了 1 年的时间，演员有的正在实习，有的已经毕业，排练老师只能一而再再而三地重新组队、重新排练，最终演职团队达 200 余人，圆满完成了演出任务。多年来，中心为徐矿集团量身打造了一系列文艺节目，通过舞蹈、歌唱和戏剧等多种形式，展现了企业的精神风貌和文化内涵。这些活动不仅丰富了员工的业余文化生活，也为企业的发展注入了新的活力。

多年的坚持与付出，让徐州幼专的文艺演出成为一部感人至深的史诗。每一次的彩排、每一次的演出，都是师生们用心编织的梦境，充满了对艺术的热爱、对未来的憧憬和对社会的责任。回顾往昔，徐州幼专在艺术的沃土上耕耘不辍，硕果累累。艺术的芬芳，在美丽的校园里聚集、升腾，又传播到了更广阔的天地里。展望未来，我们满怀信心，携手同行，以艺术为媒介，继续为社会文明进步注入源源不断的动力。

徐幼公司八年　服务社会拾忆

李文蔚　殷　枭

时光荏苒，徐州幼儿师范高等专科学校资产经营管理有限公司（简称"资产公司"）已走过 8 个春秋。回首这段历程，我们不禁感慨万分，那些激情燃烧的岁月，那些共同奋斗的时光，都化作了今天这份宝贵的回忆。

2016 年 11 月，在市财政局的指导下，根据学校事业发展需要，资产公司应运而生。自成立之初，我们便肩负着学校教学科研成果转化、实践教学基地运作以及为后勤做好服务等重要职责。随着业务的不断拓展，我们相继成立了徐州市幼苑教育科技有限公司、徐州敬美尚文教育咨询有限公司、徐州卓苑餐饮有限公司。这些公司在我们的运营下均呈现出蓬勃的发展态势。根据《国务院办公厅关于高等学校所属企业体制改革的指导意见》，我们实施全面的清产核资、强化产权管理、完善治理架构等一系列举措，实现了国有资产的保值增值。在改制过程中，我们所有公司均得以保留，并由学校负责管理，同时接受市国资委的监督，这标志着我们已稳步迈入新的发展阶段。

创新服务　助力专业发展

我们全力推动学前教育专业信息化产品的研发与销售，以增强我

作者简介：李文蔚，男，江苏沛县人，1975 年 5 月出生，中共党员，中级审计师。现任徐州幼儿师范高等专科学校资产经营管理有限公司党支部书记、总经理。殷枭，男，江苏徐州人，1986 年 11 月出生，中共党员，讲师。现任徐州幼儿师范高等专科学校资产经营管理有限公司党支部副书记、副总经理。

校在全国学前教育专业的领先地位。2018年,资产公司携手学前与特殊教育学院构建专门团队,正式开启第一代《国家教师资格证(幼儿园)教学测评系统》的研发与销售进程,当年便成功售出一套,喜获开门红。自2018年至今,资产公司接连推出《学前教育专业 AR 虚拟仿真实训平台》《0~6 岁儿童认知发展和学习力测评系统及相关课程》等信息化产品,且与北京理工大学出版社联合筹备出版《国家教师资格证(幼儿园)笔试教材》。在扎实做好研发工作、确保产品质量的前提下,积极开展销售工作,资产公司 3 次参与在重庆和南京举行的全国教学设备展,2 次于西宁和南昌召开学前教育专业信息化产品研讨会。在这数年里,资产公司信息化产品研发与销售团队勇克工作繁忙、任务艰巨、人员稀缺、疫情严峻等不利因素,足迹踏遍云南、广西、广东、四川、河北、河南、甘肃、内蒙古、江苏、山西、江西、浙江、安徽等地,向相关高校推介信息化产品。目前,全国已有 16 所高校购置并使用我公司的信息化产品,还有 12 所高校正在洽谈之中。信息化产品的推广与销售,一方面促进了我校学前教育专业的发展;另一方面,强化了我校与合作高校的联系。在我校专业教师的指导下,有 3 所学校因运用《学前教育专业 AR 虚拟仿真实训平台》荣获该省教学能力大赛一等奖,1 所学校斩获国家教学能力大赛二等奖,我校学前教育专业的办学实力亦获得这些学校的高度认可。

　　我们积极构建产学研一体化实践教学基地,提升我校相关专业的人才培养质量,以期为社会输送更多更好的高质量人才。凭借高校资源,资产公司逐步建成托育中心、早教中心、特殊儿童关爱中心、体育中心、艺术中心,致力于打造校内教学实践基地。学前与特殊教育学院及体育学院的专家走进中心,参与课程设计、教学指导与师资培养,为各中心的顺利运营提供坚实保障。4 年多来,在资产公司牵头下,各中心与各学院共建课程 4 门,共同研发产品 3 个,共同完成横向与纵向课题10 余项,共接待集中见习与顶岗实习学生超 2 000 人次,资产公司签约我校毕业生近 30 人,产学研一体化实践教学基地已然初步成型。

实践教学基地逐步发展的同时,我们也尝试开展师范生职业技能培训,增强学生就业竞争力。在当今"少子化"的社会态势下,就业压力剧增,同时,随着家长对婴幼儿生活照护与健康成长的要求愈发提升,就业要求亦随之水涨船高。资产公司及时应对,提前布局,联合我校学前与特殊教育学院、体育学院与艺术中心,依托实体相继启动特殊教育、融合教育、体育教育、艺术教育等方面的职业技能培训工作,切实提升了学生解决实际问题的能力,拓展了学生的就业领域,为社会输送了大批高质量复合型专业人才。

勇担责任 兴办教育机构

我们勇挑社会责任重担,积极投入资金以供应优质幼儿教育资源。2020年,当新冠疫情在全国肆虐之时,为化解经开区金龙湖附近幼儿园学位紧张的难题,资产公司依据学校指示,与金龙湖街道办事处签署合作开办城置三期、四期幼儿园的协议。鉴于时间紧迫且任务艰巨,资产公司与后勤管理处、附属幼儿园齐心协力,顶着疫情奔赴郑州、无锡、常州等地的设计公司与幼儿园进行走访,重点考察幼儿园的规划建设及日常运营情况,收获很大。筹备中我们不畏艰难、严谨踏实的工作作风,赢得了金龙湖街道办事处的高度赞誉,办事处承诺为新园追加一次性投资200万元,同时每年给予两所幼儿园350万元的运营补助。最终,资产公司于10月16日顺利完成近1 200万元的投资,10月17日正式开园,为社会提供了630个优质幼儿园学位。

我们时刻心系特殊儿童,努力构建理实一体的特殊儿童关爱中心。为提升我校特殊教育专业人才培养质量,同时为徐州市孤独症教育康复质量的提升贡献徐幼力量,2021年,在学校的指导以及学前与特殊教育学院的支持配合下,资产公司向经开区社会事业局提出开办幼苑特殊儿童关爱中心的申请,该中心具备公益属性,选址于创新楼二层,建筑面积达1 400平方米。通过不懈努力,6月中心成功取得徐州经开区教育局颁发的办学许可证,7月开始试运营。在创建初期,得益于学前与特殊教育学院院长王清风以及南京特殊教育师范学院康复学院原院长何侃教授的推动,2022 年 3 月,邳州特殊教育中心原校长李薇以高层次人才引进的方式加入中心并负责中心的运营管理。当时恰逢徐州疫情突发,李薇校长被困在资产公司旁边的小区,为做好中心的开业运营工作,李文蔚、李薇多次站在小区栅栏内与在栅栏外的王清风、苏忠、陆珊珊协商中心课程设计、师资招聘等事宜。中心始终将教学质量置于首位,每周安排业务学习,每月开展家长课堂 1 次,每季邀请校外专家进行辅导,教学质量飞速提升:2022 年综合办学质量位居经开区首位;2023 年又以第一名的成绩成为经开区孤独症定点培训机构;2024 年成为经开区唯一实现康复幼儿净增长的特教机构。

中心自开办以来,为我校学生提供了大量的见习实习机会,累计接受见习实习超 1 000 人次。同时,中心不断加大与相关专业的融合力度,出资为我校特殊教育专业的学生提供理论学习与教学实训场所,与音乐舞蹈学院合作研发"音乐治疗"课程,逐步建成理实一体的实训基地。江苏省教育厅副厅长顾月华、基础教育处副处长陈金鑫、特教指导中心副主任殷雅竹,徐州市副市长钟卫华、民政局局长吴彬、残联副理事长李军,以及 10 余所高校的专家曾到中心参观并指导工作。顾月华副厅长对中心"产学研一体化"的运营模式及阶段性成果给予了高度认可,称该创新举措在师范类院校中处于领先地位。

我们积极响应国家号召,踊跃开办托育机构以服务周边居民。2019 年,国家提出大力开办托育服务机构的号召,我校于 2021 年申办婴幼儿托育服务与管理专业并成功获批。为配合专业建设,资产公司于 2021 年 11 月向市发展改革委提交申请 60 万元托育机构建设补助的请求,并向校党委汇报开办托育中心的方案。在经开区卫生健康委和金山桥街道办事处的指导以及校党委的支持下,托育中心建设补助于 2022 年 3 月下发,9 月托育中心完成装修,2023 年 4 月完成卫生评价报告审批,12 月完成消防备案工作,历经两年艰辛,终于获得托育机构备案证书。为办好托育机构,资产公司进行了充分的市场调研、论证研讨与实践检验,逐步确立了以回应式照护为基础、言语课程为特色、运动(全脑)课程为增值服务的建设思路。2023 年,资产公司相继与江苏师范大学王志丹博士签订了"0～6 岁儿童认识发展和学习能力测评系统及相关培训课程研发"的横向课题,与华东师范大学开展言语课程的合作。目前,中心有婴幼儿 30 余人,在周边已具备一定影响力。2024 年 9 月,中心迎来了我校第一批婴幼儿托育服务与管理专业的顶岗实习生,我们与学院一道努力把首批实习生培养成具备托育服务、管理、营销等综合能力的复合型人才。中心也将努力成为早教专业、婴幼儿托育服务与管理专业理实一体的实训基地,并在此基础上启动相关专业职业技能培训工作,为周边居民、高校、机构提供更优质更专业的服务,不断贡献徐幼力量。

整合资源　深化社会服务

我们携手社区,广泛传播婴幼儿健康成长知识。托育中心与周边社区紧密联合,时常于周末和节假日踏入社区开展公益测评以及家长课堂等活动,还会定期与社区一同举办特色活动,大力传播先进的养育理念与婴幼儿健康成长知识,受惠家庭多达百余个。

牵手民办幼儿园,助力幼儿运动健康发展。体育中心与众多民办幼儿园达成合作协议,在园内推广体适能、跳绳、足球等课程,与此同时,定期实施体质监测并出具运动处方,通过幼儿运动健康监测及教育课程,有效培养幼儿运动兴趣、促进动作发展、提升体能,进而促进幼儿健康成长,受惠幼儿超 1 000 人。

联合徐州广播电视传媒集团,增强小学生军事素养。以我校的宿舍、食堂、运动场以及各类设施等资源为依托,资产公司与徐州广播电视传媒集团签订合作协议,利用暑假时间,全程在我校开展小学生军事拓展训练,以此培养小学生的独立生活能力,磨炼坚韧的意志品质,培育基本军事素养,受惠儿童超 300 人。

与小学联动,开展儿童专注力教育。资产公司邀请专家在市区多所小学多次进行儿童专注力测评,举办家长课堂,极大地提高了家长对儿童专注力的关注度。与两所小学合作开展儿童专注力教育,为提升注意力品质、提高学习力提供坚实保障,参与测评及教育课程的儿童超过 2 000 人。

联合中小学,推进游泳进校园。近些年来,徐州市大力倡导"游泳进校园",体育中考的必考项也加入了游泳。资产公司积极响应政府号召,顺应社会需求,主动与周边多所中学和小学开展合作,在资产公司内搭建钢结构支架泳池,聘请专业师资进行教学,既安全可靠又价格实惠,为小学生的游泳启蒙和中学生的体育中考提供了有力支持,受惠学生超 500 人。

历经 8 年的不懈努力,徐州幼儿师范高等专科学校资产经营管理有限公司已成功构建起 3 级管理的运营体系,与学前与特殊教育学院、音乐舞蹈学院、体育学院、艺术中心在课程研发、专业建设、人才培养、信息化产品销售、职业技能培训等方面开展了紧密协作,与周边社区、企业、中小学和幼儿园进行了深入合作。这些举措均取得了显著成效。展望未来,我们将依托高校阵地,以更加积极、开放、包容的姿态,持续强化合作,努力建成开放型产教融合实训基地,在社会服务的力度、深度与广度方面不断做出新的努力。

青春养老人　奋进在路上

王晓斐

今年是徐州幼儿师范高等专科学校建校 40 周年,也是康管学院建院 10 周年。回顾历史,心潮起伏,这是拼搏奋进的 10 年,也是成长收获的 10 年。

筚路蓝缕　汗水浇灌青春

2014 年的 9 月,徐州幼专迎来了第一届老年服务与管理专业的 17 位新生。李娜就是其中一员。毕业后,她从一线养老护理员到养老服务公司的项目经理,始终坚守养老服务事业,默默耕耘,用她的执着和热情,为老人们提供了优质的护理服务,成为他们最信赖的贴心人。李娜回忆起在幼师求学的时光,依然充满激情。那个时候老年服务与管理专业开设在人文社科系,首先面临师资困难,与医学相关的专业课多数由医院医生兼任,其他专业课由系里老师分担。尽管办学条件有限,但老师们上课认真严谨,他们把很多临床护理经验与同学们分享,让同学们练就了扎实的基本功。生活上,系领导及班主任像母亲一样精心呵护着这 17 棵幼苗,李娜和同学们从生活的点滴中感受到系里领导和老师的温暖。

同年,系里成立了"天伦乐"志愿者服务队,组织同学们到养老机构开展各类服务。2015 年暑假,系里老师带领全班同学到各县区养老院,开展老年精神关爱暑期社会实践活动。天气炎热,很多养老院设施

作者简介:王晓斐,女,江苏徐州人,1978 年 6 月出生,中共党员,副教授。现任徐州幼儿师范高等专科学校健康服务与管理学院副院长。

陈旧简陋,有的老人房间里弥漫着汗味,老师和同学们努力克服生理和心理上的不适,利用专业知识,带领老人做手指操,对敬老院的护理人员进行专业护理技能的指导,同时向老人宣讲健康知识、法律维权知识,组织老年人开展休闲娱乐活动。同学们还为这些空巢老人拍摄照片,冲洗好后寄给他们的子女,让他们经常来看望父母。

同学们用他们真诚的笑容、热情的服务、专业的技能、辛勤的付出,收获了老人的感激、家属的认可、工作人员的赞许! 这支由 17 名老年服务与管理专业同学组成的"天伦乐"志愿者服务队,被中共江苏省委宣传部、江苏省教育厅、共青团江苏省委授予"江苏省暑期社会实践活动优秀团队"荣誉称号。

栉风沐雨　坚持为了梦想

办学过程中,老年服务与管理专业遇到了师资紧缺、实训设备不足、专业认可度不高等各种困难。连续 3 年,养老专业的招生情况都不甚乐观,学校出现了停止养老专业招生的声音。校领导通过深入分析来自志愿者收集的基层养老机构的第一手资料,认识到养老专业发展的紧迫性和人才培养的急缺性,也坚定了坚持开办养老专业的信心,认为在老龄化日趋严峻的今天,养老产业将是我国未来发展的朝阳产业,要从战略发展的眼光来看待养老专业的发展,同时,帮助政府解决人口老龄化问题,也是徐州幼专作为公办院校应尽的社会责任和义务。

2016 年 9 月,为充实干部力量,校党委将时任教务处副处长李培调入人文社科系担任副主任。接下来的几年间,学校加强招生改革,招生渠道从单一的只招普通批次高考生,到增加提前批次招生,再到与中专校合作招收对口单招学生,养老专业招生人数逐年上升。2019 年,学校将养老专业从人文社科系独立出来,专门设立健康服务与管理系,2021 年成立健康服务与管理学院,该学院成为仅次于学前与特殊教育学院的学校第二大学院,学院专业建设也得到了长足的发展。智慧健康养老服务与管理、现代家政服务与管理、老年保健与管理、社区康复等 4 个专业相互支撑,形成了市级智慧健康养老服务专业群。学院与泰康之家、融创物业共建 2 个产业学院,引进省级产业教授 2 人,形成了校企双主体育人的办学模式。

自 2016 年起,徐州市的养老机构数量逐年增加,机构里老人的生活环境得到了较大改善,机构的服务档次也有了很大提升。学院的社会服务工作平台不断拓展,社会服务项目也得到不断延展。学院与经开区老年大学共建,与数十家养老机构和石桥社区建立合作关系,成为江苏省老年学会老年精神关爱研究基地、淮海经济区健康养老职教集团副理事长单位、徐州市家庭服务业协会副理事长单位等,"天伦乐"志愿者服务队的服务内容也从单纯地为老年人提供基础服务,扩展为参与学院科研课题的调查研究,为专业发展贡献自己的力量。2016 年,由 2014 级学生刘凡、王筱主持的江苏省大学生创新创业项目"徐州市区养老院老年人膳食情况调查和评价"顺利结项。2017 年,"天伦乐"志愿者服务队老年精神关爱活动成果获得第九届全国高校校园文化建设优秀成果二等奖。

2019 年起,养老专业老师着手起草徐州市地方标准。他们深入养老企业,广泛开展调研,查找各种资料,反复修改打磨,最终于 2020 年,由徐州市标准化协会成功发布了《徐州市居家养老服务标准》。这标志着徐州幼专康管学院在养老专业领域和开展社会服务方面迈上了一个新的台阶!

聚力发展　拼搏再谱华章

2021 年 5 月,国家统计局发布了第七次人口普查结果,我国 60 周岁以上的老年人口已达到 2.64 亿,占全国总人口的 18.7%,而且老年人口正在以每年超过 1 000 万的速度快速增长,与之相反,婴儿的出生率已出现下降趋势,而徐州幼专目前主要以培养学前教育专业人才为主,人口结构的变化势必影响专业发展的布局。

2021 年 6 月,以崔成前为党委书记的新一届校领导班子走马上任,针对我国人口"一小一老"两端的变化,强调要把握机遇,加大力度支持康管学院专业建设,2022 年和 2023 年,连续两年为学院招聘和引进专业教师 4 名,快速充实学院的师资队伍。

为更好服务地方经济社会发展,学校领导班子加强与徐州市委市政府的沟通协调,开展政校合作。2023 年 6 月 17—18 日,由徐州市民政局和人社局联合主办、徐州幼专承办的江苏省民政行业养老护理职业技能竞赛徐州选拔赛暨徐州市彭城工匠养老护理职业技能竞赛在学校洞山校区举行。从场地协调、器材搬运、空调安装到赛事指南制作、人员调度、赛场布置、现场保障等方面,徐州幼专人充分发挥"四特"精神,校领导亲临一线,靠前指挥,各部门各岗位闻令而动,上下一心,成功举办了一场严谨、高效、精彩的大赛,得到了徐州市民政局、市人社局领导的高度评价。

2023 年 8 月,康管学院与市妇联联合举办"共促就业 泉力益妇"育婴师培训班,52 名社区妇女免费参加了培训并顺利结业。这是康管学院第一次独立承担政府部门指派的培训任务。

10 月 26 日,徐州市民政局与学校签订战略框架合作协议。12 月初,徐州幼专经过公开投标,中标徐州市沛县民政局养老护理员培训项目。经过 7 天的培训,123 名学员顺利通过考核,拿到养老护理员结业证书。这是康管学院第一次以公开投标的方式中标政府部门的培训项目。

2023 年,康管学院在校领导的支持下,在全院师生员工的共同努力下,创造了属于自己的辉煌。学院先后获得江苏省五四红旗团总支(支部)、徐州市巾帼文明岗等荣誉称号。在政校合作的加持下,徐州幼专康管学院将继续发挥地方高校优势,深入开展各项社会服务工作,为徐州养老事业和经济社会的发展,积极承担社会责任和义务,贡献幼专康管力量!

为社会发展注入体育力量

刘东亮

步入洞山校区的大门,沿缓坡向上,站在清澈的叠翠潭前,向北是木香长廊连接着的教学楼、实训楼和演播厅,向南便是开阔的盘山路、体育场和体育馆。德智体美劳全面发展的教育理念似乎就是从这里辐射到学校的每一个角落。清晨第一缕阳光洒下,体育场上的红、黄、蓝三色看台显得格外鲜艳。就在这片场地上,幼专体育人与时间赛跑,对自我挑战,创下一个又一个的辉煌战绩,为强国战略贡献体育与健康力量。

体育强国　从娃娃抓起

人生百年,立于幼学。强健的体魄和拼搏的精神是幼儿教育中必不可少的部分。作为特色鲜明的幼儿师范学校,体育学院充分挖掘"体育＋学前"培养特色,组织开展形式多样、内容丰富的幼儿体育活动,激发幼儿对体育活动的兴趣爱好,提高幼儿运动技能和身体素质,培养团队合作精神与竞争意识,促进幼儿身心健康全面发展。同时,学院助力幼儿园打造精品体育课程,为"幼有善育"理念提供实践支撑。

2012年以来,"动商"概念的提出受到专业领域的关注和认可。体育学院紧跟前沿理论,组建团队开展3～6岁幼儿动商研究,在2016年成立了全国首个幼儿动商研究基地。2017年,学院刘伟院长的"3～6岁儿童动商测评量表编制与理论模型构建研究"获教育部人文社科项

作者简介:刘东亮,男,山东济宁人,1977年1月出生,中共党员,副教授。现任徐州幼儿师范高等专科学校体育学院党总支副书记。

目立项。体育学院派出专门的测试工作组对徐州幼专附属幼儿园、徐州幼师幼教集团的 600 余名幼儿进行了基本运动技能测试，测试项目涵盖移动技能和非移动技能等 13 项幼儿关键期动作发展能力，为徐州地区幼儿身体素质及动作发展的研究提供了全面、权威的数据，也为徐州地区幼儿健康事业的发展奠定了坚实的基础。

2016 年 2 月 29 日，学校召开《江苏省幼儿园足球活动教育指南（试行）》制定工作研讨会，时任体育部副主任刘伟结合当时国内外幼儿足球的发展形势提出，推广幼儿足球活动、指导幼儿足球活动科学开展意义重大，可以作为今后学校体育部事业发展的重点方向。这一提议得到校内外领导专家的一致认可。

当时，社会上已经出现了为数不少的幼儿足球培训机构，甚至有些机构还组织幼儿参加正规的成人足球比赛。这种"野蛮"的培训方式是极不科学、不负责任的。对此，教育部于 2020 年 9 月颁布了《全国幼儿足球活动负面清单》，明令禁止开展幼儿正式足球比赛等不良行为，释放出规范监督国内幼儿体育的鲜明信号。如何促进幼儿足球事业科学发展？国家和时代给幼专体育人提出了新的课题。

"举办一个幼儿足球亲子活动，唤醒足球从娃娃抓起的意识，让更多的孩子喜欢足球！"这是刘伟在体育部全体教职工会议上提出的。就这样，体育部着手筹办第一届幼儿足球嘉年华亲子活动。幼儿足球活动的器材设施、防护设备以及幼儿足球课程方案都没有标准可以参考，体育部的老师们就从头做起、团结协作，在最短的时间内探索出幼儿足球游戏化课程方案，把足球技术有机融入游戏中，最终成功获批国家实用新型专利"幼儿趣味足球门"。2017 年 5 月 6 日，"快乐足球 腾飞梦想"足球亲子游戏运动会暨首届幼儿足球嘉年华活动在洞山校区成功举办，活动内容丰富、主题鲜明、气氛热烈，在尽情享受足球运动快乐的同时，家长对幼儿足球活动也有了更深入的认识。

如果说兴趣的培养让幼儿足球运动的普及迈出了第一步，那么标准的研制、课程的开发、师资的培养便成为幼儿足球运动健康快速发展的关键。2018 年体育系的成立,为学校体育专业的发展注入了新的活力。学院在幼儿足球教育领域精耕细作,不断完善课程标准和体系,持续向社会输送幼儿足球教育专业师资,与更多幼儿园合作共建,开展幼儿足球师资培训,指导幼儿园建设足球文化、组织幼儿足球交流活动、举办幼儿足球赛事,让快乐足球的种子在幼儿教育的热土上茁壮成长。2019 年,体育学院与徐州幼专附属幼儿园开展校—园合作,附属幼儿园荣获"全国足球特色幼儿园"称号,体育学院刘伟院长受聘首届全国幼儿足球专家委员会委员。

蹦床,被称为"空中芭蕾",是近年来深受家长和孩子们喜爱的一项运动。2015 年,首届全国幼儿大众蹦床表演大会在青海省西宁市举行。2018 年,徐州幼专成功地让全国幼儿大众蹦床表演大会冠上了"徐幼童梦杯"的名字,由徐州幼专体育部、徐州幼师幼教集团、徐州市体育局共同承办的全国 U 系列青少年蹦床锦标赛 U7 组资格赛暨"徐幼童梦杯"全国幼儿大众蹦床表演大会在徐州市奥体中心综合馆拉开帷幕,来自全国各地的 32 支参赛队的 238 位小朋友参加表演大会。凭借良好的办赛表现,我校成功聘请蹦床世界冠军叶帅、蹦床奥运会冠军陆春龙成为客座教授。北京思蹦飞体育发展有限公司总经理、中国大众蹦床推广委员会培训部主任李刚授予我校"全国幼儿蹦床运动研发培训中心"称号。自此,体育学院承担起了幼儿蹦床师资的培训任务,源源不断地为幼儿蹦床运动的发展输送新鲜血液。

健康中国 一个都不能少

当前,城乡教育发展不均衡现象仍然存在,且在体育等学科方面更为明显。专业师资短缺、场地不足和体育器材不够等问题制约着乡村学校更好、更稳定地开展体育教育。体育学院以学校对口帮扶为契机,将优质的体育资源带到乡村,送到群众中间。

2020 年 6 月,体育学院的老师们第一次来到学校对口帮扶村——贾汪区耿集镇王集村,不仅为王集村的小学和幼儿园送去价值

6 000 余元的体育用品，还积极发挥专业优势，传授先进的教育教学理念，开展体育教育活动指导。上示范课、进行"TGMD"（大肌肉群发展测试）幼儿基本运动技能测试、测试身体体脂成分，从零开始，耐心指导。大半年的时间，累计 50 余次的活动，让学院老师与当地师生建立了深厚的感情。每次上课结束，孩子们的目光中流露出的不舍和期待，让老师们感受到了肩上的责任重担。每次支教结束，学院都专门召开总结会，分析在教学帮扶过程中存在的欠缺和不足，并提出解决办法，以便后续开展更加精准、有效的服务。

精准扶贫，关键在精准赋能。为持续为王集小学提供力量支持，体育学院实施了"金种子"工程，每年选派入党发展对象、入党积极分子利用实习期赴王集小学进行为期半年的支教活动。王集小学校长王成良感动地说："王集小学地理位置偏僻，教学资金紧张，体育师资匮乏，徐州幼专体育学院的支教活动切实帮助了王集小学教学及学生体质健康的提升。"做一颗真正的金种子，为地方体育教育贡献自己的力量，如今，"金种子"工程已成为体育学院党总支扎实推进的党建品牌。

体育精神　志愿连接你我

体育强国的基础在于群众体育。习近平总书记深刻指出："从体育强国到健康中国，人民的健康、人民的体质、人民的幸福，都是一脉相承的。这是全面小康、全面现代化的题中之义。"体育学院坚持以志愿服务为载体，弘扬中华体育精神，在服务重大体育赛事、开展全民健身活动、传承优秀传统体育项目等方面积极作为。

2021 年 4 月 11 日，徐州马拉松赛暨全国马拉松锦标赛（徐州站）·奥运会马拉松选拔赛在风景秀美的徐州云龙湖畔火热举行。为保障本次徐州马拉松赛事的顺利进行，体育学院志愿者服务队提前一个月便开始忙碌起来。计时点、供给站、医疗点、喷淋点，全程各个点位都有体育学院志愿者的身影，他们和运动员们一起，用坚持诠释着对这项赛事的尊重与热爱。

每年的中考体育测试,是学院志愿者们最忙碌的日子。早上 6 点半出发,晚上 7 点多结束,每天长达 12 个小时的高强度工作要持续 2 周。很多志愿者即使生病了仍然坚守岗位,用自己的实际行动传播中华体育精神的精髓。这项志愿服务工作一坚持就是 10 年。此外,体育学院还承担着每年市、区中小学的体能测试工作。2023 年,徐州市社区运动会暨云龙区《国家体育锻炼标准》达标赛上,体育学院选拔 40 名在校生担任比赛裁判员,他们服从大局、认真敬业、公正文明,彰显了高度的专业性和良好的精神风貌。多年来,体育学院裁判服务志愿队以专业的素养、优质的服务和无私的奉献精神受到徐州市教育局的好评。

　　"一老一小",是最大的民生问题,也是一些家庭正在面临的难题。2023 年年初,体育学院党总支书记田国祥提出"服务社区,体育养老"的想法。学院与石桥社区党支部开展了党建合作共建活动。石桥社区党支部书记李迎迎激动地说:"开展共建活动,既能推动全民健身和全民健康深度融合,又能让大学生在社会实践中锻炼专业技能,体育服务大有可为。"体育学院教师马春梅即将退休,但她仍欣然担任学院社区服务队的指导教师,带领学生在社区开展八段锦、五禽戏等健身活动培训。一位社区负责人告诉学院领导:"石桥社区也有很多体育器材,适合中老年人锻炼,但很多器材我们根本不会用不敢用,让这么好的器材成了摆设太可惜!"于是,学院健身教练为社区群众提供详细指导,同时,体育保健与管理专业的教师和学生也纷纷走进社区,指导中老年人学习体育保健、科学养生等知识。2021 年 6 月,辛振海教授主讲的"老年常见病痛运动保健"课程成功入围江苏省教育厅乡村振兴在线开放课程。课程着眼于乡村老人常见的颈肩部、腰部、膝部疼痛问题,传授有效的运动处方与保健方法,对提高乡村老人的生活质量有着重要意义。

　　近年来,为服务健康中国战略,体育学院相继增设了社会体育专业、体育保健与康复专业和运动训练专业。未来,体育学院将进一步优化专业设置,建设高水平专业群,打造高水平研究团队,持续提升高级别项目科研和服务社会的能力。

从 2019 年国务院办公厅印发《体育强国建设纲要》，到 2021 年国家在"十四五"规划和 2035 年远景目标纲要中明确提出到 2035 年建成"体育强国"，发展的蓝图已经绘就，奋进的号角已经吹响，胸怀家国、勇于担当的徐州幼专人必将点燃奋斗的激情，为实现体育强国的梦想贡献自己的青春力量！

让艺术之花在更广阔的天地绽放

曹　莹

音乐舞蹈学院见证了徐州幼专建校以来的一路风雨,也共同铸就了学校的一路辉煌。学院师生充分发挥专业优势,在社会服务的道路上不断前行,留下了一串串闪光的足迹。

闪耀徐州重大活动舞台

音乐舞蹈学院是个屡获殊荣的集体,学院师生在国家、省、市各类专业技能大赛中成绩优异,合唱团荣获江苏音乐最高奖"茉莉花奖",舞蹈团在江苏省大学生艺术展演中连续 6 届斩获特等奖或一等奖。原创音乐剧《小萝卜头》在 2021 年紫金文化艺术节江苏省大学生戏剧展演活动中荣获短剧(戏曲)类一等奖。

回溯 20 世纪 90 年代,徐州幼师那支 300 人的全国最大的女子管乐团曾在 1994 年的全省管乐团比赛中勇夺一等奖。她们活跃在各类社会活动中,成为宣传学校的一张名片。

进入新时期,音乐舞蹈学院更是以"服务社会,传承文化"为使命,凭借专业优势,积极主动服务地方经济社会发展。多年来,徐州市委、市政府及市电视台、市体育局等主办的主要大型演出,都有徐州幼师学子的精彩节目,从省运会、市运会开幕式,到徐州市党政军春节团拜会、徐州市经贸洽谈会、电视台春晚、电视台"3·15"晚会,再到徐州市演艺集团省艺术基金项目"汉乐华章"的演出、徐州首届淮海书展暨第八届

作者简介:曹莹,女,江苏徐州人,1983 年 9 月出生,中共党员。现任徐州幼儿师范高等专科学校音乐舞蹈学院党务行政秘书。

江苏书展开幕式、徐州市"好人园"揭幕仪式演出、第十八届江苏省运动会开幕式演出、徐州市庆祝中华人民共和国成立70周年文艺演出等重大活动,每一处都有他们激情演绎的身影。连续9年参与徐州市委、市政府主办的慈善晚会,更成为徐州文艺界一段佳话。

艺术创作服务乡村振兴

王集小学作为学校对口帮扶对象,学院于2020年9月助力其成立"春之芽"童声合唱团,并安排师生定期悉心辅导。送教送培活动让教师们深入了解了王集小学音乐教育的现状,学院也根据实际不断完善帮扶方案,为培训师资、开展音乐课教学而努力,让该校学生能享受到公平且高质量的艺术教育,促进学生德智体美劳全面发展。2023年7月,学院先后两次赴新沂市草桥镇开展"校地合作"共建校外教育辅导活动,在草桥镇中心小学为朗诵、合唱、舞蹈班的学生们带来专业的辅导;还融合创作了草桥镇《十人桥》音乐舞蹈情景短剧,用艺术的形式生动展现了解放军战士的团结、拼搏、奉献精神,歌颂那用生命架起的新中国胜利之桥,让"十人桥"的英雄事迹永远激励着后人,给草桥镇的小学生们呈上了一堂深刻而生动的红色艺术教育课,此次活动更是被中国关心下一代工作委员会的《中国火炬》杂志报道。2006—2009年间,学院面向校外乡村幼儿举办艺术课程培训,以一对一的方式进行钢琴演奏和声乐演唱教学。

2017年孙科京主任作词作曲的《这是我家新彭城》入选徐州市庆祝中华人民共和国成立70周年广场音乐会演出作品,广获好评与传唱。2023年1月23日,中国儿童文学研究会儿童歌曲创作委员会授予我校"儿童歌曲创作示范学校"称号。近年来,学校在儿童歌曲创作领域取得了优异成绩,先后完成全国电教馆课题"数字化儿童音乐MIDI制作的开发与应用研究"、江苏艺术基金资助项目"儿童歌曲创作与数字化制作人才培养研修班"等,出版《儿童音乐MIDI制作实用教程》,创作《快乐的龙飞鸭》《少年彭祖》《爱我家园》《红雪花》《老照片》

等儿童歌曲。下一步,学校将充分发挥平台优势,持续营造良好的儿童歌曲创作教育环境,积极发掘儿童歌曲创作人才,努力创作优秀儿童歌曲作品,为儿童歌曲创作事业贡献力量。

积极传承非遗文化

为传承和弘扬中华优秀传统文化,营造非遗保护的良好校园氛围,2020年学校成立沛筑古乐文化传习工作坊,由"学校专业教师+产业教授"组成,专业教师指导学生整理沛筑文献,为研习活动奠定坚实基础,指导学生搜集适宜沛筑演奏的曲目并进行创编和排演;郝敬春先生作为校产业教授加入教师团队,指导学生学习沛筑演奏技法,提升演奏水平。学校还积极开展徐州琴书传承工作,2020年聘请徐妮娜为校产业教授,对徐州琴书在校园的传承工作进行系统规划和指导,组建了琴书班。师生们在传承中不断尝试创新,创作了《迎书记》《情系王家湾》《时代楷模张桂梅》等一批优秀作品。学校舞蹈团每年都参与汉代舞蹈的排练和演出,如长袖舞、踏歌、羽人舞、手袖威仪等。学校舞蹈团参演2019中国·徐州汉文化旅游节开幕式,开幕式以"品两汉文化 赏山水美景——走遍五洲 难忘徐州"为主题。汉韵情景剧《汉风飞扬》成为整场开幕式的重头戏,它向人们展示了汉朝的历史、文化、服饰、乐器、舞蹈,为观众再现了大汉风云史卷和盛世风华,受到了市领导、各界人士的高度赞扬。汉乐舞的学习,让学生们深深感受到舞蹈中那恢宏大气、多姿多彩和雅俗共赏的独特魅力,感受到西汉时期"席卷天下,包举宇内"的雄浑气魄,展现出汉代实现大一统后中华民族万象更新的壮观景象。

音乐舞蹈学院始终用行动诠释着艺术的力量与价值,学院师生在服务社会的道路上一路前行,为经济社会的发展进步贡献着独特的智慧和才华。相信在未来,他们将继续以饱满的热情和创新的精神,为社会带来更多的精彩与感动,让艺术之花在更广阔的天地绽放光芒。

千里深情暖高原　茉莉格桑共芬芳

梁　状

2021年11月初,我在学校官网看到关于选派"援藏援疆万名教师支教计划"的通知。当时眼前一亮,到祖国边疆支教一直是我梦寐以求的梦想,于是我毫不犹豫地报了名。过了几天我接到学校组织人事处的电话,经过筛选,我被确定为援藏团队的一员,和我一起的还有幼教集团的董诗文园长。

11月25日下午,学校为我们举行援藏教师欢送会。在欢送会上,李慧处长传达了江苏省教育厅关于援藏工作的通知精神,并介绍了我们的基本情况。李强院长介绍了西藏当地的地理环境、气候、民族风俗、生活习惯等情况,曹剑成主任对赴藏注意事项及相关准备工作做了说明。我和董诗文园长先后发言,表示一定会珍惜此次锻炼、学习机会,立足岗位,扎实工作,以优异的成绩为本次援藏支教工作交上一份满意的答卷。李进园长和徐剑媚所长(时任幼教集团总校长)代表派出单位寄予深切的期望。刘芳铭副校长向我们送上鲜花,表示了亲切的慰问和衷心的感谢,并希望我们珍惜援藏支教的宝贵机会,充分展示我校附幼、幼教集团青年教师的良好形象,当好汉藏文化教育交流桥梁纽带,圆满完成本期援藏支教任务。

2021年12月1日一早,曹剑成主任、李强院长我们一行4人从洞山校区出发前往郑州新郑机场,从郑州直飞拉萨。经过一天的颠簸,19

作者简介:梁状,男,江苏邳州人,1999年8月出生,中共党员,徐州幼儿师范高等专科学校学前教育专业2020届毕业生。现任职于徐州幼儿师范高等专科学校附属幼儿园。

时许飞机安全着落在西藏拉萨贡嘎机场。拉萨市教育局等相关单位的领导们早早到达机场热情迎接我们，江苏省教育厅机关党委副书记（时任拉萨市教育局副局长）陈金龙为我们一一敬献哈达，随后大家乘坐大巴车，约2个小时后抵达江苏援藏指挥部。到达援藏公寓，陈金龙局长把我们带到公寓旁边的东北饺子馆吃晚饭，一人一碗饺子、一根大棒骨，那是我们在拉萨吃的第一顿饭。吃完饭，在回公寓的路上大家都程度不同地出现了高原反应现象，嘴唇发紫，呼吸困难。我们回到房间，吸上氧气，吃了药，休息调整。12月2日，陈金龙局长主持召开江苏教育对口支援拉萨市江苏实验幼儿园援藏团队进藏报到见面会，拉萨市教育局相关科室负责人及拉萨市江苏实验幼儿园全体教师到会。陈局长表示，长期以来，苏拉两地都把助力发展拉萨教育事业作为民生援藏的重中之重，给予高度重视和支持，结合教育援藏实践，在已有工作的基础上，要进一步整合苏拉优质教育资源，发挥江苏援藏优势，努力提高学前教育水平。随后陈金龙局长代表局党组，宣布我们的任命。董诗文被任命为拉萨市江苏实验幼儿园园长，主持幼儿园全面行政工作；我被任命为拉萨市江苏实验幼儿园党支部副书记、副园长，分管教学、德育和工青妇等工作，协助书记开展党建工作。董诗文园长和我先后做表态发言，表示将继承发扬江苏援藏优良传统和历史传承，紧握"接力棒"，跑好"接力赛"，跑出好成绩。拉萨市江苏实验幼儿园党支部书记边巴扎西代表幼儿园全体教职工，对援藏工作队表示热烈欢迎，同时非常感谢上级领导对幼儿园发展的重视和关心。会议结束之后，我们正式开始援藏工作和生活。

坚毅赴藏　构筑基石

冬季的拉萨，天气干燥，氧气稀薄，我们的高原反应很厉害，晚上需要服用安眠药才能入睡。我们努力调整适应，一进幼儿园，就认真学习幼儿园各项规章制度，了解幼儿园的办园历史、办园理念。拉萨市江苏实验幼儿园由江苏省全资援建，是拉萨市唯一一所市直幼儿园，办学规模为五轨制,小、中、大班各 5 个班,一共 15 个班,可容纳 450 名幼儿。我们通过开展教师座谈会、走访教师、随机听课了解幼儿园课程开展现状。短短半个月我们分组与全园 70 余名教职工逐一开展座谈,走进全园 15 个班了解班级基本情况。3 个月后,我们便创新地将当地教育特色、民族文化与江苏学前教育先进理念、优秀模式相结合,牵头与徐州幼专附属幼儿园、徐州幼师幼教集团、江苏省省级机关实验幼儿园等江苏名园对接,带领老师们开展融合式教育教学研究,创新开展民族团结教育活动,规范一日活动等园所常规管理。

扎根于藏　以身化桥

"汉藏一家亲,苏拉两地情。"一直以来,江苏援藏都有着优良的传统。作为教育援藏人才团队的一员,我们也在用实际行动以身化桥,做"汉藏一家亲"的传播者、推动者、践行者。我们坚持讲奉献,作表率,从幼儿园教师的师德师风入手,用自身的实际行动潜移默化地影响着每一位教师,为幼儿园树立起了一个业界标杆。平日里,我们将每一位幼儿园教师视为家人,关心他们的日常生活,关爱他们的身心健康。幼儿园处处能看到我们匆匆的身影:帮助协调周转房,为老师解决燃眉之急;牺牲自己的休息时间,在幼儿园亲手打造了工会之家、党员活动室,组织开展篮球友谊赛、教师节庆祝活动等,鼓励教职工全员参与,既锻炼了身体,又增强了凝聚力,让老师在紧张繁忙的工作之余调节和缓解身心压力,健康生活,快乐工作,获得了园区教师的一致好评;结合幼儿园实际,充分发挥自身专业优势,结对帮扶当地教师,带动他们提升自身专业能力。在此期间我也多次请教附属幼儿园多位管理人员和骨干教师,采纳了她们多年积累的业务管理经验,以面对面、手把手的方式进行指导。2022 年 5 月,我带队来到了被称为"世界屋脊的屋脊"的阿里地区开展送培送教活动,在平均海拔 5 000 米以上的地区大家不得不带着氧气罐开展活动。在培训过程中,我因为海拔过高,又过度疲劳,出现了短暂的昏迷,着实让周围的人惊出了一身冷汗。现场一个老教师感叹说："他不过是个哦罗（男孩），为了支援我们，太拼命了！"

在藏期间，我还认识了一位学妹，她是我校 2019 届毕业生白玛旺姆，毕业后她扎根基层，来到当雄县羊八井镇拉多村幼儿园，先后担任教师、主任和园长。我们组织教师到当地幼儿园交流学习，为当雄县羊八井镇拉多村双语幼儿园捐赠 4 万余元的教学物资，并组织我园教师到幼儿园送培送教，活动得到当地教师的一致好评。两年间，我们共组织开展 50 余次苏拉交流活动，切实发挥了徐州幼专的示范带动作用，提高了共建园学前教育保教质量。

2022 年 8 月，面对拉萨突如其来的新冠疫情，我们主动向拉萨市教育局报名，前往一线，并迅速在幼儿园集结疫情防控志愿者，成立了临时党支部，分批参与到核酸检测、社区防疫、方舱防疫等工作中。国庆节后，这支疫情防控志愿者分队又陆续参与到市政府部署的疫情防控专项志愿工作中，用实际行动践行着共产党员和人民教师的光荣使命与责任担当。我们每天工作超过 18 个小时，92 天吃住在防疫点，始终保持吃苦耐劳、艰苦奋斗的作风，携手医护人员筑起了防疫的坚实堡垒。在这段艰难的抗疫过程中，我们接到了援藏期满、可以返徐的通知，再三斟酌下，主动申请继续留藏。现在抗疫在最关键的时候，我们不能离开，我们还没有完成赴藏的目标，我们更不能离开。

主动作为　凝结硕果

到岗以来，我们一直将铸牢中华民族共同体意识和开展民族团结教育放在首位。牵头组织"茉莉格桑共芬芳，民族团结一家亲"主题活动，针对各年级组特点分层次开展系列活动，推动幼儿教师厚植爱党、爱国、爱社会主义的情感，切实提升幼儿教师民族团结教育水平，把民族团结教育贯穿于幼儿教育全过程，让民族团结之花绽放在每一位幼儿心中。

2023 年 8 月 21 日是一个令我们难忘的日子，江苏省委书记信长星率江苏省党政代表团来到幼儿园调研并与我们亲切交流："你们是什么时候进藏的？""在这里适不适应，有没有什么困难？"并对我们的工作给予肯定。西藏自治区党委书记王君正，江苏省教育厅厅长江涌、副厅长杨树兵，拉萨市委副书记、市长王强，先后到幼儿园考察调研。两年来，我们一直致力于将先进的幼教理念带入西藏，秉承"一日活动皆课程""课程游戏化"和保教并重的理念开展五大领域课程。为将幼儿园打造成民族团结、民族互助的标杆，我们在幼儿园围墙外悬挂江苏省十三地市代表景点图片。幼儿园全覆盖开展铸牢中华民族共同体意识主题教育活动，并将民族团结进步教育作为立德树人的重要内容，纳入幼儿园日常教育教学活动，贯穿学校教育各个环节，通过一系列润物细无声的园所课程和特色活动，在儿童心灵深处播撒中华民族一家亲、同心共筑中国梦的种子，使中华民族共同体意识深深扎根于儿童心田。幼儿园先后获得"西藏自治区民族团结进步模范学校""全市教育系统先进集体""拉萨市平安校园"等30余项荣誉，也成为拉萨市教育系统唯一一所"国家级公共机构生活垃圾分类示范校"，并被西藏自治区、拉萨市电视台相继报道。

在拉萨市江苏实验幼儿园支教的这两年，西藏人民给予我们亲人般的温暖，我们也把拉萨市当成了自己的第二故乡，用爱心和热情去传递江苏人民对西藏人民的关爱与支持，用真心和坚守书写一个又一个爱的故事，让民族团结之花绽放在祖国大地上。我们有信心在各方的共同努力下，创造更加灿烂的明天！